作者简介

肖福平 男，1962年生，重庆璧山人，外国哲学博士，西华大学在职教师，兴义民族师范学院客座教授，现从事西方哲学的理性主义、语言哲学的研究，主要著作有：《康德自由理念的理性基础》《走进语言哲学》《理性与语言》等。

章 勇 男，1975年生，四川万源人。西南政法大学副教授，重庆医科大学生物学工程博士，西南大学外国语言文学博士后。主要研究方向为神经语言学，心理语言学，语言哲学。

Psychological Forms and Volitional
Expressions of Reason Language

理性语言的
心理形式与意志表现

肖福平　章　勇 ◎ 著

一个需要去重新思考的问题就是：我们在语言学研究过程中为纷繁复杂的语言问题提供了无数的答案，然而，这些答案并没有为我们铺就一条通向"语言是什么"的坦途，我们仍然徘徊在那些语言学问题上而难以前行。

中央编译出版社
Central Compilation & Translation Press

图书在版编目（CIP）数据

理性语言的心理形式与意志表现／肖福平，章勇著.—北京：中央编译出版社，2017.11
ISBN 978-7-5117-3453-2

Ⅰ.①理…
Ⅱ.①肖…②章…
Ⅲ.①心理语言学
Ⅳ.①H0-05

中国版本图书馆 CIP 数据核字（2017）第 277798 号

理性语言的心理形式与意志表现

出 版 人：	葛海彦
出版统筹：	贾宇琰
责任编辑：	曲建文
责任印制：	刘 慧
出版发行：	中央编译出版社
地　　址：	北京西城区车公庄大街乙 5 号鸿儒大厦 B 座（100044）
电　　话：	（010）52612345（总编室）　（010）52612349（编辑室） （010）52612316（发行部）　（010）52612346（馆配部）
传　　真：	（010）66515838
经　　销：	全国新华书店
印　　刷：	三河市华东印刷有限公司
开　　本：	710 毫米×1000 毫米　1/16
字　　数：	206 千字
印　　张：	14.5
版　　次：	2018 年 1 月第 1 版
印　　次：	2018 年 1 月第 1 次印刷
定　　价：	68.00 元

网　　址：	www.cctphome.com　邮　箱：cctp@cctphome.com
新浪微博：@中央编译出版社　　微　信：中央编译出版社（ID: cctphome）
淘宝店铺：中央编译出版社直销店（http://shop108367160.taobao.com）（010）55626985

本社常年法律顾问：北京市吴栾赵阎律师事务所律师　闫军　梁勤
凡有印装质量问题，本社负责调换，电话：（010）55626985

前 言

从多年的语言学研究之路走下来，我所面对的研究问题依然令人困惑不已，一个需要去重新思考的问题就是：我们在语言学研究过程中为纷繁复杂的语言问题提供了无数的答案，然而，这些答案并没有为我们铺就一条通向"语言是什么"的坦途，我们仍然徘徊在那些语言学问题上而难以前行。为此，我们需要一种不同于传统语言学的研究视野，一种语言学研究的哲学视野，即从先验哲学的视角来审视语言学的问题，从语言行为的理性主体来审视"理性语言学"建构的问题。

如果要说写作《理性语言的心理形式与意志表现》的自身原因，我想主要有两个方面。其一是：十多年前，在我师从翟振明老师就读于中山大学哲学系时，我就在考虑"语言与哲学"的问题，期待语言学研究可以借力于哲学的推动。困于问题的宏大与不确定，我在博士课题研究中并没有采用这样的研究问题，只是到了我重新开始语言学研究的时候，才再次回到过去的问题，并体会到了思考这一问题的兴趣与愿望。从语言学研究的问题与困惑来看，我们所谈论的语言学问题都被限制在一个规定不变的范围之内，这个不变的范围就是传统语言学研究的视野，就是将语言视为一种自主存在的自然对象体系。于是，语言学研究的视野常常将我们带入一种相对性和不确定性之中。而这样的结果又常常被我们归之于语言对象存在的原因，我们的目标似乎就在于语言对象自身原因的发现与确立，就如现代语言学界和语言哲学家力图发现"科学语言"一样，并希望以此真正地将语言的本来面目揭示出来。当然，这样的任务何其伟大，因为我们无从知道语言对象自身的存在，除非我们知道"语言问题"产生的真正主体。另一方面，在与同仁的交流中，我也发现，不少国内学者习惯于坚守语言学研究的单一性和传统性，特别是将语言学研究同哲学研究做出一种明确的学科区分，甚至于将哲学研究视野的引入看成一种无意的尝试，其结果只能有损于语言研究自身的发展。其实，语言学研究缺少哲学的视野不可能具有自身发展的清晰前景，忽视语言问题研究的哲学精神与方法只会造成研究本身的困难，只会造成语言研究进程中统一性原则与逻辑的缺失，哲学的视野应该成为我们研究语言问题的真正选择。

在语言学研究的对象世界里，语言存在常常被视为自然语言的存在，语言存在问题也被等同于自然语言的问题，语言学研究的"语言"之意实乃自然语言之意。如果我们可以将语言存在等同于科学研究的自然对象，如果语言存在的自然语言之意可以体现其全部存在真实，那么，语言学的研究之路就会为我们带来"语言是什么"的确定、清晰而彻底的答案。但是，这样的设定对于当下而言只能是一种愿望，一种经历了不断探索过程而又无法实现的纯粹想象。如果说传统语言学研究固守了这样的愿望与想象，那语言研究的"哲学转向"就是要回到语言存在的真实地位，就是要回到语言存在的理性世界之源，从而将语言学研究的自然对象属性统一于理性主体的存在属性。于是，语言存在在作为自然形式的表现时，它只是体现了语言存在的自然经验形式或知识的物质载体形式，这样的自然形式并非一种自在的显现，它只能属于理性主体的经验结果或创造结果，而直接性地规定了这种自然语言结果的根据所在就是我们的心理语言。心理语言乃心理经验过程的形式内容，它包括了感性成果和知性成果的内容，我们依据哲学认识论的思路分别将它们称之为心灵的"表象语言"和"概念语言"。由此，语言存在的经验对象不仅是自然形式的，而且是心理形式的，两者的统一并非决定于它们中的任何一方，语言存在的经验统一决定于理性存在的统一。在理性的语言存在统一中，所有经验的语言现象都只能是作为一种结果的存在，其最后的原因还在于理性存在的纯粹语言形式规定。在先验哲学的视野下，它就是一种先验语言形式的规定。从理性的纯粹语言形式原因到这种原因的规定的经验应用，我们应该具有纯粹语言意志的存在和作用，以及具有语言意志下的心理语言意愿。正是基于这样的语言意志或意愿能力，语言存在的理性原则规定才从此体现在语言现象的经验之中。总之，在涉及心理语言形式、语言行为意志、语言存在统一基础等问题的展开背后，作为有限理性主体的语言行为者应该成为一个必然中心或基础。

衷心感谢中山大学的翟振明老师所提供的宝贵建议！

衷心感谢西华大学为本书出版提供资助！

感谢《重庆师范大学学报（哲学社会科学版）》、《西南科技大学学报（哲学社会科学版）》、《西南石油大学学报（哲学社会科学版）》等刊物，它们发表过本书的一些相关内容，对于我的学术研究给予了长期的肯定与支持！

衷心感谢中央编译出版社的编辑！感谢中央编译出版社所有为本书出版付出辛劳的朋友！

作者
2016/1/29 于西华大学西华苑

目录
CONTENTS

导 论 …………………………………………………………… 1

第一章　理性视野下的语言存在论 ………………………… 8
  1. 理性与理性存在的统一 …………………………………… 9
  2. "第二自然"与理性世界的语言与知识 ………………… 13
  3. 理性主体与语言存在 …………………………………… 16
  4. 语言存在统一的自然形式及其特征 …………………… 22
  5. 语言存在统一的纯粹理性原因 ………………………… 28

第二章　语言现象及其统一的必然性基础
  ——从弗雷格"涵义"到康德"先验形式" ……………… 34
  1. 语言现象经验中的"指称"与"涵义" ………………… 35
  2. 语言现象统一的必然性与"涵义"启示 ………………… 38
  3. 语言现象世界与先验形式"家园" ……………………… 43
  4. 基于理性原因的语言现象存在及其统一 ……………… 48
  5. 世界与语言的知识性地位辨析：表象与理性根据 …… 51

第三章　心理语言存在的初始形式:表象语言 ……… 60
1. 作为"表象"与"编码"结果的"表象语言" ……… 61
2. 心理"表象语言"的存在及其地位特征 ……… 66
3. 初始形式的"表象语言"与时空位置的心理经验 ……… 71
4. "表象语言"和它的"整体性"特征 ……… 74
5. "表象语言"和它的"同在性"特征 ……… 79
6. "表象语言"和它的"杂多性""无定义性"特征 ……… 82

第四章　从"表象语言"到"概念语言" ……… 88
1. "表象语言"与表象世界统一的决定 ……… 89
2. 心理"表象语言"在语言存在统一中的地位辨析 ……… 92
3. 理性统一与"表象语言"的"前概念"地位 ……… 97
4. 从洛克的语言问题看"概念语言"地位 ……… 103
5. "概念语言"的"清晰"与"辨明" ……… 107
6. "概念语言"存在的原因性辨析 ……… 110

第五章　语言现象经验的行为原因辨析:语言能力与意志 ……… 121
1. 语言现象经验的言语行为及其原因性 ……… 121
2. 语言现象存在的双重原因性品格 ……… 124
3. 语言存在之家的"是"与"应该"判定 ……… 130
4. 语言存在统一的理性意志作用 ……… 134
5. 语言能力作用的主动性与语言意志的贯彻 ……… 137
6. 语言意志的原则能力与语言现象的经验能力 ……… 145

第六章　作为心理形式和行为能力的语言意愿 ……… 151
1. 语言现象的经验与"语言意愿" ……… 151
2. 作为经验"内容"与"能力"的语言意愿 ……… 154

3. 语言意愿的实现状态与理性主体的语言意志……………… 158
   4. 语言意愿及其实现的两个层面…………………………… 163
   5. 语言意愿的实现状态及其原因…………………………… 168
   6. 语言意愿的表现形式和"有限"特征……………………… 176
   7. 语言意愿的"在场"与理性地位…………………………… 180

第七章 语言存在思考的先验哲学论……………………………… 187
   1. 语言存在问题的理念论与先验观………………………… 189
   2. 语言现象知识的经验之路与纯粹语言原则的统摄……… 193
   3. 理性语言的"普遍性"原则与语言现象的"共识性"认同… 207

参考文献………………………………………………………………… 216

导 论

在哲学视野里,语言从其开始就是我们人类所必然遭遇的一种存在,即语言存在。在语言存在的理性原因问题上,我们所从事的探讨和研究从来就没有停止过,因为语言存在的产生源于一种深刻的人类理性存在的语言根据(即人作为理性存在统一中所应该拥有的先验语言根据),因此,不论我们如何强调语言现象作为自然对象的存在,作为理性主体性的人类存在永远被前置在语言现象的展示过程中;语言存在的自然现象展示只能作为理性主体存在下的必然现象结果,作为自然形式的语言现象一定要回到我们人类自身,即回到语言存在的纯粹理性形式规定上来。唯有如此,语言存在的现象经验才是可能的,语言存在的自然形式才是可知的。在现代语言哲学的研究中,尽管语言研究的科学之路可以不断地为我们带来语言存在之自然形式合乎于内在观念形式的逻辑说明,但这样的"说明"并非要将理性的语言原因或作为纯粹理性形式的语言本身进行自然对象化,即语言存在总是要体现为理性原因存在的非自然过程。在康德那里,理性存在的统一是作为先验形式与经验自然的统一,而语言存在作为这种统一的必然结果,它一定要体现着两种不同的原因性存在及其作用,即体现着自然语言现象的因果决定(如语言经验的各种语法规律)与纯粹语言形式的原因性规定,从而使得自然语言现象的条件限制和理性的纯粹语言形式规定成为一种理性存在统一中的"事实"。在此,基于康德理性存在理论的语言主体性地位思考应该成为我们走出语言异化并回归理性存在之语言原因世界的有效途径。

在语言存在的自然现象中，我们常常将这种现象的存在与统一视为其本身固有品质的表现而具有客观性的存在地位，然而，自然语言现象的"品质"与"客观"地位却一定要决定于语言行为者的感知结果，同自然现象的存在与统一情形一样，语言现象的存在与统一也应该是作为理性主体的规定结果。不论是自然物对象的经验结果，还是作为语言现象的经验结果，语言行为者作为理性主体必然提供着这种"结果"产生的纯粹形式基础，即提供着一切认知赖以产生的先验理性形式基础，它包括了纯粹的感性、知性和理性形式；正是基于理性存在的先验形式决定，自然语言现象及其经验的过程才真正地取得自身产生和统一的源泉，即作为理性存在的纯粹语言形式源泉。

如果我们可将语言存在区别为纯粹形式和经验形式的展示，那作为经验形式展示的语言存在便是我们习惯称呼的自然语言和心理语言现象。当然，这里所要讨论的语言现象并非单纯的自然形式和内容，它要将自然语言经验的形式和心理经验的形式统一于自身，并以自然存在和心理存在的特征展示于理性存在的实践过程。于是，语言存在的自然之意出于人类的经验基础，出于内在的经验和成果，即出于人类心灵经验的发生过程。语言现象的心理经验形式在其初始形式的存在上，产生于理性主体的经验直观发生，联系于自然世界的对象存在，包括作为自然语言的对象。语言现象的心理形式表现为无差别的、一般性的、整体性的、不确定性的大脑意象或感觉留存；相对于自然过程中的语言描写图式而言，这样的"意象"或"留存"就应该作为心理经验的图式内容，即"表象语言"而存在。"表象语言"即心灵中表象成果，其存在内容和地位既是经验直观的，又是理性存在规定的。作为心理语言存在的"表象语言"所承载和表达的既有关于自然世界的"影像"和"印迹"，又有关于这种心理图式存在和统一的理性规定与作用。

一旦我们将语言存在展示为理性存在的必然，一旦我们将语言存在展示为经验的过程和纯粹形式的过程，语言存在就不仅仅是作为自然语言形式的存在，它还应该作为心理过程的语言形式存在，以及作为决定所有自然语言形式和心理语言形式结果的纯粹理性原因世界的形式存在，而心理经验的语言形式正好处在语言存在体系中的一个非常关键的环节之上。借助于一般意义上心理认知的"意象"和"概念"习惯，我们在此也将语言存在的心理经验形式区分为"表象语言"和"概念语言"。这里的"表象语言"并非以图作记、以图为文、以图表意的自然语言形式，它是作为理性时空形式规定下的心理表象或心理形式，而且是作为一般性和普遍性意义上的表象或形式，它是作为人类自身所拥有的感觉能力下的心理内容形成的初级形式。心灵"表象语言"作为经验直观的初级心理现象存在，它具有自身内容存在的心理表现特征，在心理世界的位置具有"前概念"形式的特性，它可以标示为一种无区别性状态的心理语言内容。"表象语言"的内容与位置既是经验直观的必然结果，又是"概念语言"形成的前在环节，"表象语言"统一于心理语言现象、统一于语言存在、统一于理性存在，并始终体现为一种具有理性原因规定的心理语言成果。

　　在语言存在的心理经验中，我们既拥有心理的"表象语言"经验，又拥有心理的"概念语言"经验，它们共同构成心理世界内容存在的语言之意。如果说这里的"概念语言"同"概念"可以加以区分的话，那后者侧重于语言行为者的思维内容形式和哲学认识论概念的传统，而前者侧重于思维表现形式下的语言归属和理性语言存在论的统一要求，或者说，"概念语言"是关于心理经验概念的语言存在认定，显然，这样的认定必须建立在新的语言存在定义的预设之上，尽管这样的"预设"定义不再属于传统语言学的定义范畴，但"预设"的定义及其内容对于语言存在问题的探讨却是不应该被加以忽视。只要我们立足于理性世界的语言存在视野，关于语言的定义或对象范围就不应该被限制在普通语言学的"交流工具"或"文字符号系统"等自然语言形式的范围之内。在经验的基础上，语言存在的世界既是作为自然语言的世界，又是作为心理语言的世界，相对于自然形式的语言内容而言，作为心理语言的形式更能体现语言存在的主体性特征，尤其是作为"概念语言"的心理形式。"概念语言"作为自然语言产生与意义表现的先在条件，它是关于语言行为者之想法观点的心理形式，尽管这样的"概念语言"在其作为认知对象的存在方面会更多地面临"确定性"和"客观性"的问题，但它作为语言存在的心理经验对象地位却是不容置疑的。我们的语言活动或交流既是使用自然语言形式的过程，也是使用心理"表象语言"和"概念语言"的过程，所有语言行为的对象存在统一于理性主体的语言存在。在理性主体的语言现象经验中，自然语言形式在不断地被加以使用，而这样的"使用"一定不会独立于"概念语言"的使用，如果自然语言形式是关于"概念语言"的自然交流系统，那么，"概念语言"就是关于理性主体自身的心理语言形式的交流系统。一旦我们将心理经验形式的"概念内容"划归为语言存在内容的范畴，传统的语言定义范围就从我们之外的自然过程延伸到我们自身之内的心理世界，语言就不仅是一种外感官的对象，也是一种内直观感觉的对象。

在我们将语言存在的问题展示为理性主体存在条件下的语言现象及其经验时，这样的语言现象存在及其经验就要区分于自然物的对象及其经验；语言现象经验过程的行为必然是作为理性主体存在的行为。于是，不论是关于语言现象的存在，还是关于语言经验行为的发生，它们都不可能作为一种单纯的自然世界中的对象存在和变化，只要我们展示了如此"存在和变化"所体现的自然原因性，我们也就无法否认理性原因性的存在前提，即语言现象作为人类自身创造并经验的结果源于纯粹理性的先验语言形式存在，先验语言形式的规定及语言现象经验的行为统一实现于语言意志及其语言意愿的贯彻之中。

在我们将语言存在问题解析为理性存在的先验语言形式和经验的语言现象问题时，只要面对语言存在的自然结果，我们就会就将这样的自然结果联系到相关的语言行为发生，而语言行为的产生离不开语言行为者的意志，即产生于一种理性的语言意志。当我们抛开所有语言现象的经验来讨论人类的语言意志决定时，这样的意志规定就应该具有先验语言形式的特征，纯粹而自由；语言现象经验的纯粹理性原因是关于语言行为者作为理性存在的先验语言命令，就如康德理性的"先验命令"一样，它所标志的是关于语言存在的纯粹理性之源，语言存在的现象认知和行为认知不能缺失理性的语言意志，否则，语言现象及其行为的认知将会变得困惑不断。如果语言意志指向理性世界的一种纯粹的语言能力及其命名的存在，基于这种纯粹语言能力下的心理经验过程的语言能力或语言欲望就是一种具有经验特征和现实特征的语言意愿。语言存在作为经验结果呈现的现象包括外在的自然语言部分和内在的心理语言部分，语言现象产生于语言行为的发生过程，而语言行为的发生又要决定于心灵的语言意愿；语言意愿既可以是关于语言存在的心理经验的意识对象，又可以是语言现象经验的行为能力；语言意愿在最为直接的经验意义上贯彻并实践着理性存在的纯粹语言意志原则，它应该作为语言现象研究的行为动机。作为有限理性主体的存在，只要我们面对语言现象的经验过程，这种经验过程所秉承的理性语言意志原则及其经验过程的语言意愿准则就一定要存在或产生于我们之内，语言意愿对于语言意志的贯彻，以及语言意愿要求实现的经验都将在"有限"状态中发生。

　　只要我们将语言存在置于了理性的世界，一切作为语言存在的过程就会展示在理性的世界之中，一切关于理性主体的语言现象经验和行为发生就会联系到理性的原因存在，就会将先验语言形式、纯粹语言意志，以及心理世界的语言意愿统一起来，一种"理性语言"的图景就会覆盖传统的语言图景。在经验实在论者看来，心理语言现象的"概念语言"和"表象语言"无须理性思辨进程的纯粹性原则，也无须设定并应用这样的原则，于是，我们的"语言知性"就自然地被限制为一种完全经验过程的知性，关于语言知性的问题也就自然地脱离于形而上学的语言本体论思考而回到经验的语言现象过程来加以展示说明。不仅如此，这样的"说明"被经验论者强调为语言存在的唯一展示之路。英国哲学家洛克作为经验论者的杰出代表，他的语言观就没有为心理语言现象的形成确立任何纯粹理性的原因或根据。在洛克的眼里，一切心理的语言现象分析只有经验之路可行而无需去询问语言行为者自身的纯粹性基础，更不用说那种与生俱来的先验语言形式的存在与决定。事实上，洛克在语言存在决定的纯粹心灵原则的判定上做出了与康德哲学相反的回答。结果，语言存在的问题也就被视为语言现象问题，无疑，这样的经验之路开启并明确了现代语言学研究的对象与范围、方法与知识地位。然而，这样的经验论成就只能是作为理性主体存在条件下的认知结果，而且只能是一种具有相对意义上的认知结果，即一种由语言现象取代语言存在的所谓客观结果。那么，语言现象的经验之路又该如何成为通达语言存在的显示之路呢？依据康德的先验哲学思想，以及自然世界认知和自然语言现象认知的现实，理性存在的知性对于语言现象经验而言就应该体现为一种语言知性，语言知性首先要作为纯粹形式而存在，这种纯粹的语言知性所体现的就是理性存在的纯粹语言意志原则，即理性的先验语言形式原则，只有基于先验语言形式原则的存在，我们才有统一于这些纯粹原则中的纯粹语言概念形式，即一切"概念语言"形成的先验基础。正是具备了这样的先验语言基础，我们的心灵才能在体现自身的先验特征存在之时体现心灵之外的对象，我们才能在直观的心理过程中拥有关于一切外在之物的"表象语言"和"概念语言"。于是，在语言现象知识的形成方面，不论它是涉及自然语言现象的知识还是涉及心理语言现象的知识，我们所依赖的基础就只有那种属于我们自身的语言能力（语言知性和语言感性能力）。这样的"语言能力"拥有纯粹的理性源泉，这样的"语言能力"必然地体现于理性主体的语言经验过程，不论语言现象的经验过程是否完美地体现了它，它就是要那样地伴随着每一个语言行为者的所有过程。唯有在这样的"语言能力"下，我们才有了关于语言现象认知的结果出现，才有了语言知识体系中的普遍性特征体现。这样的"语言能力"因为语言现象知识的事实而必然存在，同时，它又无须任何语言现象过程中的对象依靠或决定。

在语言存在问题的思辨里，康德理性观所启迪的是关于语言存在问题思考的一种新视角，是关于"语言是什么"的深层含义的阐释。走进理性存在的纯粹语言原因世界的历程也就是我们在自身内不断经历思辨的艰辛和困惑、不断设定和演绎先验语言形式存在的历程；只有在这样的历程里，我们才会惊奇地发现我们的语言世界远非存在于自然过程的语言现象，语言现象作为经验对象只是为我们提供了进行语言存在问题思考的自然内容和心理内容。虽然自然语言或心理"表象语言"和"概念语言"经验的情形一定要区别于理性原因世界的"真实"，区别于先验语言形式和纯粹语言意志的"真实"，但这种"真实"在理性语言的存在中不可否认，否则我们就将不再是当下的语言主体；语言存在的理性基础就在于我们面对"语言是什么"的问题时总是能联系到一个"语言应该是什么"的世界，即经验的语言现象因为理性基础的确立才从此被导向语言存在的理性所是。

第一章

理性视野下的语言存在论

在我们将自然世界视为理性主体的表象世界时，自然语言现象也一定要作为这种表象世界的组成部分，理性存在的原因世界必然地提供着一切语言现象经验的先验理性基础，即一种作为先验形式的语言原因存在；先验语言形式与语言现象的统一实质就是理性存在的统一；先验语言形式与语言现象的对立和统一因为回到理性存在过程而成为可能。

如果语言存在只是属于自然的过程，只是贯彻着自然过程的因果连接关系，那语言存在的内容就同所有自然界的存在物一样都要成为现代科学的研究对象，或曰"语言科学"的对象。在语言存在问题上，现代科学发展的无所不至几乎要将知识体系以及认识领域覆盖到作为理性主体之语言存在的全部，其结局似乎就是"语言科学"之语言对象对于理性之语言存在的全面取代，并造成语言存在问题探讨的经验实在转向，而且是一种决定意义上的转向，语言存在的世界也随着这样的转向而缺失自身存在的理性原因根据。然而，语言存在的彻底自然对象化除了企图将语言存在的经验可能性扩大到它所有的领域之外，其本身并不意味着语言存在之纯粹理性原因的消亡，即理性世界的先验语言原因总是要作为语言现象存在及其经验发生的绝对条件。从对象性意义上来讲，它要作为一种被康德定义为"等于 x 的一般的某种东西"[①] 的存在，否则，语言存在的自然对象化本

[①] 李质明：《论康德的先验对象》，载《中国社会科学》，1982 年第 5 期，第 32 页。

身及现象成果就会什么也不是。语言存在的一切自然现象形式和一切作为认知成果的语言知识形式都只能是关于理性主体存在原因的结果世界。因此,不论我们如何强调语言作为自然对象的存在,作为理性主体的原因存在永远被前置在语言经验发生的一切过程中;语言存在的自然过程仅仅是一种理性主体存在的必然性结果,作为自然过程的语言现象一定要回到理性存在自身,即回到语言存在的纯粹先验形式规定上来,语言存在的自然经验才是可能的,语言存在的自然显现才是可知的。尽管研究自然语言对象的科学之路可以不断地带来语言存在之自然形式合乎于内在先验形式的展示说明,但这样的"说明"不可能带来先验语言形式本身的自然对象化,即语言存在总是要体现为理性原因存在的非经验过程。在康德那里,理性存在的统一是作为先验形式与经验自然的统一,而语言存在作为这种统一中的必然产生,它一定要体现两种不同的原因性存在及其作用,即体现着自然语言现象的因果决定(如语言经验的各种语法规律)与纯粹语言形式的原因性规定,从而使得自然语言现象的条件限制和理性的纯粹语言形式规定成为一种理性存在统一的"事实"。因此,基于康德理性观的语言主体性地位思考应该成为我们走出语言异化并回归理性存在之语言统一世界的有效途径。

1. 理性与理性存在的统一

在此,我们需要涉及以下问题的说明:"理性存在的统一""语言的必然产生",以及两者之间的关系建立。

首先,这里的"理性存在的统一"基于康德先验哲学的思想,而非任何他人的理论或观点。因此,在谈论这一问题时,我们总是在走进康德的先验哲学领域,立足于先验哲学中的"理性存在的统一"。当然,要想获得一个清晰而又令人信服的"统一"说明,并为自然语言现象的存在原因标示出必然的理性源泉,我们无法绕过"理性"或"理性存在"的问题;只有在认清"理性"或"理性存在"应该是什么的条件下,我们才会有可能去说明"理性存在统一"的情形,以及"语言存在统一"的情形。在康德的先验哲学里,"理性"被视为一种"应该"的能力,一种具有天赋特征的能力,一种纯粹的能力,"纯粹理性,作为一种纯粹智性的能力,并不服从时间形式,因此也不服从在时间中连续的条件"①。面对这样一种"能力"对象(如果我们能够面对),那理性就可以加以判断,名曰"理性存在",其实,"纯粹"意义上的"理性存在"并不为我们所认知。倘若我们要对这样的"对象"加以分析和确定,那我们的工作就只能成为一种纯粹思辨的活动,要么借助于时空的先天形式,要么借助于想象的先验图式。但这样的纯粹思辨活动在"是什么"的判定上并不能提供任何知识性的成果,不管它是否借用了自然物对象的知识。还是借用了自然语言现象的知识,以及其他经验对象的知识,所以,在我们面对"理性"这种能力的判定时,无疑要宣称这种能力存在的肯定判断,但又绝不是经验过程的那种知识性判断。只有理解这一观点,我们方可更好地理解《纯粹理性批判》,也只有立足于这一观点,我们才会在"理性存在""语言存在"的问题上取得相应"存在"之真。一方面,关于"理性存在"的肯定其实就是关于超越自然之原因世界的必然承认,是关于自然世界得以如此呈现和经验之理性根据的承认;另一方面,它又明确地导致两种存在形式的划分:理性的纯粹形式与理性的经验形式(自然过程的表象形式)。显然,任何缺失"理性存在"的世界或过程都是不可想象的,更不用说关于自然物的知识和语言的知识,康德也因此视"理性存在"为自明的"事实"。当然,理性的"事实"在被加以经验过程的关注时会显得不是那么遥远和纯粹,因为我们很清楚:理性的"事实"只能依托于经验的事实,只能依托于人作为理性主体存在的事实,否则,我们关注"理性"的"纯粹"将会无路可行,更不必说去探讨理性存在的统一。因此,理性的"事实"不仅仅关涉纯粹形式的无限存在,而且也关涉自然过程的有限存在。倘如

---

① Kant, Immanuel. *Critique of Pure Reason* [M]. trans. Norman Kemp Smith, London: Macmillan, 1929. p475.

理性的"事实"不能凭借纯粹形式的世界本身得以说明和肯定,那解决的办法就只有另寻他途,即寻找一种能够秉承理性和表象自然世界的限制性理性存在。毋庸置疑,这样的存在就是我们人类自身。尽管人作为有限理性存在的唯一性在康德的先验哲学里是不能加以确定的,但在"理性""理性存在""理性存在特征""理性存在的统一""语言存在统一"等问题的展开背后,人作为有限理性存在必然是一个起点或基础;如果说"理性"为一种纯粹的智性能力存在,那人的"此在"就应该是洞悉这种能力的有效存在,或者说,只有从人的"此在"出发,我们才能获得"理性"或"理性存在统一"的真,并以此为契机去"朝向"作为理性纯粹形式的存在和去面对这种形式下的表象世界;只要"理性存在统一"的真表现为人的"此在"的真,"理性存在统一"的普遍性地位就能够在有限理性的存在对象那里获得体现和满足,进而获得关于纯粹形式与表象世界的关系存在。

人作为有限理性的存在既不可能是单一的自然过程,也不可能是绝对的智性过程,人的"此在"过程总是要体现着纯粹世界与经验对象世界的统一,前者的能力联系于人所拥有的先验理性形式,后者联系于合乎先验形式的表象世界的对象,两者的统一由于人的"此在"事实而得以实现。因此,在我们自身存在的统一中,既有源自理性的先验形式存在,又有经验直观中的自然世界存在,后者总是作为前者存在及其应用的表象世界,或者称之为现象的世界。根据先验哲学的观点,我们所经验的自然世界并未表明这样的世界本身是什么,一切关于自然现象的知识都只不过是关于理性存在下的直观表象的认知结果,所以,作为经验对象的知识在先验哲学的认识论里并非关于对象本身的认识,而是关于自然物作为理性存在之表象的认识。尽管我们习惯地将这样的"表象"看成物自身,看成自然的"客观",但这种"客观"只能是产生于理性存在的主观形式条件下的"客观",是关于理性存在的先验形式下的"客观",而非物自身的"客观","客体既然给我的感性提供表象,当这些表象的连接被理智概念规定成为普遍有效时,它就通过这个关系而被规定成为对象,而且判断就是客观的了"①,"自然只是被我们作为现象来认识"②。理性存在的先验形式既可以表现为感性层次的纯粹直观形式,也可以表现为知性阶段的纯粹知性概念形式,以及作为先天综合存在的先验图式等。与其说我们的知识内容是关于自然世界的,不如说是我们自身作为理性存在的必然。当然,这种"必然"的展示和说明必须借助于经验的过程或自然对象;至于说理性存在的先验形式为何如此表象自然、呈现自然和联系自然,问题就变得难以解决了,不过,康德在这一问题上还是为我们设定了这样一个原因前提:理性不仅是纯粹的理性,而且也是实践的理性,理性的实践地位便成为理性存在与自然统一的根本所在,实践理性的特征及其规定作用的说明因此成了康德哲学思想构建的重要内容。

在我们分析了理性存在的统一问题之后,我们便可以比较清楚地意识到所有关于自然世界的知识、所有关于自然统一的现象、所有关于自然过程的语言现象和言说活动都应该属于理性存在规定的作用结果。不论是关于自然世界的对象、事件、过程,还是关于自然世界的特征、关系、状态,它们作为人的"此在"的知识对象都必须是先验直观形式下的表象存在。既然是表象的"对象",那这样的自然世界就不一定是它本身所是的存在,而是我们所"提供"的存在,意识到这一点非常关键,它能够在解释对象世界的普遍性、统一性和共同性等问题方面为我们提供有益的启迪。比如,我们面对的世界为何总是如此?我们面对的纷繁的自然对象为何总是具有一样的呈现模式?等等。因为我们发现不了任何例外的情况存在,哪怕是在虚假的梦里。所以,自然世界应该属于表象的世界,这种自然世界的"被表象"在体现人之"此在"过程的统一中便作为理性存在的第一结果留存于我们自身之内,作为"自然是什么"的第一次回答,也

---

① 〔德〕康德:《任何一种能够作为科学出现的未来形而上学导论》,庞景仁译,商务印书馆1982年版,第160页。
② 〔德〕康德:《判断力批判》(上卷),宗白华译,商务印书馆1964年版,第35页。

作为我们所拥有的纯粹知性概念形式的应用对象，从而取得关于表象之概念赋予的第二结果。或者说，取得关于表象的、基于先验综合图式的思想产生结果，并最终回到所有现象"结果"的原因存在，回到理性存在的先验形式自身而指向一个在知识意义上为"空"的纯粹之域，即纯粹理念形式的世界；当然，这里使用的"空"更多地出于纯粹逻辑结构意义的考虑，也就是不具有真假的判断。不管是哪一种或哪一阶段的"结果"，它们都在自明的理性存在统一中产生出来：要么为表象，要么为概念，要么为先验图式，要么为纯粹理念，等等。由此，我们才有了关于世界的统一和知识，有了关于知识判定的根据和标准。于是，自然世界只能是作为合乎理性之先验形式的存在，其价值也不在自然之内，两者之关系颇似维特更斯坦所认为的那种语言与世界"同构"状况的存在："（自然）世界的意义在世界之外，而在世界之内的东西就是如其所是，如其所发生，因而世界中没有价值。"① 至于说维氏的"同构"理论，我在这里不作叙说，我只想强调的是：本文的"同构"不是自然世界本身构成与理性存在形式构成的相等，而是自然世界作为表象的构成与理性存在形式的合乎一致，世界的神秘与未知在于有限理性存在超越自身限制的不可能性。总之，我们对于世界的认知或知识就应该建立在表象内容、概念内容、先验图式内容，以及理性的统摄原则的基础之上，这些内容和原则因为与先验形式的合乎一致而成了真之观念的存在，成为人之"此在"意义的产生源泉，不但如此，它们的"所在"会因为理性的实践特征而必然地呈现于经验的过程，成为理性存在结果的知识体系。

2. "第二自然"与理性世界的语言与知识

为了区别于表象世界中的自然物对象，我们暂且将由于理性存在而被制造和表象的自然语言现象称之为"第二自然对象"，至于说在此为何取

---

① 王路：《"可说与不可说"之说》，载《河南社会科学》，2006年第5期。

"第二自然"之词，乃是出于自然语言作为源自理性存在之形式的对象化和外在化成果；同时，它又能与自然物一样被加以持续不断的经验直观。于是，这里的"第二自然"结果不是关于自然物对象的存在，而是关于理性主体之内在语言形式的外在呈现或自然化结果，倘若我们将从自然语言到理性主体的过程视为语言存在的"原因回溯"方向，从理性主体到语言现象与知识结果的过程就是"原因决定"的方向。显然，不论是哪一个方向，理性主体的地位始终是一个中心、一个绝对意义上的语言现象"生产者"。如果我们将"原因回溯"开始阶段的自然语言的"被表象"视为理性存在统一的必然发生——在这一命题的证成方面，我们由于在语言经验的现实中发现不了任何的"反例"而视之为"自明"，那么，作为"原因决定"阶段的如此知识现象或语言现象的产生也应该是必然的。或许，我们在经验的层面还没有能力去言说"必然"，可我们也不会去否认：没有当下知识与语言现象的"我们"一定不会是当下的"我们"，一切关于"表象形式""概念形式""理性之先验形式"等的问题也就不会出现了，更不用说去探讨"语言存在"的意义根据了。因此，只要我们将思考的视角转到理性存在的语言经验"事实"和理性存在的纯粹原因及其实践特征上来，理性主体存在的世界里产生"第二自然"形式的知识与语言现象结果就要必然出现。在这里，"第二自然"的知识与语言是作为现象的存在，而非某种自然世界里"物自身"或"语言自身"的存在，所以，尽管这样的"现象"在人们的眼里被视为具有自然对象特征的东西，但人们在"现象"的所属原因根据方面还得承认"人的知识"或"人的语言"。或者说，这种"第二自然"的产生原因就在理性存在主体的自身之内。那么，我们在对知识成果与语言现象存在施予自然因果关系的联系或规律时，同时也在指向一种作为如此联系之根据的智性之源，即作为理性之纯粹语言形式规定的存在，尽管我们无法认知这样的智性存在作用的如何产生。倘如我们可以将无经验内容的纯粹语言形式设定为 x!，其性质特征设定为 f!（这里的 ! 表明一种非经验证实的情况），那关于纯粹内容的表现就应该是：x！＝f！，其先验的涵项为 f！（x！），任何基于"真"的或"有效的"知识现象和语言现象一定保持着与其先验形式 f！（x！）的合乎一致，保持着 x！＝f！的判定形式，尽管这样的形式之真远非我们人类的有限理性所及。当然，知识现象的真是关于自然世界认识与理性存在形式合乎一致并得以标记的认知结果，语言现象的真表现为符号标记现实与理性语言形式要求的合乎一致，作为语言现象与知识成果的呈现决定于理性存在及其统一的前提，语言现象之真并不可能脱离理性存在的原因规定（即先验语言形式的规定）而存在。

在语言现象的标记现实与认知结果之间，我们不会说标记现实先于认知结果，也不会说认知结果先于标记现实，因为两者的合符一致源于理性存在的统一，而非外在于理性主体的某种偶然的自然巧合，所以，"与认知结果的合乎一致"并未凸现或肯定这种结果对于语言现象的任何决定性地位，根本就在于语言现象是否作为理性主体的知识成果的正确表达，而这样的"正确表达"同认知行为的先验根据一样，它也依据理性存在的纯粹语言原因形式。于是，语言现象的标记现实与认知结果的显现之间并非存在着本质的区分，认知的结果只能是语言现象经验中的结果，任何脱离知识成果的语言现象经验，以及任何脱离语言现象经验的知识成果都是不现实的。在"第二自然"的层面，不论是认知的结果还是符号标记的现实，它们都是作为现象对象的存在，并被赋予各自存在的系统性、规律性和客观性，然而，这一切还是改变不了它们作为"第二自然"的地位，即作为理性存在的先验形式条件下的"经验现实"存在，一种作为理性存在的"语言输出"现实。

如果抛开"（知识或语言的）先验形式是什么"的问题，如果可以超越人类自身的有限地位，我们便可以说，语言现象的本底就应该是先验语言形式存在，或者，知识现象的本底在于先验形式的知识存在。显然，我们不能完成这样的使命，我们所遭遇的就是又要回到哲学"二元论"的思路上，从而面临要么归于"唯理论"要么归属"经验论"的危险，但走出的"危险"的出路并非独断的、唯一的。或者说，我们关于语言或知识问题的"二元论"只是作为分析问题统一性的"方法论"，而非要去做某种"独断"的判定。现在，为了更清晰的说明问题，我们将焦点转到语言的存在问题上来。

3. 理性主体与语言存在

在上文里，我们反复提及和关注的一个对象是"语言现象"，或者说，是关于知识对象的"语言现实"，那么，这样的"语言现象"同"语言存在"的关系又该如何呢？在我们的判定"理性世界的语言必然产生"里，"语言"的意义又该做如何说明？在通常的语言实践中，我们或许未曾去关注"语言现象"与"语言存在"的关系问题，不论是提及任何一方，我们所能呈现给自己就是那种被称之为"自然语言"的东西，那种为我们所思、为我们所用的符号系统。于是，"语言现象"与"语言存在"在指称对象的意义上往往就被视为同一性概念。然而，两者的同一不可能在真正的意义上展开，否则，"语言存在"就会因为等同于"语言现象"而完全成为自然过程的对象。而要认知自然存在的"语言现象"，以及同"语言存在"的关系，我们依然摆脱不了理性主体存在的先验形式或认知形式的存在与决定，即关于"语言现象"存在与知识获取的原因根据只能是理性存在自身及其纯粹的先验形式规定，理性主体的存在统一应该成为语言现象及其知识体系存在的绝对性原因。所以，"语言存在"在作为纯粹自然对象而脱离于理性世界的原因时，它就成了一种"语自体"的存在，任何企图对"语自体"[①]加以认知的要求都不会获得成功。这样的"语自体"当然就不会是作为人类"此在"过程所经验的语言现象真实。因此，在"语言现象"与"语言存在"的关系问题上，前者才是真正指向"第二自然"的语言标记系统、读音系统、文法系统、言语活动体统，等等。

---

① 康德的"物自体"指向自然物本身的存在，借用康德的观点，"语自体"则指向自然语言现象本身所是的存在。

或者说，它指向的是关于知识体系所涉及的"表现系统"，正是基于这样的"表现系统"，我们才拥有了作为知识对象的自然与语言，语言哲学家们才拥有了关于知识世界的体系建构和理论建设，"语言是什么"的问题才会在语言现象的层面被加以探讨和确立。当然，作为知识意义确立的"语言存在"在这里同"语言现象"是没有差别的，它们所指向的都是关于语言存在的经验对象，是关于人类语言经验的成果现实，即关于语言的"第二自然"。

从先验哲学的"知识论"来看，只有在经验对象存在，并且被置于理性的直观作用之时，我们的"知识"方可真正有效地产生，所以，作为"知识"对象的语言必须是一种经验对象，即作为"语言现象"的存在。在这里，不管使用"语言现象""第二自然"，还是"知识对象的语言"，语言总是被加以了限制，或者说，关于"语言"概念的涵项式在没有限定的条件下就一定表现为一个不能确定真值的开语句形式。这样的"形式"要取得弗雷格所说的"真值"，它就必须获得对象的补充，而我们在"语言"概念上进行的限制，其实质就是在确定这样的对象范围以及对象内容，从而取得这种"语言"的知识和意义体系，以及弗雷格眼里的语言之真。当然，如果我们仅仅是以如此限制状态的"语言"来代替一般意义上的语言或语言存在，那我们所面对的对象仍然是一个以偏概全的结果。因为我们很清楚，限制条件下的语言或作为知识对象的语言并非语言存在的全貌，语言存在的全貌不仅仅是作为自然语言形式的存在，而且是作为带来如此自然语言形式的理性世界原因的存在，即语言存在问题不仅仅关涉作为现象或知识对象的语言，而且关涉语言本身存在的地位与根据。语言存在问题远非一个关于自然对象形式（第二自然）的问题，从理性主体出发，世界作为统一的存在，语言现象也具有统一的体系，而"统一"的事实必然地拥有如此经验的理性原因根据。在语言现象的统一问题上，这样的"原因根据"又该如何取得自己的存在与展示之路呢？经验论者也许会承认这是一个问题。可又会认为是一个无实质的伪问题。在他们看来，语言现象过程及其自然地发生定会拥有其本身的原因与本身的根据。一种非理性的"语自体"的根据。于是，语言现象中的每一种结果、每一种发生、每一种关系，都会具备作为现象过程的原因，不论是从微观的范围进向宏大的领域，还是从初级的层次进向高级的层次，原因的具备都会在现象的过程里被认知，而且，要说明这样的观点也显得不是那么困难。在语音学的领域、语义学的领域、语用学的领域，以及其他作为知识体系的语言学领域，语言学家们成功地在"语言现象"的领域构建起了具有不同原因根据的知识体系，并取得了关于语言学的知识"规律或法则"，一种仅仅是基于限制性条件下的"规律和法则"，以及关于语言知识的纷繁多样的理论建设。不容置疑，语言学家在经验语言的过程里所面对的"原因根据"的确应该归于语言的范畴，然而，这样的"原因根据"知识却根本不能等同于"语言是什么"的问题答案。语言存在的原因根据也不会从此就能在知识的意义上被加以确定，就像我们确定语言、词汇、语法等知识那样去确定。显而易见，语言的存在尽管必然地拥有"语言现象"或"语言知识"的现实或经验世界，但语言存在绝非等同于这样的"语言现实"，语言现象世界的"经验根据"也绝非等同于语言存在的原因根据。作为语言存在的原因根据是我们面对语言现象如此产生和如此存在的理性主体条件，是关于语言现象的绝对整体性存在的原因根据。对于这样的原因根据，我们可以说，语言学家们在语言知识建构中所做出的有益探寻都是"朝向"它的无限进程中的一个环节，而不是关于它的认知。一旦我们进入语言存在的问题，仅仅局限于语言现象层面上的"是什么"探寻与收获就会远远不能满足问题思考的需要。一旦语言存在是可以面对的，我们就是在面对自然与语言现象、语言现象与语言形式、语言形式与理性存在统一关系的全部。当然，在提及这样的关系时，我们并非在断言双方的对立或双方之间的某种外在关系，或者说，语言形式与语言现象属于语言存在的统一，而语言存在的统一奠基于理性存在的统一。倘若我们将语言存在拒斥于理性主体之外，并视之为纯粹自然物的存在，那我们只能对这样的存在保持沉默，因为这样的语言存在将会什么也不是，更不用说关于语言存在经验的知识，这样的结果显然有悖于语言存在的真实，至少有悖于"语言现象"的真实。

不论是理性存在过程的"语言现象"，还是这一过程的自然现象知识，它们都是作为理性主体的"表象"现实，都是与理性之先验形式的合符一致的经验结果，因此，任何外在于理性主体的语言原因及其现象结果都不会带来人类社会所遭遇的如此存在的语言真实。正如上文所提及的那样，语言作为纯粹的自然对象只能是一种假象，最多也只不过是一种语言实践过程所创造的"第二自然"结果，其原因根据还在于理性的存在，还在于理性主体所秉承的纯粹先验形式存在。语言存在首先应该是一种纯粹理性世界的存在形式，然后才有作为该形式条件下的语言现象或知识形式，才有关于语言现象世界所展现出的共同性、一致性和普遍性特征的存在。在先验哲学里，康德理性的"先验形式说"尽管没有为纯粹语言形式画出领地，也没有提出"先验语言形式"概念，但这并不意味着他的"先验形式说"就拒斥了"先验语言形式"。首先，康德的先验形式所指向的就是理性主体的先天模式，某种拥有自然、拥有世界认知可能的纯粹先天模式。从逻辑意义而言，这样的模式应该提供了关于现实世界和可能世界的全部源泉和根据，作为理性存在世界里的语言现象及其经验根据也应该回归这样的先天形式。唯有如此，语言才能真正走向"存在的家园"。其次，先验形式涉及感性、知性和理性等方面，包括了纯粹直观形式、纯粹概念形式和纯粹理念形式等；倘若我能够对于这样的形式加以描述，那纯粹直观形式就是关于时空表现的先验图式，纯粹概念就是关于现象综合的先验图式，纯粹理念形式就是关于智性原因的超验图式。要询问这样的"图式"存在，它就只能属于一个理性的应该世界，一个被康德称之为"自明"的存在；同样，在语言存在的意义上，这种"自明"的图式就是语言现象及其知识体系得以产生的纯粹先验形式，我们暂且将"自明"的图式视为语言的纯粹形式存在，因为我们自身作为有限理性的存在无法取得关于先验语言形式的任何认知。同时，我们也无法取得任何有悖于"自明"设定下的演绎现实或结果，或者说，"自明"的先验语言形式可以不是语言认知的对象，但一定要是认知语言对象的纯粹原因根据，否则，语言现象及其知识体系的统一性、语言现象与自然世界的统一、语言现象对于理性存在的通达一致就会消失，或至少不会有当下的语言现实。实际上，在我们经验语言现象的实际中，在我们面对作为不同语言现象的表现时，如汉语、英语、德语、西班牙语等，我们都会自觉或不自觉地意识到某种共同的东西隐藏在这些语言现象之后，它一定是"我们的"，而且一点也不会去怀疑这种共同的东西被我们人类所拥有。尽管这样的说明具有浓厚的心理因素而无法有效地服务于"自明"的语言形式存在，可它至少为我们留下了关于先验语言形式的心理印迹。再者，关于语言存在的经验世界总是在为我们呈现语言现象的知识，或曰语音知识、或曰词汇知识、或曰句法知识，等等。我们一定不会去质疑这种语言知识的存在事实，但我们必须清楚，同任何其他自然物对象的知识一样，语言现象知识的产生根据并不是因为外在的符号系统或其他的语言现象自身，而是因为理性存在所具有的感知语言现象的先天形式或能力。所以，语言现象知识的事实不仅仅是经验层面的，而且应该是纯粹理性层面的，它是关于先验语言形式存在与规定的"事实"。或许人们会认为这种非经验的"事实"只能是一种源于思辨的假想，这样的看法对于知识对象世界而言具有合理性，但就理性存在及其语言存在的"真实"全貌而言显然有失全面。因此，语言存在问题绝不仅仅是语言现象与语言知识的问题，更是关于语言存在的纯粹理性原因问题。如果我们将语言存在看成一个源于理性形式的过程。那语言存在的全貌就应该是一个从理性的先验语言形式到语言现象或语言经验现实的过程。而且，基于上文的分析，从理性的先验语言形式到语言现象应该是一个必然推出的过程，即理性存在的先验语言形式→语言存在的经验现实，语言的产生源于理性存在的必然。

在辨析理性主体原因与语言现象的关系问题上，我们既解析了作为知识层面的语言存在,又朝向作为纯粹形式的语言存在,前者被我们称之为语言现象,后者被称之为纯粹的先验语言形式。基于先验哲学的启示,语言现象及其经验的现实为我们所确立的就是关于这种"现实"的先验基础存在,语言存在的全貌或"真实"应该是关于语言现象与语言纯粹形式的统一,任何局限于语言现象或局限于语言纯粹形式的探讨尽管可以在语言存在的局部问题上取得有益的成果,比如文法学家所展示的句法规律,语音学家所揭示读音规则,或者,思辨哲学家关于语言概念的纯粹形而上学的推理,存在哲学家关于语言现象的本质定义,等等,其结果要么带来关于语言存在的相对性、有限性和经验性地位展示,要么带来关于语言存在的难以确定的、纯粹的先验地位特征的说明。从通常的区分方式来看,前者联系于自然语言学的研究,强调语言存在的现象层面认知;后者联系于理性语言学的研究,强调语言存在的先验形式,然而,任何一方的研究都不可等同于语言存在的"真实"。语言存在的"真实"可以是自然经验的,但又不仅仅是自然经验的,它在自身统一的进程中一定要不断地以"第二自然"的身份联系着自己的纯粹理性家园。如此,我们在"语言是什么?语言应该是什么"的问题上会走出语言存在研究的限制而取得更为宽广的视野。换言之,语言存在于自然知识获取的经验关怀之外更有缘起于先验形式根据的精神慰藉。

总之,不论是在理性存在的纯粹语言形式问题上,还是在语言存在的知识性地位上,关于它们"是什么"与"应该是什么"的问题成了分析思考的基本出发点。在有关语言存在的表达里,我们可以讲"从语言中来"或"到语言中去",表达的逻辑主词要么为知识,要么为理性主体;如果为知识,则表明语言的知识来自于语言现象的认知,同时又应用于语言现象的认知;如果为理性主体,则表明理性主体是在语言存在的经验中展示的,任何以语言为谓词的表达式或函数式都会由于理性主体的出现而具有意义或具有真值。"语言乃人类的家园",我们在语言的家园里的进出,我们在语言的家园中见证自然世界的呈现,同时也见证理性主体存在的统一。

4. 语言存在统一的自然形式及其特征

如果语言存在的统一只是就传统语言学的研究对象而言，它无疑是在指向自然语言现象的存在统一。然而，自然语言现象仅仅是作为经验过程中的语言形式存在，这样的形式存在依赖于理性主体的存在，即决定于作为有限理性的语言行为者的存在。因此，自然语言现象的存在统一可以体现为自然世界的存在特征，但又绝非仅仅体现为自然世界的特征。这样的统一世界必然地体现人类自身的语言存在规定性，其内容应该被视为理性主体所创造的"第二自然"对象，即作为语言存在统一中的经验形式而存在。语言存在的统一性既体现为"第二自然"的对象性统一，也体现为理性语言形式存在的统一，前者呈现于语言存在的经验现实，后者体现于语言存在的纯粹理性原因决定中，两者统一于理性主体的存在。于是，任何关于语言现象经验的纯粹理性形式说明则要联系于语言存在统一的理性"模式"来加以进行。当然，这里的"模式"不是一般语义学的对象，而主要是一个关于语言现象经验得以可能的纯粹理性源泉的说明"模式"，它基于自然语言现象统一存在的理性原因确立的需要而预设了先验语言形式的存在，并通过先验演绎的方法取得关于自然语言现象统一的纯粹理性原因说明，即确立理性存在统一中的先验语言形式存在。在这样的"模式"里，自然语言现象的统一性源于理性的先验语言形式存在的统一性。尽管这样的先验语言形式及其统一性地位在"用已知实体的构造物来代替对未知实体的推论"[①] 的"简单性原则"要求下不会被加以接受，尽管逻辑实证主义将它归之为虚假的"幻想"而要坚决地予以拒斥，但关于语言存在的纯粹理性地位问题却并不会因此而消失。对于语言存在的纯粹理性地位探讨将会有助于理性语言原因的分析，有助于理性统一中的语言存在

---

① 〔英〕罗素：《逻辑与知识》，苑莉均译，商务印书馆2005年版，第340页。

原因呈现。

如果语言存在的统一性是关于语言作为自然形式和作为理性存在形式的统一,那么,语言存在的统一性问题就可以转变成以下问题:语言作为"第二自然"形式存在的统一是什么?语言作为纯粹理性形式存在的统一又是什么?而且,两种"统一"的统一是否又具有必然的关系呢?依据康德先验哲学的理性论,理性存在建立了一种统一的"事实",也带来纯粹理性形式下的自然世界的统一"事实"。在这样的统一"事实"中,语言存在的统一问题不可缺失,即语言就是理性存在的语言,语言存在的原因性可以体现为其现象过程的规律性,但又绝不仅仅是现象过程的规律性,其理性过程的规律性必然存在,并要体现为语言存在的先验形式规定。为此,语言存在统一可以被展现在两个层面:一个是关于语言现象经验的层面;一个是关于先验语言形式的层面。在提及第一个层面时,我们特别使用了"第二自然"这一概念来说明语言现象的存在地位,并在一般意义上阐释语言现象作为认知对象的统一性特征。当然,要说明"第二自然"的对象性统一,如果仅仅局限在一般意义上的阐释,问题还是不会得到清楚而真实的说明,所以,我们只有回到语言现象之中,回到问题的具体范围与内容之内,一种探讨问题的具体视角才会呈现在我们的面前。我们必须清楚,作为语言现象的"第二自然"的对象性统一就是语言存在作为知识对象世界的统一,不论是关于语言现象的全体,还是关于语言现象的部分,其统一性都可能在不同范围里得以体现,正是因为具有了这样的统一性存在特征,人类自身关于语言现象的知识才会是系统的和拥有规律性的,也才会具备成为意义表达之统一性体系存在的现实可能。不论我们是否意识到了语言现象统一性的存在,也不论我们是否作为语言研究者而关注了这样的统一性存在,我们都没有权利去否认关于语言现象统一性存在的现实与经验,除非我们不再是当下语言现象的经验者和承载者。

从经验语言现象的生活到关注语言现象的专门研究,作为语言现象存在的内容总会在不同的阶段、不同的范围上体现着它自身的关联性和规律性。倘若语言现象的统一可以限制在它的音、形、义方面来加以体现的话，问题的说明或许会变得更加明白。如作为语言现象的发音体系，它总是不能离开那些可以描述声带振动的响音，即元音，同时也离不开那些描述声带不振动的音响，即辅音，以及那些介于两者之间的响音状态。显然，不论是元音的系列，还是辅音的系列，尽管其个体具有自己的发音位置和发音效果，但这并不影响各个系列中个音之间的相互联系和过度，也不影响各个系列的统一性和规律性。当然，这样的统一性和规律性还要继续扩展开来，表现为元音与辅音的结合规律，表现为轻重音的结合规律，表现为所有发音因素的自然和谐与统一。所以，从语言现象的自然经验层面看，我们尽可以说语言现象的"统一性"表现不完全，其规律揭示的完整性仍然缺失，但我们不能说这样的"统一性"或规律性不存在。作为语言现象的自然形式体系，其实质就是关于认知对象的存在，这样的"自然形式"或"第二自然"因为人的"制造"而似乎变得"直观有限"和"经验可证"，尽管这样的感觉并非语言现象存在的完全真实。如果在该问题上能够抛开语言现象存在的"本体论"，我们会认为，作为认知对象的语言存在，如标记的语音、文字、文法等，总是一种历史的传承与积淀，总是相对于无限语言现象存在的有限描述和展现，因此，语言现象存在不可等同于现成的语音、文字、文法等标记系统。从这样的观点出发，我们就不难理解语言学研究的一个现实：关于语言学知识或规律的获取总呈现为一种开放的进程，或者说，完美的语言学知识体系总是未能来到我们的面前，总是未能让我们人类拥有如此知识的"理想"与"完美"。结果，"直观有限"或"经验可证"所指向的就只能是人们关于语言现象的研究成果或经验记载。不过，在这里需要特别指出一点，语言现象作为认知的对象世界总要在直观与经验的条件下存在。显然，语言现象作为可认知的存在，但远不是已知的存在，任何从未知到已知的过程都要在语言现象的统一性中发生。

在我们谈及语言现象作为"第二自然"存在的统一性时，语言现象的

"统一性"通常是在其中一个方面被加以说明,即在一般词典学研究对象的意义上被加以说明,其着眼点就只能是语音系统、文字系统和释义系统之内的统一。如果我们简单地将这样的统一视为语言现象世界的统一,那它就只能表现为一种狭义的统一,因此,在我们步出狭义范围的统一性时,我们会发现,语言现象的"统一性"还涉及自身与自然世界的对应与统一,或者说,从"对应"的意义来看,语言现象同自然现象之间存在着一种被维特根斯坦称之为"同构"的关系。而从"统一"的意义来看,自然总是语言描述的全体,语言总是自然标记的整体,两者的各自呈现因为"统一"而成为可能和现实。所以,"对应"是两者统一的结构区分与解析,是两者统一的内在成分的平衡展示。至于说两者的"统一"本身的存在决定,我们不能在"对应"的关系存在中获得原因,也不能在语言现象和自然物对象的任何一方获得原因,任何立足于语言现象与自然对象的原因寻找和说明都会是徒劳无益的。因为自然语言经验过程的统一双方都不会具有如此统一的自我规定能力,所以,这种"统一"现象的原因就只能是一个独立于(自然语言与自然物)双方之外的原因,一种涉及理性主体存在的原因,即外在的自然世界得以呈现和经验的理性主体原因。在此,我们已经提出了"对应"(同构)与"统一"的问题,而且以一种肯定判断的方式提出来,那么,关于这种判定的有效性又该如何面对呢?首先,在我们宣称语言现象与自然现象的对应关系或"特定的投影规则"[①]时,我们的出发点就是关于有效经验常识的前提,即关于经验归纳(尽管远非逻辑真的推衍)过程的"无例外则有效"的前提。这样的前提尽管在其必然性方面难以肯定,但它在一种有限、相对的经验层次上却拥有自己的有效性,它所带来的是关于语言现象和自然杂多的解析与限制性溯源。可以说,不论是在语言现象的研究领域,还是在自然科学的研究领域,"有效经验常识"都在为我们的研究过程与成果获取提供着一种保证,提

[①] 韩林合:《逻辑哲学论研究》,商务印书馆2000年版,第255页。

供着一种科学的现实依据。就语言现象而言，众多语言学者的研究就是一种关于具体语言现象并基于"归纳"的经验实证研究。也正是在这样的"实证"研究中，我们才有了涉及门派众多的语言学研究领域，且导致在语音学、词汇学、句法学、语义学、语用学等学科领域之内的"偶然"原则和"相对"规律，并由此开启了语言存在研究的必然之路。因此，经验常识的、使用归纳推理的语言现象研究既带来了"偶然"知识的取得，又带来进向语言存在必然的现实起点。或者说，朝向语言存在研究的必然之路总会在其有限、相对和偶然的过程中绽显出来，否则，语言学之路会让人觉得越来越困惑、越来越烦琐、越来越让人无所适从。其次，不论是"对应"也好，还是自然现象与语言现象的"同构"也好，关于语言现象的经验过程无时不在指示自然，无时不在连接物与关系的存在。从语言现象的不同层面看，每一个语音标记都可指示着物质的运动和功能，每一个名词都可指示一个物的存在，每一个连词（或可上升为逻辑常项）都可指示一种关系或逻辑空间……每一个句子，都可以指示自然世界的一个事实，即"事实是由句子表达的，我们就会想到一个与事实构成的世界相对应的由句子构成的集合体"①，等等。总之，自然世界的久远与宽广所对应的就是语言现象世界的久远与宽广。在经验直观的意义上，它们两者之间就是一种"对应"，正是依靠这样的"对应"，语言现象世界里的意义源泉才可能被"言说"、被"建立"起来。也正是依靠这样的"对应"，语言现象世界里的内容才具有了作为"第二自然"的存在条件和区分性特征。例如，在我们言说"文章写在电脑上"时，不管是作为名词的部分，还是作为动词和介词的部分，以及作为句子的整体，它们在这里就不仅仅是语言现象的东西了，而且同自然世界的对象、行为和关系的指示结合在一起，并内涵一种思想，表达一种意义。最后，在我们经验语言现象之时，我们所经验的不光是语言现象的音、形、义，更是关于自然世界的现

---

① 王路：《逻辑与哲学》，人民出版社2007年版，第152页。

实图画。于是，在完全自然对象的层面上，任何言及语言现象与自然现象的"统一"都不可能建立在单独一方存在的基础之上。或者说，我们根本无法知晓缺失"语言现象"或"自然物"的"统一"是什么。这样的"统一"在目前的讨论范围之内就是一种关于现象对象的"统一"，它一定是一种不离语言经验、不离自然物的存在状态。语言现象与自然现象的"统一"状态既表现了作为认知对象的自然整体性（从广义上说，作为"第二自然"的语言现象也属于自然的范畴），又表现了作为认知对象之表象模式的同一性。前者强调的是双方都在一个自然的范畴之下构成一个整体，形成了关于"知识"、关于"此在"、关于"世界"得以如此呈现的基本条件。尽管这样的条件还算不上具有最后决定意义的本质规定，因为我们一旦缺失了关于语言现象（第二自然）与自然现象统一的整体性，语言现象与自然物世界之间的关系就难以确定，更谈不上它们之间的"对应"与"同构"，其可能的结果就会是：要么语言现象的存在超越自然世界，要么自然世界大于语言现象世界。无论哪一种结果，语言现象与自然物世界的结合都会变成一种"偶遇"，我们人类的知识也自然成了关于这种"偶遇"的知识。如果我们对于人类自身或人类理性决定一切现象的观点深信不疑，那我们就制造了两个不相干的现象世界，即语言的现象世界和自然物的现象世界。倘若这样结果不容辩驳，人类理性自身的统一性存在又该面临如何的拷问？一切关于"知识"的必然性地位存在又该面临如何的拷问？诚然，我们不能经验所有的"对应"和完全的"同构"，可我们无法否认"对应"或"同构"双方在认知过程中所形成的整体性存在，即"统一性"的存在。两者的"同一性"展示不是关于两种现象存在的无差别性，而是两种现象在被认知过程中都是出自相同的认知模式，或者说，语言现象和自然现象都是源自相同主体和相同直观形式的表象结果。

不论是关于语言现象的知识，还是关于自然物的知识，我们都不可缺少关于两种现象的直观。显然，没有关于语音、文字、句型等方面的表象，我们不会有相关的语音、词汇、句子等的表象和知识。同样，没有关于自然物、自然物之延续状况、自然物之空间关系等的表象，我们就不会有相关的自然学科的知识，所以，从知识的形成条件来看，作为"第二自然"的语言现象和自然现象拥有相同的被直观和被表象的模式，基于相同模式的外在现象呈现便具有了某种内在的联系。正是通过这样的内在联系，我们才具备了从两种现象的"对应"到其"同一"的进程，并取得关于两者"统一"的内在基础。

5. 语言存在统一的纯粹理性原因

在我们讨论语言现象作为"第二自然"存在的统一性问题时，主要在两个方面加以了关注，即语言现象自身的统一和语言现象与自然世界的统一，并且通过这样的"统一"前提，我们才可能去面对语言现象揭示的真实。以及语言现象与自然"同构"揭示的真实。当然，"真实"的意义在这里就是经验现实的存在，至于说语言现象作为"第二自然"存在的统一性原因，语言现象或自然过程除了提供一种统一结果之中的因果联系之外，并不能提供"统一"本身的原因。或者说，不论是语言现象存在的"统一"，还是语言现象与自然现象的"统一"，其根本的原因还在于开启这种"统一"本身的理性主体存在。在我们提及理性存在的统一性并视之为自然过程中的"统一性"原因时，理性存在的统一性又该如何决定语言现象及其自然世界的统一呢？或者说，理性存在的纯粹语言形式统一如何体现为自然经验中的存在情形？在探讨这一问题之前，我们首先有必要做一下概念上的说明，即我们所提及的"语言存在"和"语言现象"。语言存在问题既涉及作为"语言现象"的结果存在，又涉及作为"语言现象"的原因存在。因此，在结果的意义上，我们说，语言存在就是人类言说世界的所有经验形式及其标记系统的自然对象性存在，其最为明显的存在特征就是它的可经验性，而且是关于人类自身存在过程的可经验性，也正是在这样的范围限定条件下，语言存在的自然形式才会在"我们的世界里"的产生，语言存在的自然形式才会真正成为"我们的知识对象"，于是，人类言说世界的过程不仅带来关于自然物世界的认知,也带来关于言说形式的认知,即关于"语言现象"的认知。在原因存在的问题上,我们说,"语言现象"有其理性存在的纯粹原因根据,这样的原因根据不在"语言现象"之中,也不在自然物世界之中,而在作为理性存在的人类自身之中,即语言现象的产生根据源自理性存在的先验形式规定或"立法"①,对于这样的"先验形式规定",我们"不可名""不可知",它是一种语言存在意义上的"非常道",一切经验过程的语言现象因它而果,因它而统一。如果说语言现象表现为了时空里的经验形式存在和发生,那语言存在的先验形式就应该作为某种超越时空的纯粹原因存在。因此,语言存在问题不可能单单是一个语言现象及其经验的问题,它更涉及一个语言现象为何如此呈现、如此经验、如此统一的理性原因存在问题。正是基于后一问题的思考,回归语言存在的探究之途从此才可具有正确的方向,语言存在的统一从此才可具有超越有限语言现象统一而进向无限统一的可能,任何局限于"有限"层面的语言现象探讨之举都会面临语言存在之绝对统一的缺失,尽管这样的过程一定作为朝向绝对统一的部分环节。于是,在语言存在问题上,我们所展示的不仅是关于"语言现象"与"理性语言原因"的区分,更是关于理性的纯粹语言形式规定下的两者统一。那么,语言存在作为纯粹理性形式的统一又是如何实现的呢?理性存在的统一在人类这里就是人与自然的统一,而这样的统一必然要表现为语言存在的统一,以及语言存在与世界的统一。

在我们的世界中,我们总是在判断某种自然物是什么,总是在判断某种自然语言对象(语言现象)是什么,似乎那种自然物或那种自然语言对象本身的样子或特征就出现在我们面前,于是,我们会相信自然物本身被我们发现了,自然语言本身被我们认识了,我们也会确定无疑地说"那颗古树长在深山里"或者"The old tree is growing in the deep mountains",就

---

① 〔德〕康德:《未来形而上学导论》,庞景仁译,商务印书馆1978年版,第57页。

自然物世界的经验而言,我们所涉及的对象既有自然物的存在,又有相关空间方位的存在,这样的情形同样要体现在语言现象的经验中,即我们所涉及的对象既有名词、动词等文字形式的存在,又有文字组合结构等的存在。不论是作为自然物的对象,还是作为语言现象的对象,一旦我们经验了这样的"对象",或许就"认知"了这样的"对象"。而所有的"经验"或"认知"都要得益于关于对象的"遭遇",即理性主体与自然客体的"遭遇"。这样的"遭遇"完全不同于物与物之间的关系,也不同于单词与单词之间的关系,它一定要体现为理性存在过程的表象发生,体现为所"遭遇"对象的"被映照",而"被映照"的根本前提就是理性存在的直观形式给予,并且,这样的直观形式源自理性存在的纯粹原因世界,一切在时空中"被直观"的自然对象只有在合符纯粹直观形式的规定时才可能进入理性的视野(或者人的视野),依据"表象"的自然语言创造也才能得以进行。因此,不论是关于自然物的表象,还是关于语言现象(第二自然)的表象,它都应该区别于自然物或语言现象本身而成为理性存在的直观成果。理性主体的表象成果总是要体现直观形式的规定和要求,总是要体现为直观形式的经验应用成果,总是要体现为直观形式里的发生和存在。自然语言或自然物的表象世界的如此种种不是因为自然过程的如此种种,而是因为直观形式中的如此种种。那么,这样的直观形式应该是什么呢?在康德的哲学思想里,理性存在的直观形式具有纯粹的理性形式地位,并因为纯粹理性的实践特征而决定经验的过程。假设没有理性存在的实践经验过程,这样的直观形式就会内在于纯粹理性自身而不外显。当然,这样的假设并非符合于现实的存在情形,也是不可能成立的,否则,作为理性存在的人类就不会拥有当下的现实。所以,理性的纯粹直观形式在表象的过程里必然地被赋予经验的内容或对象,成为一种经验的直观,不管自然物的世界多么繁杂,也不管作为"第二自然"的语言现象多么变化不定,可它们作为表象的呈现结果总是要受制于直观形式的规定,即时空形式的规定,任何逃离这种形式规定或者不符合这种规定的对象都是我们无法知道的。作为表象结果的时间与空间特征与其说是属于自然对象世界的，不如说是属于理性主体世界的。只有在理性主体存在的直观形式下，关于自然对象（自然物或自然语言对象）的表象才会具有共同的时空模式特征。或者说，自然对象世界在时空里的统一是关于表象的统一，是基于直观形式规定的感性统一性呈现。因此，在指向自然的统一或语言现象的统一时，我们首先是在关注对象世界作为直观表象的统一，而非对象世界本身的统一。于是，在句子"那颗古树长在深山里"，不论是作为语言现象呈现的"古树"，还是作为自然物出现的"古树"，它们一旦进入语言行为者的认知过程，就只能作为表象的结果而存在，并必然地成为时间形式里的持存和空间形式中的占据，任何缺失这种持存和占据的表象在认知的主体世界里是不会出现的，任何背离时空直观形式的存在都不会有其表象的结果。所以，关于"古树"的时空特征表象和认知统一性源于理性主体存在的先验直观形式的规定和统一，也只有在这样的规定和统一之下，作为自然物的"古树"与作为语言标记的"古树"才拥有了同一性时空特征的赋予与呈现。尽管我们可以说前者的存在是如何不同于后者，甚至可以说，作为文字标记的对象与作为自然物的对象在常识性理性看来简直就是风马牛不相及的东西，前者等同于后者不合常理。如果说它们在常识里的差异与区分无可置疑，那这种差异和区分本身就揭示了一种前提的存在，即两者一定作为"被映照"的表象而基于相同的直观模式。这样的直观模式就是理性存在的纯粹时空形式，于是，两者的差异就是同一直观模式之表象内容的差异，这种表象内容的差异并不能等同于现象世界之中物自身的差异，所以，作为语言标记符号的"古树"与作为自然物的"古树"的差异在我们这里最终还是一种表象的差异，一种被同一时空直观形式所规定的差异。当然，"同一"所指向的不仅是一种时空形式，而且是一种标准，否认标准的"同一"也就是取消了表象差异的可能性，无差异的表象内容显然有悖于表象的经验真实，但凡表象材料得以区分之时，外在的语言文字符号与自然物不能提供任何区分的标准，这样的标准只能内在于表象的生产者——理性主体的存在，即人的存在。倘若我们将人的存在视为必然地使用语言现象的有机生命体，那"语言（现象）就是有机生命体在感性和精神活动中的直接表现，所以语言（现象）也自然地具有一切有机生命的本性"①。

总之，在我们思考"语言存在的统一"问题时，所关注的语言存在的统一应该是基于理性存在的统一。不管语言存在的自然现象过程如何体现"统一"的特征，也不管自然语言现象与自然现象之间如何体现对应与统一的特征，所有统一性特征的体现都只能实现于理性存在的世界之中。因此，在我们从语言学的视角来探讨语言存在的统一时，只是选取语言存在的经验世界，我们只是在关注语言存在的经验对象性特征，作为语言存在的经验对象性内容及其特征只能作为理性存在下的结果，任何离开理性存在的自然语言现象及其统一性存在特征都是无法确立的。所以，一切关于自然语言现象研究的普通语言学只能是关于语言存在的现象世界研究。这样的研究常常被确立为自然语言知识的获取过程，整个的语言现象体系及其所有的对象个体都要在"是什么"的问题下拥有自己的答案，就像我们认知自然物对象的情形一样。显然，语言现象的经验与知识性地位获取并非它自身作为自然进程中的决定对象，它在代表语言存在的自然过程结果时又必然地宣示了带来这种结果的原因存在。当然，这样的原因区别于语言现象世界的经验性原因，它应该是关于语言现象为何如此显现、如此统一和如此经验的理性主体原因，"即纯粹的先验语言形式存在"②。由此观之，语言存在及其统一性的特征在先验哲学的理性视野中首先是作为理性的先验形式原因和统一性特征存在，然后才是语言现象经验中的对象性统一和特征呈现。在先验哲学的理性主义世界里，语言存在及其统一不再单单是作为语言行为者的认知对象而存在，它还要作为理性主体的原因规定

---

① A. Flitner 和 K. Giel：《洪堡特选集》（第 3 卷），达姆斯达特：科学书屋 1960 年版，第 2—3 页。
② 肖福平：《走进语言哲学》，新华出版社 2015 年版，第 299 页。

而存在,即语言存在的纯粹原因在于理性世界的先验形式,所有涉及语言现象经验过程的统一性和关于"第二自然"的创造根据都只能源于先验语言形式及其先验统一性的存在。所以,我们在此所讨论的语言存在统一应该是关于理性世界的语言存在体系,是要将语言视为"理性语言"的存在统一,其中既有语言现象的统一,又有理性的先验语言形式的统一,更有先验语言形式与语言现象经验形式的统一。如果说语言存在的理性原因与现象结果分属为两个不同的世界,那这样的二元划分也是基于语言存在统一中的结果,也是基于语言行为者作为有限理性存在的结果。语言存在统一中的二元划分并非要消除两者之间的必然联系,我们也不可能消除这种必然联系,这样的划分结果更多的是顾及有限理性主体的语言现象认知需要,因为我们一旦将语言存在世界展示为经验对象,我们就会在一种直观、清晰、全面而透彻的世界中回答"语言是什么"的问题。当然,这样的结果只是语言行为者的一种奢望,语言存在的统一依然会体现为纯粹理性原因与语言现象经验过程的统一,依然会体现为理性存在的必然结果。

第二章

语言现象及其统一的必然性基础

——从弗雷格"涵义"到康德"先验形式"

在语言现象的经验中,我们常常将这种现象的存在统一视为其自身固有品质的表现而具有客观性的存在地位;弗雷格的语言分析注意到了语言现象经验中的相关常识论,提出了一种去心理主义的"涵义"观,并希望以此确立语言现象存在与统一的客观思想模式;弗雷格的"涵义"论揭示了语言现象经验的共同性基础,但这样的"揭示"并没有为"共同性基础"确立真正的源泉,我们只有从"涵义"思想的改造与回归先验哲学的进程中方可探知语言现象存在与统一的必然性基础,即现象世界的全部呈现与统一性特征决定于理性存在的先验形式,决定于纯粹理性世界的语言存在原因。

如果遵循康德《纯粹理性批判》的先验论思想建构,我们就可以说:纯粹直观形式源自理性世界并决定表象世界的存在,表象存在的纯粹理性原因应该拥有一种先验形式存在地位,即关于表象的综合得以进行的纯粹知性形式及其概念的统一具有先验的地位。简而言之,自然世界的统一性源于理性存在的统一性,外在世界的差异性源于直观表象的差异性,外在对象的知识性区分源于知性概念的区别特征。至此,自然过程的统一与表象不可离开我们所具有的先验认知模式,一旦这样的模式被贯彻到语言现象与自然物的经验中,它就不仅仅属于先验的存在形式,而且要造成关于这种纯粹形式存在的经验现实,或许我们对于这种先验模式的说明无法获取有效的经验证明,但我们却不能去怀疑经验现实与先验模式的合乎一致，否则，经验的现实就不会如此存在了。语言存在的现象世界就在这样的经验现实之中，语言现象的区分与统一、经验直观与意义获取同样体现着理性存在的先验认知模式或纯粹概念基础。

1. 语言现象经验中的"指称"与"涵义"

在语言现象经验的现实过程中，我们会面临语音的意义系统、文字的意义系统、句子的意义系统、篇章结构的意义系统，以及与此相关的宏观或微观层面的语言现象的意义系统，那么，作为个体或系统的语言现象为何具有意义的存在呢？或许，我们在这样的问题上会选取一种常识性的答案：语言现象表达了"什么"，而且是表达了客观自然对象的"什么"，尽管这样的"什么"还没有直接地排除观念或思想的"什么"，但观念与思想只是作为一个中间的环节，其最终的决定还是指向自然对象的"什么"，于是，语言现象作为意义系统的存在决定于客观的自然世界，即自然对象的世界为我们提供了解决一切语言现象之意义问题的原初答案。源于这样的常识性答案，我们所经验的语言现象，如"古树"就成了一种意义的载体，成了语言现象中的一种意义单位。于是，与之关联的各个方面，如发音的经验过程、书写的经验过程、记忆和思考的经验过程，等等，都无一例外地朝向作为自然物的"古树"，并接受其意义确立的地位。然而，在这样的常识性答案中，我们却无法找到语言现象的意义单位与自然物之间的必然联系，不论是语言符号的意义赋予，还是自然物的意义决定，两者的联系和统一缺乏一种必然性基础，即使在同一种自然语言现象里，一种符号或表述形式与一种自然客体或状态间的对应联系也非必然，更不用说那些存在于不同自然语言现象里的情况了。在我们的语言里，"古树"作为语言现象的意义载体（表意符号）对于自然对象的"古树"而言不是唯一的，具有相同意义载体的语言现象总是变化地存在着，并且只是惯例性地指向自然对象的"古树"，任何必然性关系的确立对于自然物而言都是不可能完成的。因为我们根本没有理由去断言：是客观自然对象建立了由其自身到语言现象的必然联系和意义的赋予。如果这样的断言不容置疑，语言现象及其意义体系的存在就会完全地归属于自然世界的创造，成为自然决定的语言现象，显然，这样的结果有违于我们的语言现象经验实际。倘若我们将这样的情况扩大到多种自然语言之间，语言现象与自然对象之间的关系就会变得更加难以确定，所以，在面临某种自然对象与某种语言现象之间的关系存在时，它应该是一种被规定的、外在的、惯例性和偶然性的关系。同语言现象的存在情况一样，自然对象的存在也是变化不定的，在两种流变的现象里，如果双方在认知层面的关系确立没有问题，那任何一方的意义赋予就仅仅是一种相互配置的规定结果，一种外在经验过程的偶然性对应关系的产生。既然是如此对应关系的产生，它所涉及的就只能是一种经验意义上相对关系，于是，这种关系下的意义源泉或有效性根本不涉及双方本身是什么的问题，也不涉及谁先谁后、谁主谁次的问题。或者说，我们可以拥有关于语言现象和自然现象的经验，也可以拥有关于两者对应关系的经验，但我们并未在经验的对象那里获取任何关于"语言现象的意义决定于自然物"的必然性根据。为此，我们可以这样假设：如果整体的世界或全部的世界里只有语言现象和自然物，那么，语言现象该是什么呢？自然物又该是什么呢？两者的关系与意义决定又如何呢？对于这样的问题也许只有上帝才会知道。长期以来，一些语言哲学或语言学的研究者不断地探寻这样问题，希望能在语言现象的符号与自然物对象之间构建一种整齐的、一一对应的关系，并试图通过发现某种标准的语言现象工具来实现关于自然世界的无歧义描述。如果这样的标准工具存在，关于自然世界的图式应该就是某种使用语言现象的编码图式，关于自然世界的逻辑形式应该就是某种关于语言现象的逻辑形式，反之亦然。在弗雷格看来，要获取这种语言编码图式或逻辑形式的表达，数学研究的方法可以借鉴，即它们的表达形式相当于数学的函数式 $f(x)$，一种具有所有真值可能性但又不具备真值现实的函数形式。在这里，$f(x)$ 的真值现实体现在语言现象的层面（自然语言），体现在有关专名、概念词、句子等的使用过程中,尤其以句子的形式最为典型,如果以"那棵古树长在深山里"为例,那我们可以说,关于语言现象的函数式 $f(x)$ 成为具有真值表达的句子,任选项 x(自变量)以专名或概念词的形式同谓词 f 结合在一起,那么,在我们取得具有真值判定结果的语言现象的句子时,我们是否可以在语言现象之内来完成这样的真值判定呢?当然,语言现象不能提供这样的标准。具体而言,我们不能从句子的"古树""长在深山里"来判定句子的真值,句子的真值存在应该不同于语言现象的层次。弗雷格认为,作为语言现象的句子之真值是建立在意义(Meaning)层面之上的,而意义层面则相当于语言现象所指称的对象世界,所以,句子的真值最终决定于语言现象所指称的对象(objects),其结果又回到上文所讨论的常识性答案之上。显然,弗雷格没有满足于如此的分析结果,因为他知道,从语言现象的层面到其意义的层面不能仅仅是一种外在对应配置的关系,更涉及一种决定这种对应关系的本原体存在。因此,在提出"意义"概念的同时,他又提出了"涵义"(Sense)的概念,许多学者将它直接解释为"思想",或者,句子的涵义就是句子思想,其过程可以表示为:句子→思想→真值。至于说"涵义"究竟是什么,弗雷格在《论涵义和意义》一文中并未提供明确的定义或说明,只是在《思想》(1918)一文中,"涵义"的讨论才被加以关注;如果说"涵义"就是思想,那思想就是我们"能借以考虑真的东西"[①],或者说,"涵义"的存在带来了关于语言现象的意义呈现和真值判断。只有依靠这样的"涵义",语言现象的不同表达单位才会成为意义的载体,自然世界的对象才会进入语言现象的意义层面,建立语言现象与自然世界的对应联系才会具备作为第三方存在的决定根据。当然,"涵义"在弗雷格的分析里只是作为某种衡量"真"的标准或工具,只是作为某种客观思想的存在而区别于语言现象和自然物,于是,它远非"真"的本身,远非思想的承载者本身(弗雷格并不承认任

---

① 《弗雷格哲学论著选集》,王路译,商务印书馆2006年版,第112页。

何关于思想的承载者)。或者说,一旦发生了关于"真"之判定的思想借用情况,思想的标准就不应该扮演一种终极的角色,而只可被视为某种结果的应用,那么,产生这种思想结果的原因根据又该是什么呢?

2. 语言现象统一的必然性与"涵义"启示

在论及"涵义"或思想时,弗雷格已经触及语言现象与自然现象之间的必然联系问题,由于两种现象之间的必然联系远非现象自身可以提供或加以决定的,他在语言现象和自然现象之间提出了"涵义"的存在,其实质就是要指出:不论是语言对象层面的现象,还是自然对象层面的现象,它们都是关于"涵义"或思想的呈现,都是关于"涵义"或思想作用的成果。至此,"涵义"或许在这里起到了至关重要的作用,换言之,"涵义"在现象间的联系过程中或许提供着某种必然性的基础。倘若"涵义"的作者要将它确立为没有任何承载者的客观思想存在,或将它确立为某种"既不是外界的事物,也不是表象"①的存在,那"涵义"就应该归属于它自身所是的存在,并且在本质上区别于语言现象或自然对象的系列。同时,"涵义"的存在也应该成为语言现象与自然世界之规定和联系的真正源泉,所有关于语言现象和自然世界的知识及意义断言都应该源于"涵义"之"真"的标准。当然,这样的"涵义"已经超越了它的原初之意。如果我们能够对"涵义"的问题进行拓展,而不仅仅是弗雷格的"思想"之路,那"涵义"的自身所是就会突破"思想"作为判断标准的地位而凸现自身作为世界统一的根据地位。也可以说,只有当"涵义"突破弗雷格的"客观思想"之域而拥有世界统一的根据时,它方可称得上"考虑真的东西"的标准,而且,这样的标准也不可能属于外在世界的东西或类似于某种被动的镜面之物。在"涵义"被弗雷格赋予"考虑真的东西"之时,它就应该具有"真"的标准或"真"的模式,由此下去,"涵义"简

---

① 《弗雷格哲学论著选集》,王路译,商务印书馆2006年版,第127页。

直就成为"真"的源泉,一切关于语言现象与自然现象的存在和联系判定就成为"涵义"存在及其统一的经验必然。于是,关于"涵义"的定义应该是一个可以加以说明的问题。然而,令人有点困惑的是:在弗雷格提出"涵义"问题,并指出"涵义"就是无需任何承载者的"思想"、就是"借以考虑真的东西"之后,他并没有将"涵义"的讨论联系到一个更为基础、更为纯粹的地位上进行,也没有将"涵义"与"意义"作为同样重要的语言现象分析层面来加以讨论。不论是在"句子→句子的思想→句子的真值"的过程,还是在"专名→思想的一部分→对象"的过程,或者在"概念词→思想的一部分→概念"的过程,弗雷格分析的起点是"句子"、"专名"或"概念词",即起始于语言现象的存在,而分析的完成则要建立在后两个步骤或层面上。第一个步骤归属于他的"涵义",第二个步骤归属于他的"意义",两个步骤的分析将会使我们产生关于语言现象的"涵义"和"意义"理论建构的期待,并以此揭示语言现象与自然世界联系的必然基础。但是,在相关的两篇重要论文《论涵义和意义》与《思想》里,我们未能发现"涵义"理论的建立,即使在《思想》中提及"涵义"之时,作者也是出于讨论"意义"的需要来进行的,可以说,文章中只有一个中心,即"意义"中心。实际上,语言现象分析的两个步骤或层面就是围绕"意义"来进行的,"意义"层面的"真""对象""概念词"成了作者反复提及和论证的问题。其中,"对象"(object)更是起到了"真值"决定的最后环节,"逻辑的基本关系是一个对象处于一个概念之下的关系:概念之间的所有关系都可以划归为这种关系"①,于是,语言现象(句子、专名等)意义的决定又回到自然世界(对象)上,回到两者联系的现实经验层面,而关于两者联系统一的某种必然性基础并未通过"涵义"问题的提出获得解决。或者说,在面对语言现象与自然对象的对应中,"涵义"作为意义可能的"思想"未能确立自身的必然性地位。

---

① 王路:《逻辑与哲学》,人民出版社2007年版,第122页。

显然，将"涵义"建立为某种公共的、客观的、无需任何承载者的"思想"模式或标准就是要确立某种先验的形而上的智性存在，并使之能够提供一切关于语言现象与自然对象联系的必然性基础，即某种理性世界的"高级而纯粹"的基础。然而，对于弗雷格这样的语言分析哲学家而言，确立这样的基础存在就等于添加无必要的"实体"，就等于做出了无必要的"本体论"承诺，这样的"添加"或"承诺"不仅无助于语言分析的过程，更是有悖于解构本体存在的语言分析宗旨，所以，"'涵义'是什么"尽管成为弗雷格所关注的问题，并且被明确地加以提出，但关于该问题的答案却并未被提供，更不要说关于"涵义"理论的建立了。

既然如此，"涵义"在语言现象（句子）的分析中出现又能为我们揭示什么呢？不可否认，在从语言现象到其意义层面的联系里，即句子→思想→真值，作为思想层面的"涵义"仅仅是一个"中介"，而不是一个"中心"。这样的"中介"只能揭示作者在进行语言现象的"涵义与意义"的分析中意识到了某种"第三方"存在的问题，即某种关于语言现象与自然世界如此存在和统一的原因根据问题，所以，"涵义"更多地表明"意识"发生和呈现的"给定方式"[①]，而非"意识"的内容建构。其次，"涵义"的出现与康德的影响不无关系；弗雷格在创建自己的语言哲学王国时潜心研究过莱布尼茨和康德的哲学思想。特别是后者的先验哲学与逻辑思想。应该说，弗雷格深受莱布尼茨的"普遍语言"论和康德的先验逻辑（纯粹形式逻辑）论的启示，并在研究中孜孜不倦地追寻某种理想的语言形式存在。这样的理想语言形式不仅要成为全部语言现象的普遍逻辑形式，而且要等同于全部自然现象存在的普遍逻辑形式，那么，这样的理想语言形式不可能由自然语言（语言现象）提供，更不可能由自然现象提供，它必须建立在某种具备客观性和必然性基础的存在之上。而这样的基础应该联系康德的先验逻辑及其先验形式的存在，尽管弗雷格的语言哲学

[①] 谢金荣、肖福平：《关于弗雷格"涵义"及其"给定方式"的解析》，载《外国语文》，2012年第6期。

理论使用了"涵义"或"客观思想"而没有认可康德的先验形式存在。再者，不论是"涵义"也好，还是"客观思想"也好，它们仅仅是作为一种语言现象分析中所涉及的意义判定"依据"而提出，至于说该"依据"的出处、形成和有效性地位，弗雷格对此并未提供实质性的添加，以至于语言现象的任何真值决定完全可以绕开"涵义"的环节而回到"经验对象"的最终存在上来。所以，当语言哲学发展到了罗素和维特根斯坦那里，"涵义"就成了一种多余而被断然地加以拒绝。至此，在语言现象世界及其与自然世界的统一问题上，弗雷格的"涵义"并未带来关于这种统一的任何必然性基础。弗雷格的语言哲学分析所指向的是关于语言现象和自然现象的事实，以及两者联系的经验事实，而非追问这种"事实"存在的必然性基础。结果，人们经历"涵义"后所获得的仍然是语言现象意义决定于自然现象的答案，并且，语言现象与自然世界的关系仍然缺少同一性的基础和源泉。那么，两者可以体现同一性关系的基础和联系的源泉又会在哪里呢？

在我们面对语言哲学的分析过程时，我们不可离开语言现象的存在事实，基于这样地"事实"，我们才开始了关于语言现象的句法分析、意义索源、真值决定，等等。从此，语言现象作为知识的对象体系才逐渐地被建立和完善起来，其构成的所有部分才成为意义显现和规范的载体，并最终取得具备真值结果的语言现象的表现形式。当然，语言现象的"事实"不论是作为知识体系的存在，还是作为意义载体的存在，它都绝不会是一个可以"自在"或"自显"的对象，或者说，语言现象的经验"事实"不是关于其自身作为经验对象存在的表现结果，而应该是被"理性主体"所构建的"第二自然"结果。所以，任何从语言现象的"事实"中去寻找这种"事实"的根据都将是没有结果的。在语言现象的世界中，人们尽管可以经验纷繁的语言个体对象，以及将自然因果关系体现到纷繁语言现象的联系之中，但语言现象的对象地位始终未能离开"理性主体"的决定与构建过程。不论这样的"构建"是否已经完成，也不论这样的"构建"

多么远离我们而具有自然对象的属性,一旦语言现象的"事实"存在无可争议,作为"理性主体"的存在地位就应该明白无误地加以确立,否则,关于语言现象的一切经验与知识性构建就会变得什么也不是,更不用说去获得语言现象、自然世界、语言与世界的联系与统一。可以说,在(上文的)常识性答案之外,在弗雷格的"涵义"或"思想"之外,作为"第三方"的存在就应该明确为创造了语言现象的理性主体。理性主体的存在为现象世界,包括语言现象,提供着最后的源泉或根据。哲学家康德将这样的源泉或根据称之为理性存在的先验形式,那么,不论关于自然世界的存在与统一,还是关于语言现象的存在与统一,它们所依照的并非某种外在的"客观"对象,而是理性存在的先验形式基础。

在康德的先验哲学思想里,理性的先验形式就是一种"自明"的存在,只要我们面对了现象世界的呈现,我们就必然地面对作为现象基础的"自明"存在,尽管这样的"面对自明"还不是经验意义上的发生。在我们经验语言现象、认识语言现象和联系语言现象的过程中,我们实际上是在面对语言现象的事实,面对语言现象作为认知对象的事实,而不是面对语言的存在。因为语言存在不仅仅涉及语言现象经验过程的事实,更涉及如此语言现象产生的理性主体原因根据。于是,语言存在关系到语言现象的事实,但又不完全等同于这样的事实,或者说,所有依据语言现象经验和语言现象内容的知识,如语音知识、语法知识、语义知识、语用知识,等等,它们可以作为语言经验的认知成果,也可以作为语言现象存在的事实说明,但它们却无法作为对语言存在的完全经验的证实。在常识性的理解中,语言的存在惯例性地被归属为语言现象的事实,以至于语言现象被视为语言存在的全部,以至于语言现象被视为语言存在的最后家园。然而,这样的"家园"并未因为语言学家们的辛勤劳作而可靠起来,人们对于这种家园的最后的希冀总会缺少允诺,因此,语言存在问题的揭示既是一个语言现象经验的过程,又是一个回归其自身所在的过程,前者为人们展现语言现象的知识,后者为人们确立语言现象形成的纯粹基础,即作为理性之先验语言形式的基础。

3. 语言现象世界与先验形式"家园"

在语言的存在问题上，我们唯有确立语言现象的先验理性形式根据，关于语言现象的知识才会是可能的、才会是真正属于我们而成为认知的对象世界。或者说，我们之所以能够认知语言现象、拥有语言存在的经验现实，只是因为我们作为理性的存在拥有了关于语言存在的先验形式原因；不管理性存在的先验语言形式如何拥有自身的纯粹性特征，也不管它是否可以被加以描述或指称、是否可以等同于语言现象的经验特征，它的存在应该是产生语言现象和认知语言现象的前提。只有基于这样的前提，所有关于语言现象的经验现实方可真正成为理性存在的现实，并呈现为合乎理性之先验形式规定的现象特征，否则，语言现象就会什么也不是，更不用说那些关于语言现象的常识性答案了。所以，语言的存在源自于自然世界或自然语言现象的结论只能是作为一种语言"物化"的假象，真正的"家园"还是理性存在的先验语言形式。依据语言存在的理性"家园"，先验语言形式在理性存在过程中的地位至少可以在两个方面加以说明：其一，关于语言现象的创造；其二，关于语言现象的认知可能。

第一个方面强调理性之先验语言形式的存在并非就是语言现象的事实，先验语言形式因为自身的纯粹性而区别于任何经验的语言现象，即：它带来了语言现象存在的系列，但它又不在这样的现象系列之中，一切关于自然因果律或时空特征的应用对于它而言都是没有意义的，"如果理性有与现象相关的原因性，那么，理性就是这样的一种能力，结果的经验性序列的感性条件才首先开始了"①，它应该是一个纯粹理性世界的智性源泉、一种可能提供所有语言现象之根据的理性能力。这样的纯粹源泉和能力因为理性存在的"自明"而被加以确立，并因为理性的"实践性"而

---

① Kant：*Critique of Pure Reason*，tans. Norman Kemp Smith，London：Macmillan，1933. P. 465.

创造语言现象的经验世界，所以，语言现象中的成分表现、要素关联、意义决定、整体统一，等等，无一不是在贯彻理性的先验语言形式的规定。倘若我们依据先验哲学的基本思想将这样的先验语言形式标识为纯粹的理念形式、纯粹的知性概念形式和纯粹的感性形式，那么，对于作为有限理性存在的人类而言，先验语言形式就成了语言存在中的绝对之在和自由之在，就成了某种纯粹的可能性原因。这样纯粹的"语言"之因不应该内在于自身而不外显，它必然地跟随着理性实践的召唤而规定着语言经验过程中的创造，其结果就是带来语言现象的产生、变化和发展。当然，这样的结果绝不是关于语言存在的纯粹理念形式、纯粹知性形式和纯粹感性形式的经验对象化。或者说，语言现象的经验过程无法延伸到语言存在的纯粹世界，对于先验语言形式存在的"认知"永远是一个人类无法实现的美好愿望，否则，语言的存在又会被等同于语言现象而脱离于理性的家园，从而违背语言现象的可认知限制，并引起语言现象何以被认知的无穷困境。因此，在说明语言现象的产生原因时，我们其实是在面对自身存在过程的创造，即面对理性存在的语言现象的创造，不论该创造的结果（语言现象）是否完备，也不论它处于何种阶段，它的产生出现总是要合乎其先验形式的规定，任何逃逸这种规定的语言现象都将是不可能的。那么，语言现象的表现特征，如关联性、规律性、统一性、真假性等，都只能是作为理性存在之先验语言形式的现实体现和反映。显然，在我们经验语言现象之时，我们常常说某个语言现象的个体或单位表达了某个概念或某种意义，即使这样的概念或意义仅仅属于心理经验的层面，语言现象的表达可能性和现实性只有在语言现象作为理性存在的先验形式的实践成果（先验语言形式条件下的创造成果）时才能存在，否则，语言现象对于概念或意义的表达就会缺失必然性的统一基础，只有源于先验语言形式之规定的理性统一与创造能力，语言现象的经验过程才能通达概念与意义的层面，才能回到语言存在的纯粹根据、回到语言现象何以可能的原因所在。所以，不论语言现象在"自然语言"的定义中如何变得远离理性主体，以及如何变得"客观"而对立于认知主体，语言现象终归还要秉承理性的先验形式规定而作为理性存在的创造性成果。

第二个方面强调先验语言形式基础作为语言现象认知可能与现实的根本前提，即作为理性存在的人类所拥有的语言现象知识，如语音的知识、符号的知识、语法的知识，以及关于语言知识系统的划分知识等，都只能是作为合乎其先验形式规定的经验的发生与判定结果。就语音的知识而言，它可以被展开为如何发音的知识、如何标记语音的知识、如何形成语音组合规律的知识等，不论是作为具备自然物理性质的声音，还是作为描写这种"声音"所使用的符号系统，它们都在语言行为者的经验中奠基于理性主体的先验语言形式要求，并使之本质地区别于一切外在的过程和内容。在这样的语音知识里，不管我们是在模仿什么，还是在书写什么，以及在发现什么，我们总会说"知道"，总会在经验的意义上明白语音的定义、语音的符号和语音的规律等。语音的知识就是关于这种"知道"与"明白"的内容，至于说语音的方方面面何以被认知，这与语音的方方面面是否成了经验的直观对象相关，即一定要表现为某种关于空间中的占据和时间里的持存。只有如此，理性的纯粹时空形式才会具备经验对象的映照，作为语音的方方面面才能被呈现或表象，才能进入关于语音的先验综合过程而取得关于语音的概念与知识。所以，在语音的认知过程中，与其说我们在认知语音的知识，不如说我们在展示自己认知语音的固有先验语音模式。当然，这里的先验语音模式归属于上文的先验语言形式，它既涉及先验的感性模式，又涉及先验的知性模式和理性模式，而且，它就是本文所关注的那个语言现象得以被经验和被创造的先验模式。于是，形成任何语言现象的知识并非是我们认识了某种异己或外在的对象，而是我们认识了语言现象的存在基础与先验语言形式的相通性和一致性，只有具备了这样的相通性和一致性，关于语言现象的知识在我们人类这里才具备了形成和统一的前提，作为"第二自然"的语言现象才会在"是什么"的意义上取得普遍性地位的判定。在语言现象作为理性存在过程或人的存在过程的必然现实之时,从语言现象回归其先验形式之路应该是相通的,语言现象"也是通过纯粹理性产生"①,任何的否定会导致语言现象存在的消失(没有"相通"就无法承认语言现象"直观"的发生)。这样的结果有悖于语言现象经验过程的现实。显然,我们可以尽情地享受"语言(现象)是什么"的无穷经验过程,享受语言现象世界的宏大、奇妙、有序、变换与意义,但我们却一点也不能享受那些无法被直观、无法作为我们的经验对象的语言存在(倘如我们还可以称之为语言存在的话)。所以,语言现象与其先验形式的相通无疑为我们呈现了这样的情形:语言现象一定是作为我们经验直观对象的存在,其如此呈现的根据必然联系于理性之先验语言形式的存在。尽管语言现象的"是什么"判断总是被限制在经验直观的世界之中发生,但这样的限制却丝毫不会影响相通性的存在,从经验直观到其纯粹直观形式、从纯粹直观形式到其纯粹知性形式,以及纯粹理性形式的进程都应该是相通的。不仅如此,语言现象与其先验形式既是相通的,又是一致的,语言现象与其先验理性形式的一致性区别于它作为知识存在的一致性。我们拥有关于语言现象的知识,可我们并不拥有关于先验语言形式的知识,所以,这里的"一致"体现为语言现象对于其先验形式规定和要求的完全贯彻、合乎与响应,体现为语言现象无一例外地归属于理性之先验语言形式的存在结果,体现为现象世界的语言知识统一缘起于纯粹理性的形式统一的关系存在。总之,只有我们获取了两者之间的"相通性"和"一致性"关系,关于语言现象的知识才具备了真正的意义存在,即语言的现象关系和呈现事实在于拥有其决定根据或理性的先验形式存在。在理性存在的世界里,语言现象的知识不仅是可能的,而且是现实的,一切关于语言现象的分析与综合,一切关于语言现象的思想与探寻都可以被视为一种从现象到本质的"返回",一种关于语言存在的寻根之旅,其主体只能是理性的存在或人类自身。所以,任何关于语言存在问题

---

① Martin Heidegger, *The Essence of Human Freedom*, trans. Ted Sadler, London, 2002, p. 184.

的澄清必然联系到关于理性存在或人的问题的澄清,那种将语言存在问题仅仅归属于语言现象问题的研究只能导致语言实践的结果凸显而忽略关于这种结果的理性根据或原因追问。并且,这种研究所能取得的成果除了作为一种有限的、相对的和暂时的认识成果之外,它无法带来关于语言存在探寻的真正统一性和全面性基础。只要我们置身于语言现象的世界里,只要我们将语言现象视为语言存在的全部,语言存在模式或决定根据就会变得来纷繁复杂,处于流变之中而难以确定,更不用说去寻觅语言存在的统一性原因。所以,纵使有无数的语言研究者能够提出无数的语言学理论和规律发现,操控语言存在之路对于他们而言依然是那么遥远和困难,除非他们能够回归语言存在的理性世界。

总之,在语言现象及其统一的必然性基础问题上,如果我们可以从弗雷格的"涵义"思想中获得其拓展和通向康德的先验分析之路,我们就可以说:"涵义"作为一种在语言哲学中被讨论的"客观思想"已经具备了将语言现象及其意义源泉联系于语言行为者的可能趋势,只是弗雷格因为自己的"心理主义"考虑而要将这样的"涵义"客观化。在"涵义"被弗雷格阐释为"客观思想"时,他是无法回避"涵义"作为语言现象存在的产生性模式的,这样的产生性模式不可能因为它的客观与普遍性地位赋予就能同语言行为者的主体性世界区分开来。只要我们将"涵义"及其产生性模式回归到它应该所是的位置,这样的"位置"只能属于语言行为者的世界。如果我们将语言现象及其统一的必然性基础同"涵义"及其"客观思想"联系起来,那"涵义"的"客观"与"普遍"之意就应该是语言行为者作为理性主体存在所共同拥有的语言存在模式,即理性的先验语言形式。不论是涉及语言现象经验的感性阶段,还是涉及其知性阶段,作为先验形式存在语言基础总是在提供着一种产生语言表象世界中的统一性和区分性特征的纯粹理性原因,所有关于语言现象世界的区分、综合与统一在于理性主体的先验语言形式。简而言之,同自然世界的情形一样,语言现象世界的统一性源于理性存在的统一性,其具体语言现象内容的差异性源于直观表象的差异性，其定义的区别性特征源于知性概念的区别特征。至此，先验认识论提供着这样的前提：自然过程的表象与统一不可离开我们所具有的先验认知模式，一旦这样的模式被贯彻到语言现象与自然物的经验中，它就不仅仅属于理性的先验存在形式，而且带来了关于这种纯粹形式存在的经验现实。当然，语言存在的现象世界就在这样的经验现实之中，语言现象世界的区分与统一、经验直观与概念综合同样要源于理性的先验语言认知模式或先验语言形式的存在。

4. 基于理性原因的语言现象存在及其统一

在语言现象的直观中，我们常常将这种"表象"的存在与统一视为其本身的固有品质表现而具有客观性的存在地位，然而，语言现象的"品质"与"客观"却一定要作为语言行为者的表象判定。同自然现象的存在与统一情形一样，语言现象的存在与统一也应该作为表象的结果。不论是关于自然物对象的表象，还是关于语言现象的表象，语言行为者作为理性主体的存在必然提供着表象产生的先验形式基础，包括纯粹的感性、知性和理性形式；正是基于理性存在的先验形式决定，语言现象和自然现象的存在才真正地取得了自身作为现象产生和统一的源泉，即作为理性存在的纯粹形式源泉。

假设语言存在的现象经验未曾发生我们的世界里，假设所有的语言现象对于我们而言都是陌生而未知的，就像第一次地面对外星人"交流"所展示的"东西"一样，那么，语言现象的经验及其内容就不会再是当下的存在状态。即我们对于语言现象的存在将会一无所知，不论出于宏观层面还是出于微观的层面，语言现象的存在都会变得无从考究、无从直观、无从认知。比如说，作为在当下存在的语言现象（句子）"那颗古树长在深山里"而言，它会因为假设的情形而消失，不论是作为句子的语言现象，还是作为语词及其语法关系的语言现象，它们在假设的条件下不可能进入语言行为者的认知过程，也不可能作为理性主体的表象结果与知识结果而存在。语言存在及其现象统一的命题则会成为完全的伪命题，语言存在的理性原因确立也会成为多余，语言存在不仅会没有现象世界的踪迹，而且也会没有理性世界的踪迹。所以，任何关于语言存在的现象事实与统一性地位存在的命题确立都必然要建立在语言现象的经验发生之上。以及建立在作为经验主体的理性统一性前提之上，前者总是要指向理性存在的结果世界，而后者总是要指向理性存在的原因世界。理性的原因世界不仅提供语言现象认知的纯粹感性形式和知性形式，而且也提供纯粹的理性形式。语言现象的经验发生可以被视为经验直观的过程，可以展示为语言现象成为时间形式里的持存和空间形式中的占据，任何缺失经验直观或时空位置占据的语言现象在认知的主体世界里是不会出现的。所以，就句子"那颗古树长在深山里"来看，关于"古树""深山"等的时空特征表象和认知统一性源于理性主体存在的先验直观形式（纯粹时空形式）规定和统一，只有基于这样的理性源泉，作为自然物的"古树"与作为语言现象标记的"古树"才拥有了同一性时空特征的赋予与呈现，语言现象的经验世界才会拥有必然性存在与统一的基础。

倘若我们将语言现象的创造视为先验语言形式在理性实践中的必然结果，那关于语言现象存在的原因探析就是从这样的"结果"返回先验语言形式规定的过程。当然，这样的"返回"不是作为语言现象存在的自身行为，而是理性主体自身经验语言创造过程的行为，它的作用展示是重现创造的过程、联系和源泉。所以，不管是关于语言现象的创造，还是关于语言现象的认知，理性及其先验语言形式总是要作为语言现象讨论的前提条件。而且，这样的"前提条件"对于语言现象的创造过程和认知过程始终保持着自身"同一性的源始"[①] 的地位，即：在理性存在的世界里，创造语言现象的先验语言模式等同于认知语言现象的先验语言模式。于是，理性主体存在的创造所能提供的语言现象与所能认知的语言现象之间不应该

[①]〔德〕康德：《纯粹理性批判》，李秋零译，中国人民大学出版社2004年版，第108页。

存在差异，尽管这样的等同结果必须指向理性认知的语言现象的整体性存在和理性创造的语言现象的整体性存在。当然，在我们经验语言现象的过程中，"整体性"的存在只能是作为一种"应该"的状况，它在特定的时间和空间里只能表现为一个片断、一个方面和一个阶段。我们作为经验语言现象的个体拥有"应该"的状况，却无法实现对"应该"状况的全部经验。作为语言现象的认知个体，我们在语言现象的"整体性"认识上必然是有限的、相对的和暂时的，其结果便带来绵延不断的语言现象的陌生化和复杂化，并使得发现语言现象"整体性"存在的认识显得永无止境。总之，语言现象的"整体性"存在就是理性存在（或人类自身）应该认识的全部语言现象，同时，也是理性存在所能提供的全部语言现象。既然如此，理性存在对于语言现象"整体性"的认识应该是可能的，尽管这样的"可能"并不总是经验的现实，因为我们能够想象理性存在提供了自身可以认知的语言现象，却无法想象理性存在提供了自身不能认知的语言现象。所以，一切关于语言现象的认知与其说是关于自然语言的认知，不如说是关于理性存在及其先验语言形式下的经验成果认知。由此推之，那些在语言现象认知中被凸现的"统一性"问题，如语言现象与自然现象的统一、语言现象与其理性规定的统一、语言现象世界的构成部分的统一、语言现象内的语音系统的统一，等等，从此便获得了思考的正确途径。或者说，在我们人类不断地使用"统一性"来表达关于语言现象存在及其知识体系时，这种涉及存在与知识的统一性又常常被我们看成关于语言现象层面的特征表现，并在语言现象经验的过去、现在和将来持续不断地言说如此的统一性，如语音的统一性、符号的统一性、语义的统一性，以及作为语言现象"整体"的统一性，等等。然而，任何语言现象层面的"统一性"在被视为某种外在世界的对象存在之时，它本身的地位并不因为这样的对象经验而发生任何的改变，语言现象的"统一性"只能是理性主体在认知过程中对于语言存在的纯粹统一性的经验标示或表象呈现，理性的认知主体既体现为一种经验中的自然主体，也要体现为一种作为纯粹理性世界的先验主体，表象决定于"先验主体"，"因为我们要想对它做出某种判断，在任何时候都必须已经使用了它的表象"。① 因此，在我们使用"统一性"来描述语言现象特征时，我们其实是在确认理性存在自身的统一性，是在确认理性之先验语言形式的统一性。只有这样的"统一性"存在，关于语言现象的创造和认知才能真正地获得"同一"的源泉或根据，即形成语言现象的先验语言形式原因同时又是认知语言现象的先验语言形式原因。于是，语言现象统一的纯粹性根据不在经验的语言现象世界，而在理性存在的先验语言形式世界，作为认知对象的统一性特征体现在语言现象过程而又具备理性根据的纯粹性地位，任何关于语言现象统一性的描述其实都在指向先验语言形式的统一性、指向理性存在的统一性。所以，不论是从先验语言形式到语言现象的过程，还是从语言现象到先验语言形式的过程，都是理性存在统一的必然发生，推而广之，世界的统一源于理性存在的统一。

当然，理性存在下的世界统一既要涉及语言存在的统一，又要涉及自然世界的统一，只要理性存在及其先验统一性的"自明"毋庸置疑（先验哲学演绎体系就是这样的奠基的），世界的统一必然不会缺失语言存在的统一和自然世界的统一。不仅如此，世界的统一还要体现为语言现象（第二自然）和自然现象世界的统一，那么，世界的如此统一又该是怎样实现的呢？面对这样的问题，我们只能回到这种统一存在的所有过程、产生原因和表象特征上去，否则，我们的探讨就很容易陷入一种主观幻想的任意，进而导致语言现象统一的无法辨明。

5. 世界与语言的知识性地位辨析：表象与理性根据

就语言现象的存在统一而言，我们在这里主要要涉及上文提到的三个方面，即：语言现象的统一、自然世界的统一以及两者之间的统一。第一

---

① 〔德〕康德：《纯粹理性批判》，邓晓芒译，人民出版社2004年版，第291页。

个方面的问题已经在上文中予以讨论和说明，进而从认知语言现象的存在统一中标明了它本身的理性原因所是，当然，这样的标明同样适用于后面的两个方面。在自然世界的统一中，我们仍然要说关于自然对象的知识，尽管这样的知识对象不是语言现象而是自然现象，同时，我们也要说关于自然世界的认知过程既是获取自然统一性的过程，又是赋予自然统一性的过程。在"知识"的概念下，自然现象的是什么或不是什么总是被定义、被判断，并且，这样的定义和判断在常识性理性看来就等同于自然现象的本身所是，即等同于自然现象本身所是在认知主体面前的敞开。一种以自然语言形式或前自然语言形式存在的敞开。如此而论，那些知识或知识的内容大可不必依据认知主体而存在，就如地下的煤一样，它在地下时是煤，它在被人们开采出来时还是煤，关于煤的存在似乎与认知主体的决定没有必然的关系。然而，不论是关于煤的定义，还是依据定义做出的知识性判断，所有的过程和结果在缺少理性之认知主体时都是不可能出现的。倘如煤炭离开理性主体而"自在"，那关于"煤"的概念、知识和指称约定都会没有了，在没有任何概念和相关知识的情况下去肯定什么或否定什么，除了作为一种主观的幻想之外便什么也不是。显而易见，我们在这里讨论"煤"时，已经拥有了"煤"的概念和表象方式，以及形成相关概念与表达方式的自身基础，否则，我们在生活世界里就没有可能去谈论这样的"煤"，甚至连"煤"作为语言现象的表达符号也不会出现，更不要幻想"煤"是什么的知识问题。因此，不论"煤"，还是前面提及的"古树"，它们作为自然世界的现象存在无不依靠我们所建立的知识体系，而且，这样的知识体系又往往要借助语言现象的载体（如声音形式、文字符号、书籍杂志等等）来体现出某种外在的现象化特征。于是，在面对自己所建立的知识体系时，我们自身存在的地位和源泉往往就在这样的知识现象里，以及在自然的现象里被遗忘、被遮蔽，以至于我们常说：关于"煤"和"古树"的知识，关于自然世界统一的知识，等等，一切关于自然对象的知识似乎都成了"对象本身是什么"的获取。倘如这样的"获取"内容能够被置于确定无疑的地位,那知识的构成与内容就只能属于自然对象本身,并存在于绵延不绝的现象世界之内。换言之,不论理性的认知主体是否存在,知识或知识的内容总是保持着自身存在的完全独立性,然而,这样的假设除了被诉诸梦的场景和幻想的虚无之外并不能取得任何有效性的建立。其结果除了造成知识与知识体系的彻底自然异化之外并不能真正地说明自身存在的地位,不管这样的知识是涉及自然物世界的,还是涉及语言现象世界的。

因此,将"自然对象的知识"等同于"自然对象本身的知识"只能是人类在认知过程中所发生的一种不经意的误判,其根源就在于人类的认知过程总要优先依靠主、客体的二元对立,总要优先将"是什么"的知识判断联系到客体的存在上去,其结果便造成关于客体本身是什么的认同。在知识"获取"的概念下,我们拥有"客体"时不是拥有"客体本身",而是拥有"客体的表象",同时,我们拥有客体的"是什么"不是对象本身的真实,而是我们自身的认知规定,即"即一切显象,就对象应当通过它们被给予我们而言,都必须服从它们的综合统一性的先天规则"[1],所有关于自然世界的知识判断都是依据我们的"表象"和我们的"决定"做出的,"表象"是关于外在对象的思想成果[2],它与自然世界及其对象存在的本身所是不具备同一的关系,所以,"获取"概念在这里的真正含义应该是关于我们自身存在原因及内容的获取,而不是关于自然世界本身所是的获取。当然,这样的知识"获取"过程对于认知主体而言必须是可以解析和阐明的。那么,我们又该如何解析、如何阐明这样的"获取"过程呢?要回答这样的问题,我们不得不面对知识对象的真实性问题。

让我们先回到"客体的表象"上,并从"客体的表象"环节来确定知识对象的真实性,以及表象与自然世界的真实关系。尽管这里的环节并未具体地提及语言现象的产生,但它必然涉及先验概念形式、先验图式和

---

[1] 康德:《纯粹理性批判》,邓晓芒译,人民出版社2004年版,第121页。
[2] 张弓长等:《创造思维心理机能的哲学阐释》,吉林人民出版社1993年版,第167页。

先验综合的存在，而先验概念和图式世界必然拥有作为语言存在的纯粹形式原因。所以，作为"表象"的存在并未缺失先验语言形式的作用和规定，即"表象"也是一种受制于先验语言形式的图式表现（一种更具有原生态意义的"表象语言"），只不过这样的图式直接被联系到自然物的存在，而不是联系到语音文字的存在。同时，先验的纯粹时空形式与先验语言形式必然统一、密不可分，否则我们无法理解在先验形式的统一之外还存在独立的先验时空形式，而且，非时空的语言存在也就会完全不会具备当下的语言现实。因此，"客体的表象"也是作为联系到语言存在的表象，也是作为"语言乃人类存在家园"之深刻理性基础的决定，或者说，在我们将世界视为语言存在中的世界之时，理性存在的纯粹先验形式也就被视为先验的语言形式，即"同一"的先验形式对于理性存在者而言具有不同呈现视角，以及具有不同的凸现特征。为了叙说的明晰，我们暂且将来自自然对象的表象称之为"客体的表象"，并且，这样的"表象"发生就理性存在的真实而言不容否定。既然"客体的表象"对于理性的认知主体而言必然发生，那如此表象的位置应该在哪里呢？在我们面临被命名为"古树"和"煤"的自然对象之时，或许在第一时间要惊诧于那些自然对象为何与我们变得如此亲近、慷慨地告诉它们"是什么"，但是，几乎就在这"惊诧"的同时，我们又意识到是我们自身在这样的过程"干"了什么。于是，我们在取得有关自然对象的大小、存在时间、位置关系和性质特征时，自然对象的决定地位或标准就变得十分可疑了。不管是"古树""煤"，还是任何其他自然对象，它们的存在都不可能决定知识的产生或成为知识的标准，也不可能成为真正意义上的认知内容，即使我们设定了这样的标准和内容，也无法明白它们是如何进入我们的世界之内的，以及它们又是依据什么建立了世界的统一性存在。显然，存在于我们的世界之内而又不被我们所知晓，这样的存在要么等于幻想，要么等于外在神秘之物对我们的非法绑架，其结果只能造成知识及其本源的虚无。所以，我们必须从自然对象本身的存在那里收回认知可能的决定权或统一标准，并重新标示知识的真正来源。基于这样的来源，认知可能的标准不仅要应用于个体的对象，更要普遍地应用于全部的对象，这样的标准除了认知者自身的赋予之外便不会有其他的出处，即，认知者提供了自然个体或全部如此呈现和如此被描述的形式条件，"呈现"即"客体的表象"，"描述"即"客体表象的语言转化"。当然，在理性的认知主体与自然世界联系中，"表象"总是要表现为初始的、第一的环节，一旦"表象"确定无疑，"表象"与"客体"的分别就会变得明晰，知识对象的地位辨析就会变得容易起来；不论是作为自然世界的客体还是作为认知者心理经验世界的思想存在，"表象"的必然发生成为主、客体联系和统一的前提和基础。单就某个自然对象而言，倘若一切关于它的表象都不曾发生过，那这样的自然对象就只能是一个虚假的。当然，我们在这里不是要讨论"伪自然物的存在问题"，而是要强调自然世界对于我们人类而言总是要被呈现为一个表象的世界，一个内在于认知主体的"表象语言"或"印象"；在认知的过程中，如此的"表象"须同自然对象本身的存在区分开来，即表象存在于我们之内，表象的自然世界只能属于我们的直观成果，只能属于理性主体之纯粹感性形式的经验应用成果。或者说，一切关于知识可能的产生条件和内容都应该在我们自身之内而作为表象可能的"先验对象"①，所以，理性主体的真实认知对象就应该是经验直观下的"表象"，而非自然对象本身。换言之，知识对象的真实性在于表象的真实性，而表象的真实性又在于理性及其先验形式存在的"自明"，表象的真实所指明的只能是关于理性的纯粹直观形式及实践经验过程的存在，而同自然对象的本身所是没有关系，至于说自然对象本身的存在是什么，以及它与表象是否具有某种相似的特征，这些对于我们而言都是无从知晓的。在经验的现实里，我们的确面对自然物的世界，以及自然语言现象的世界，但是，对于我们而言，这样的世界只是一个表象的世界，一个合乎理性直观之规定的显现世界，

---

① Donald R. Dunbar, "The Transcendental Object", in Idealistic Studies, vol. 5, 1975, p. 133.

所有与之相关的性质特征，如持续、大小、颜色等，无不源于我们自身存在的纯粹形式规定和标准，任何的例外都会导致表象的不可能，导致相关知识成果取得的不可能，以至于导致人类知识成果形成的理性原因的外在对象化、自然客观化和经验特征赋予化过程的不可能。

当然，作为认知对象的表象产生不可缺失纯粹理性形式（如纯粹时空形式）的经验应用，否则，纯粹理性形式凭借经验过程来说明表象成果的可能性就不复存在了。而且，没有经验过程的发生又何来表象的存在？所以，尽管认知的真实对象是关于自然世界的表象，尽管知识的成果建立在以表象材料为基础的概念的分析与综合之上，我们仍然要以经验的发生为起点去确立表象的自然对应物和知识的自然承担者，这样的过程就是知识及其对象的"外在化"过程，"外在化"的过程虽不能改变知识及其对象的真实地位，却能够将知识及其对象的理性存在形式标识为自然世界的存在形式，即我们的知识及对象地位得以确立的参照世界在最为原初的意义上应该是外在于认知主体的东西，否则，理性主体的知识获取形式或基础就只能留住于纯粹形式而不外显。这样的"纯粹知识"显然有别于我们所明白指向的知识，"纯粹知识"应该具备关于自然世界的经验印证方可被视为知识，倘若将外在世界视为一面镜子，我们存在的真实虽然不同于镜里的影像，但正是这样的"镜像"为我们提供了"我们如何"的答案。因此，"外在化"的过程不是要将表象或"表象语言"等同于自然世界的存在，而是要借助自然的存在来标识和言说表象的存在，其过程为：理性存在的真实（先验认知形式）→表象（先验形式的实践）→知识（先验形式的外在等同确立）。例如，在"古树长在深山里"的知识判断里，其中涉及自然对象"古树"和"深山"，也涉及位置、方向、关系等的存在，不管这种知识判断的真假如何，它的出现就是一种知识对象"外在化"的体现，其实质还是理性主体"赋予"自然对象世界的样子，就对象"古树"而言，不管我们言指它什么方面、什么形式、什么性质，在知识的断言里，我们都在将"是什么"的结论归属于那个自然对象"古树"，似乎那个自然对象完全就是我们言说的知识对象。然而，这一切只能是"外在化"过程的发生结果，我们尽可以说自然对象"古树"是存在的，我们也可以说"古树"的存在为我们提供了取得相关知识的途径，但我们却不能说"知识"就是关于"古树"自身拥有的知识。对此，先验哲学的说明不无裨益，即世界的样子应该为我们所"赋予"的样子，作为世界的存在就是理性存在主体所"表象"的存在，即语言现象所呈现的世界，那么，"古树"对于我们的显现是因为我们的"赋予"，而非因为它作为自然对象的本身存在，"古树"的大小、高低、持续状态之所以对我们如此呈现是因为它适合并体现了理性主体的时空形式，而非它自身存在的使然。此外，"古树"的概念及其性质特征产生于表象的"表象语言"、产生表象材料的综合、产生于知性概念的综合判断，而非取自于它自身存在的"是什么"。总之，只要"古树"进入理性的视野、只要"古树"形成理性的知识，我们就一定经验了一个被称之为"古树"的自然对象，并以之为参照的"镜面"来构建"古树"的"表象语言"和概念知识。当然，这样的构建内容也不会因为"外在化"过程的发生而跑到外在对象的存在那里去，这就好比一位乘客，他为了认知自身的运动状况而参照车外的树木，不管他取得的结果怎样，无论如何也不会将自身运动的属性判定为关于车外树木移动的特征，因为他知道自身运动的真实不会由于参照对象的出现而发生实质性改变。

从理性存在的纯粹知识到经验知识的过程，或从理性存在的先验形式到其实践经验的过程，无不体现为先验理性基础存在下的统一过程。正是基于这样的统一性存在，认知的表象或"表象语言"才能呈现统一性的特征，外在的自然世界才从此具备了统一性特征表现的关联结果。因此，在我们洞开世界统一性的基础和源泉之时，就可以真正地回到统一性存在的源泉，即回到理性存在自身。结果，作为表象的自然世界与自然世界本身的存在地位也能够通过统一性的产生原因来加以区分。从知识对象或表象发生的角度看，理性存在统一的纯粹形式或先验语言模式应该通达于经验直观的发生过程，并准予那些合乎直观形式规定的显现对象成为我们的"表象"或"表象语言"。或者说，一切显现的对象，一切表象的对象，都只能作为感性直观形式所规定和制造的结果而存在，所以，我们所面对并加以认知的自然世界，我们所经验并加以肯定的语言现象世界，其本源存在就在我们之内，只不过这样的内在形式仅仅因为外在对象的经验而被廓清、被标记和被定义。至此，"世界是我们的"的判定便获得了真实意义的说明，而作为理性认知主体的人类自身总要拥有这样的说明过程，并以此明示：所有情形的外在统一，从个体对象到整体的世界对象，从同类间的组合到异类间的联系，都必然地植根于理性存在的统一性，任何的例外都不可能成为理性统一性规定的统摄对象，任何的例外对于理性主体的认知视野而言都是不可能出现的。于是，我们之所以能够拥有关于对象的认知，如"古树"，一方面是因为我们拥有关于"古树"的表象发生；另一方面是因为我们拥有关于表象的统一，比起表象的发生来，表象的统一更能体现先验综合的统一过程，同时，表象的统一也更能说明自然现象存在的关联性和整体性特征，尽管这样的特征仍然要被我们所提供。从表象的统一性存在来看，我们认知的"古树"一定要是一种关于表象的统一存在，只有如此，统一的内容或部分对于表象整体才会具有意义。或者说，我们尽管可以拥有关于树冠、树干、树根等方面的直观表象，但这些表象部分倘如没有"古树"的统一性表象生成，它们对于"古树"的认知就会变得毫无意义，它们作为"部分"的地位就会缺失有效性。所以，在讨论"古树"的统一性存在时，我们其实是在讨论作为"古树"之表象的统一性存在，其决定根据和产生条件就是感性直观形式的统一，连同知性形式的统一，两者体现为理性先验形式统一的必然要求，只要"古树"出现了，只要是外在世界到来了，直观与表象的事实就无可置疑；只要"古树"被赋予性质，只要"世界"被加以判断，知性概念的综合与应用就不可避免，关于"古树"或"世界"的知识就一定要出现。这样的发生过程就是理性主体存在的必然，就是我们人类自身存在的必然，"人不是万能的语言行为者,但人的存在却具有自身的语言根据,即先验语言形式的存在'事实'"①。

如果我们将理性存在过程的必然展示为自然现象世界的存在,那在这样的现象世界中,理性存在的统一性及其先验形式规定必然得以贯彻。当然,作为现象世界的内容和统一并不排斥语言现象世界的内容和统一,关于语言现象的经验情形和知识获取情形也并非有悖于自然世界的认知情形。同自然物对象的认知情形一样,我们所言的语言现象的统一性和呈现根据不在经验对象那里,而在作为经验主体的理性存在世界,语言现象的统一与认知,以及语言现象成果的取得都应该具备理性存在的必然性基础。在我们立足于康德先验哲学的视野而将自然对象世界归于理性存在下的表象世界时,我们其实是在断言自然世界总是在作为一种表象的世界而存在,一种作为语言行为者的必然性经验发生。显然,语言存在的现象内容与统一性特征一定要归属于这样的表象世界,不论这样的表象世界是涉及自然语言现象的情形,还是涉及语言现象的心理呈现情形(心理呈现就是一种意象图式般的语言现象)。作为表象的语言现象世界的统一源自于产生表象结果的纯粹理性形式存在的统一,作为表象的语言现象内容呈现源自于理性的先验语言形式基础,依靠于理性的先验形式及其统一性特征,作为现象世界中语言存在及其统一性特征才真正取得了作为知识对象的存在地位。

---

① 肖福平:《"此在"的语言现象和它的纯粹理性"根据"》,载《西南科技大学学报》,2015年第5期。

第三章

心理语言存在的初始形式：表象语言

如果我们将语言存在限制于经验世界的范围之内，那语言存在又常常被称之为语言现象的存在；语言现象的世界将自然经验的形式和心理经验的形式统一于自身，并以自然存在和心理存在的特征呈现于理性存在的实践过程。语言现象的心理经验形式在其初始阶段的表现上，要产生于理性主体的经验直观发生，对应于自然世界的对象系列，包括自然语言的存在系列，表现为无差别的、初始性的、整体性的、不确定性的大脑意象或感觉印记；相对于自然过程的语言形式而言，它是作为心理过程的"表象语言"而存在，"表象语言"即心灵中的表象成果，其存在内容和地位既是经验直观的，又是理性存在规定的。作为心理语言存在的"表象语言"所承载和表达的既有关于自然世界的"影像"、"图式"和"记录"，又有关于这种心理表象存在和统一的理性规定与作用。

在我们将语言存在展示为理性主体的心理经验过程及内容时，我们所拥有的对象就应该是一种心理语言现象的存在。语言现象一旦出现在心理经验的世界之中，就要区别于自然世界的语言现象，心理语言现象自身的统一，以及同自然语言现象的统一只有立于理性主体的存在才能最终得以实现。心理经验的语言现象在被展示为心灵中的对象性存在时，它应该是作为理性存在的一种现象结果而存在。如果我们将这样的存在结果（即一种出现在心理经验过程的语言现象）展示为不同阶段的内容构成，那语言存在的心理世界在其初始期必然地具备自身存在的形式。依据先验哲学的认知理论，心理语言现象的初始形式应该是作为感性经验直观中的表象成果①，这样的表象成果在其具体内容的刻画与描述中常常又被称之为"影像""印迹""意象"等，一种存在于心理之内的图画式"表象"。如果我们从关注表象的具体内容转向关注表象成果作为整体性的存在，那我们就是在面对心理语言现象的整个初始形式，在此，我们将这样的初始形式称之为"表象语言"。这样的"表象语言"没有自然形式的符号、文字、颜色、大小等内容，但它却要实实在在地出现在语言行为者的心理经验过程之中，表现出具有心理对象存在的地位特征，即"表象语言"基于理性主体的经验直观发生而存在，并在其存在的位置、内容形式、心理表现特征等方面统一于语言存在的世界。"表象语言"的心理特征辨析不仅在于梳理它与自然语言形式的关系，而且在于说明它与理性的纯粹语言形式的关系，并最终将其建构为"理性语言"问题阐释的重要环节和内容。

1. 作为"表象"与"编码"结果的"表象语言"

从先验哲学的视角来看，理性存在过程的直观、判断和综合行为应该首先是基于纯粹理性形式的能力存在，而表象和概念应该首先是作为纯粹理性形式作用下的内容存在，只有具备这样的纯粹形式能力和内容，关于自然的经验和知识才能被加以"确立"，尽管这样的"确立"未曾等同于表象与概念之外的自然本身。在理性的进程中，如果表象被视为经验直观下的后天图式，那概念就是解读这种直观图示的心灵标示，没有概念的表象不成其为理性主体的感知，没有表象的概念不成其为理性主体的经验成果。当然，对于理性主体的表象与概念世界而言，作为心理经验产生的内容其实就是一种心理形式的语言存在，即心理形式的"表象语言"和概念形式的"概念语言"。它们共同构成了语言存在的心理语言现象，心理语言现象世界的表象统一或概念统一决定于理性存在的统一。在心理语言现

---

① 〔德〕康德：《纯粹理性批判》，邓晓芒译，人民出版社2004年版，第25页。

象统一的理性存在决定中,其表象与概念的发生过程呈现出不同的阶段和表现特征。在表象的阶段,心理语言现象体现出一种"表象"的特征,即作为一种"表象语言"的存在。既然这样的"表象语言"所指向的是关于表象或经验直观的心理成果,那"表象语言"就要秉承表象或直观得以产生的先验理性能力及其规定和要求,它在语言存在的意义上就要体现为一种先验语言形式的原因秉承,一旦这样的先验原因未能被加以肯定,那作为"语言表象"的根据也就消失了。结果必然是表象成果或"表象语言"的离我而去,理性存在的过程也就会戛然而止了。显然,这样的结果有悖于语言存在和经验的事实。不论表象是作为世界的表象,还是作为语言现象的表象,表象本身就是一种心理经验的"表象",就是一种心理形式的标志,就是一种广义上的语言现象存在。如果语言行为者的"表象语言"应该标示为语言存在的心理现象环节,而且,这样的环节还要秉承语言存在的先验理性原因,那我们又该如何辨明心理"表象语言"与经验自然物(或自然语言)等"质料"的关系呢?不可否认,在我们呈现心理"表象语言"之时,我们一定经验了自然现象的世界,并习惯性地认为"表象语言"就是经验对象本身。当然,这样的"习惯性"认知除了企图将"表象语言"等同于自然对象之外并不能为"表象语言"的地位确立带来任何的帮助,因为"表象语言"内容的自然对象联系应该区别于"表象语言"存在的本底原因。前者源于经验对象的映照,即一种可以进行经验直观的、形成了心理图示化结果的自然物对象;后者却要涉及语言存在的先验理性形式原因。换言之,"表象语言"的经验性地位体现总是要联系语言现象认知过程中的经验对象存在。当然,"表象语言"的本底原因存在同其经验过程的实际结果之间并不存在必然的一一对应关系,作为直观成果的"表象语言"内容并非理性存在原因的全部真实。只要理性存在的"自明"事实没有问题,"表象语言"的本底存在就会决定于理性的先验形式根据,而非自然经验过程的对象决定。"表象语言"的本底存在是作为其产生根据的纯粹理性原因的存在,而非作为心理经验对象的意象存在。总而言之，作为先验根据的"表象语言"本底同其作为经验对象的存在完全分属不同的世界，一切关于"表象语言"的本底存在与其说是语言经验对象的"是什么"，不如说是理性之先验语言形式规定的"是什么"。如果前者的"是什么"在知识意义上可以回答的话，那答案一定要被限制在自然世界的经验过程中，限制在心理过程的经验世界，"因为一切知识都是从经验开始的"①。对于心理经验的过程而言，我们所获得的心理经验对象也只能是非自然语言形式的影像或印迹（我们或许可以称之心理语言）。正是凭借这样的心理经验影像或印迹存在事实，那种作为事实存在的理性原因或本底存在就必然要加以设定，即设定关于"表象语言"的先验理性根据。要确立这样的"设定"就是要回答其存在的"是什么"，然而，这样的问题在这里是无法取得答案的。因为我们缺失建立"表象语言"之先验原因知识的合法性和有效性，所以，一切要将"表象语言"的本底存在建立在知识意义上的尝试和说明都无法取得经验有效的结果，"表象语言"的本底存在不同于"表象语言"的心理经验过程和内容，它所指向的应该是"表象语言"存在的先验原因。

倘若将"表象语言"的先验原因世界视为无限自由的语言存在王国，那这样的王国就是一种纯粹理性世界的王国，语言存在的所有先验形式根据在这里都是自在的，一旦这样的自在语言形式由于理性的直观能力而作用到自然对象的世界，那语言存在的经验过程就一定要产生。于是，我们的存在过程就拥有了关于自然语言对象的经验和关于心理语言影像的经验，不管这些经验在内容上存在多大的差异，它们都应该被看成是接受了先验语言形式规定的语言现象编码过程，或许为自然或人工符号的标记与解读，或许为心理图式的结合与统一，自然与心理的语言现象经验世界就在这样的语言编码过程中呈现出各自的和谐一致与统一，呈现出"是什么"的知识构建体系。于是，我们之外的自然世界或自然语言世界才会总

---

① 〔德〕康德：《纯粹理性批判》，邓晓芒译，人民出版社2004年版，第1页。

是显得那么熟悉和亲近，心理影像图画才会总是显得那么自然和美丽。拥有自然经验和心理经验的内容和过程就是拥有理性与语言存在的过程，就是拥有语言存在之美与真的过程。因此，人类"此在"的语言存在不仅仅表现为自然经验与心理经验的相容和谐过程，而且表现为那种赋予"和谐"和撒播"美丽"的先验原因的存在过程。如果我们将先验语言形式在自然过程中的语言编码视为一种从理性先验之大美向经验之美转化的语言行为过程，那么，其结果就造就了纷繁复杂的语言现象的出现，即关于语言现象经验的"第二自然"的出现。由此，关于语言文字、关于语言语音、关于语言文法，等等，方可在"和谐"与"美"的意义上得以展现，关于语言现象的研究就不仅仅是关于语言的科学，而且是关于语言的存在美学。所以，任何局限于语言现象世界的研究可以呈现语言经验的知识意义，但这样的知识意义并非就是语言存在的意义，尽管它要必然地联系于语言存在的意义。语言存在的意义既是关于语言现象知识的，也是关于理性存在原因的，其知识的意义表现为语言行为者的现实需要，其理性的意义体现为语言现象知识形成的先验形式规定。任何对于语言存在意义的忽视就为"语言美"与"语言真"的忘却提供了可能，语言现象的知识一旦缺失了理性的根据就会游离于我们之外而成为虚幻，其先验语言形式对于与语言现象世界的"赋予"和"撒播"更是无从谈起。所以，语言现象不可缺失自身的理性存在之源，不可缺失语言现象作为现象世界编码体系产生的决定之源。当然，这里的语言编码就是基于理性主体要求下的语言现象的创造行为，它不仅涉及自然语言形式的创造，而且涉及心理语言形式的创造。在我们关注自然世界的语言编码过程时，我们同样得关注心理经验世界的语言编码发生，关注这种心理经验编码发生的过程、结果、特征，以及与"表象语言"的认同关系。首先，心理经验的语言编码发生过程在认知的意义上是基于心理结果来加以确立的。或者说，我们既然有了关于经验的心理影像或印迹，就没有理由去否认带来这种结果的自然发生过程的存在，而且，这样的过程同样也一定要联系到心理经验的过程，

第三章 心理语言存在的初始形式：表象语言

并体现为心理语言知识的构建过程。当然，心理经验的语言编码行为在作为具有语言意义的心理影像或印迹存在的原因时也作为理性存在的结果，因为心理经验的语言编码过程仅仅在经验的意义上并不能形成一个自在的整体和统一，它一定要依赖具备如此全部经验过程的自在原因。这样的自在原因既不能决定于心理经验的影像，也不能决定于外在经验的自然语言现象，其源泉应该出自理性存在的先验原因，出自语言存在的先验形式规定。所以，只要语言编码过程的心理影像或印迹被置于一种无法回避的现实存在时，这样的心理语言编码过程就一定要表现为一种创建心理知识对象的过程，一定要表现为回归与联系理性存在原因的过程。其成果就不仅仅体现为心理经验的影像或印迹，更是以心理影像为经验环节的语言存在真实的体现。在经验的限制下，任何心理编码结果的影像或印迹都具有图式记号的功能和特征，即具有"表象语言"的地位特征。如果说"表象语言"作为指向表象存在的一般概念，那影像或印迹则为表象存在的具体指向和内容，所以，心理经验世界的语言编码过程就是带来"表象语言"的过程；就是呈现心理影像或印迹的过程，而且，这种过程的意义一定是可知的、可解的，一定是作为语言存在统一的必然经验环节。不论是作为整体意义上的"表象语言"，还是作为个体意义上的影像、印迹，它应该承载于自身的总是要表现出一种联系的特征、表现出一种心理地位的特征：一方面，心理"表象语言"的环节既是联系自然语言现象的过程，又是联系语言存在之先验原因的过程；另一方面，"表象语言"的环节在语言存在的统一中充当了一种"过渡"的重要角色，即由语言现象的杂多回归先验语言形式统一的"过渡"。当然，"表象语言"的"过渡"应该是一个理性存在的进程，一个无限的因果经验与联系的发生进程。作为心理经验对象的"表象语言"必然地要展开在这种经验过程的因果联系里，尽管这样的展开一定要受到心理经验的限制，尽管这样的展开一定要体现为某种可知的心理对象的存在。总之,"存在总是某种存在者的存在"①,心理世界的"表象语言"具备着自己独特的存在地位,比起那些相应的外在自然对象或自然语言现象,它应该是在一个更易于联系纯粹理性形式的心理位置上接受着存在者的先验语言形式的原因决定。

2. 心理"表象语言"的存在及其地位特征

在我们提出心理"表象"即心理"表象语言"说之时,心理经验的限制前提不可缺失,否则,我们就会难以确立"表象语言"作为经验对象的地位特征。如果这样的地位特征确立等同于自然语言现象的地位特征,那我们就有理由相信:"表象语言"就是语言现象,就是一种文字系统,就是一种语音系统和一种文法系统,就是一种被感知的语言对象实在。然而,如果这样的等同关系没有问题,那我们在自然语言现象之外提出"表象语言"的概念就变得完全没有意义了,"表象语言"自身的存在特征也会在经验过程的统一中被忽视,显然,这样的结果不仅消解了"表象语言"的地位建立,而且消解了理性存在过程的认知环节——表象或图式呈现,进而消解了知识建构的"表象"必然性和特殊性。即有悖于直观之"表象语言"的必然性和特殊性。那么,"表象语言"的真实地位又该作何辨析呢?

在普通语言学的标准下,"表象语言"区别于自然语言现象似乎显得有些"无中生有"或难以捉摸,既然如此,我们在"表象语言"方面又依据了什么样的标准呢?这样的标准应该是言说者的"心理",只有将"心理"的标准也凸显出来,"表象语言"的归属领域才能被明确下来,也只有将经验的标准发展为"心理经验"的标准,同自然语言现象一样拥有经验特征的"表象语言"才能确立自身的区别性特征,由此避免两者之间的混同。一旦心理经验的"表象语言"地位得以确立,"表象语言"在

---

① 〔德〕海德格尔:《存在与时间》,陈嘉映、王庆节译,生活·读书·新知三联书店1987年版,第12页。

语言存在过程中就一定拥有自身的位置、拥有自身的作用,以及拥有自身的表现特征。尽管语言存在的全部过程对于有限理性存在的人类而言不可完全经验,但它的必然性存在应该要在两个阶段体现出来,即纯粹语言形式的阶段和经验语言现象的阶段。后者又因为"心理"的标准而区分为"表象语言"的环节和自然语言现象的环节(自然语言),或者,它可以体现为一个简洁的心理图示:理性存在的先验语言形式→表象语言→自然语言现象或表象的世界(虚线箭头→表达先验语言形式的作用过程,实线箭头→表达语言现象经验的过程)。凭借这样的进程,"表象语言"的位置就在"过渡"的环节上得以显现,尽管这样的位置在直观意义上还只能是一种心理经验过程的直观对象。"表象语言"的位置不是一种单一的、关于心理经验影像的点或面,而是容纳了以这样的点和面为起点的无限因果联系过程。或者说,就逻辑意义而言,这样的位置就是关于某种心理经验对象产生的全部原因过程,于是,"表象语言"的位置远非承载某个心理影像的时空规定或概念的留存之所,它所应该标示的永远地留在心理影像的决定历程,留在当下"表象语言"的语言编码历程之中。所以,关于"表象语言"位置的强调就是要再现它的真实地位,再现它作为"心理位置"的无限性、相对性和不确定性。

就一般意义的"表象语言"而论,它的呈现应该依托于无限的时空存在,这样的时空存在尽管可以为我们提供任何具体的区分个体影像或印迹的起点或参照点,但它在心理经验的世界里却是无限延伸的,正是因为这种"表象语言"位置的无限特性,理性存在的心理过程总会拥有一个比自然语言现象更丰富、更复杂、更系统、更完美、更神秘的内在语言现象的经验发生。这种内在语言经验的发生内容虽不能等同于外在经验的自然语言现象,但所具有的共同经验特性却为两者比较提供了可能。或者说,前者的无限位置和形式内容并未离开经验意义上的确立;参照弗雷格的逻辑基本关系，即逻辑的基本关系是一个对象处于一个概念之下的关系①；如果我们将普遍意义的"表象语言"概念记为"F（ ）"，其个体影像或印迹记为"A"，而将自然语言现象（自然语言）概念记为"f（ ）"，其对象记为"a"，那么，不论是概念，还是概念特征，以及所能展开的值域，F（A）＞f（a），即存在于自然语言现象的一定存在于"表象语言"。但存在于"表象语言"的不一定存在于自然语言现象，我们在语言现象的经验中可以穷尽关于概念"古树"的对象，也可以穷尽关于自然物"古树"的自然语言现象概念（自然世界的语言概念和物的对象总是有限的、可以计算的），但我们却无法确定心理"表象语言"的"古树"对象和"古树"概念，即使我们在自然经验中直观了全部的"古树"对象和全部的"古树"名称，我们在语言存在的内在心理经验中，或在我们的"表象语言"中，仍然会发现那些全部的、来自自然语言现象和自然物的影像或印迹还远远没能占据"表象语言"所能提供的位置或显现空间。在此意义上，心理经验的"表象语言"不仅应该属于自然世界之表象的形成与储存，而且应该属于语言存在可能的心理形式和条件，当然，这样的心理形式和条件就是语言存在的心理形式和条件，而且是心理过程的语言存在。

在"表象语言"的概念下，我们或许只是认为关于具体"影像"或"印迹"的出现才属于心理经验的范畴，但这样的做法除了标明作为心理结果的经验对象之外，并不能展现一个心理语言经验的全貌。这就好比一个木匠使用工具将一棵古树砍到，然后，我们对此断言：这位木匠所经验的只是"倒在地上的古树"。显然，这样的断言只能是基于经验结果的断言。而非基于"经验"全貌的断言，除去关于结果的经验之外，我们的断言还应该涉及关于工具的经验、关于时空的经验、关于劳作的经验，等等。所以，在我们面对作为心理直观的"表象语言"的经验时，我们所拥有的不仅是那些特定的"影像"或"印迹"，以及加载了这些结果的特定

---

① G. Frege, *Nachgelassene Schriften*, Felix Meiner Verlag, Hamburg, 1969, P. 128.

的心理时间和空间,而且是那些产生如此结果的心理形式和条件,以及容纳了全部过程的位置存在,如此的"表象语言"之存在"显然不是一个真实的谓词"①。当然,关于"表象语言"位置的一般经验总是要首先建立在那些特定的"影像"或"印迹"之上,或者以它们为起点,或者以它们为中心,将"表象语言"位置同最具有经验信息和特征的心理对象联系起来,否则,关于"表象语言"位置的经验就可能成为某种幻想,就会违背"表象语言"作为经验直观结果的地位存在。只有依靠那些"影像"或"印迹"的具体心理对象,"表象语言"位置的延伸存在才会真正呈现为一种心理经验的无限因果联系过程,才会真正地呈现为具备心理经验意义的时间与空间里的无限进程。只有如此,我们的"心比天高"才不至于缺失经验实在的起点,"表象语言"位置的经验才会体现为一种自然因果联系的无限过程。

总之,关于"表象语言"位置的无限性思考与讨论应该是立足于一般经验意义和一般心理表象的全部过程及其存在;同时,它也一定拥有纷繁而具体的"影像""印迹"等心理经验对象。从具体的心理"影像"经验而言,它在知识的意义上被视为某种与自然对象相符的成果,而在自身原因存在的意义上则应该被视为某种先验语言形式的规定结果。尽管这样的先验语言形式规定因为"表象语言"位置的无限延伸而无从经验,或者,从心理"影像"所开启的"表象语言"世界到规定这个世界的先验语言形式原因之间存在着无法穷尽的距离和进程,任何想要全部地经验这种距离和进程的尝试都是不会有结果的,即使这样的距离和进程都被限制在"表象语言"的经验可能性里。实现这样的"可能性"同样要体现为一个无限的过程,于是,辨析"表象语言"位置的无限性就在于凸显心里经验的"表象语言"的一般存在特性,以及凸显"表象语言"自身的可能性内容所能具备的超越自然物(如大脑、脑细胞、神经元等等)时空限制的

---

① Kant. *Critique of Pure Reason*. trans. By F. M. Müller. Macmillan, 1924. A598/B626.

那种无限扩展的一般特性。正是凭借"表象语言"存在的无限位置,任何关于这种位置经验的绝对起点或绝对终点的断言都只能属于发生在特定时间里的、针对特定心理经验"影像"的断言。换言之,这样的绝对起点或终点其实就是心理语言认知活动中的设定结果。因此,在我们叙说某个"表象语言"中的"影像"开始或中止之时,并非在提供或建构"表象语言"的开始和中止,所能提供的只有关于个体"影像"或"印迹"的起始与终结,即:在"表象语言"位置的可能性经验中,个体表象的"影像"或"印迹"代表了这种可能性经验的"实现"或现实转化,从而带来了关于现实转化的开始和中止的产生,并且,在我们将这样的开始和中止置于"表象语言"存在的无限位置之中时,这样的开始和中止及其个体"影像"的具体位置就是相对的、不确定的。所以,"表象语言"位置的相对性和不确定性应该主要体现在两个层面之上,即宏观与微观的层面。在宏观的层面,"表象语言"位置相对于自然语言现象(第二自然)和先验语言形式而存在,而且,这样的位置存在不仅是相对的,而且也是无法确定的,因为我们不能为语言现象的自然过程划定边界,更不能为先验语言形式的世界表明范围;在微观的层面,"表象语言"位置存在得之于心理经验的具体语言内容的可能性存在,不论这样的可能性内容是否成了被"实现"的或具体的心理经验,只要拥有心理经验的可能性,也就拥有了容纳这些内容的心理位置的存在。与"表象语言"位置存在的一般意义比较,所有实现的或可能实现的心理经验的语言"影像"或"印迹"的个体都只能被视为无限"表象语言"位置中的有限位置的占据。这种有限的位置就好比自然对象的"古树"对于外在时空呈现的占据一样,任何无条件的开始或永远的结束都是不存在的,任何关于"古树"位置的谈论都应该是相对于其他有限位置存在的谈论,任何关于"古树"位置的确定都应该是特定时空前提下的参照确定,即"古树"的有限位置总是要体现为一种相对性的时空经验过程。同宏观的层面一样,心理语言形式的个体"影像"或"印迹"位置作为有限的和相对的内在时空占有对于某个限制的局部范围而言可以体现为一种确定的存在，但对于无法确定的"表象语言"的一般位置而言，作为部分或个体的存在又应该是不确定的。如此位置关系同样可以使用数学函数所表达的意义来加以阐明，如果将位置关系看着 $F(x)$，只要对象 x 具有确定的、限制的存在范围，而且是可以直观经验的、可以穷尽的，那么，$F(x)$ 就具有了自身的真值判定，或者说，限制的对象 x 可以带来关于 F 的确定特性。但是，心理经验的"表象语言"位置存在具有无限的特征，位置对象 x 无法确定。或者说，我们不能为一个未知的对象赋予一种确定的性质 F，因此，"表象语言"位置 x 不具备确定的经验范围或对象存在，关于 x 的函数不能取得自身的值域存在，即没有关于 $F(x)$ 的真值存在。

3. 初始形式的"表象语言"与时空位置的心理经验

不论是关于"表象语言"位置的无限性的说明，还是关于它的相对性与不确定性的说明，这样的过程所要致力于到达的目标就是呈现心理经验阶段"表象语言"存在的居所，并以这样语言"居所"为条件或参照去更好地面对"居所"之内的世界，即"表象语言"的内容世界或心理经验的语言世界；"表象语言"只有相伴于这样的位置"居所"才会将自身存在的心理特性、经验特性和表象特性展现出来，才会将自身的存在同自然物或自然语言现象（作为第二自然的现象存在）的世界区分开来。置身于这样的"表象语言"世界，呈现于我们的心理语言图景已经不再是那些被经验直观所感知的音标、文字、词语、句子、篇章，以及发音、书写和表意等，同时，它也不是哲学认知中所阐明的知性概念出现，更不是关于语言存在的先验原因存在。认知的概念或作为知识的概念总是要建立在确定对象的性质判定里，总是要进行确定对象的确定属性的分析与综合，概念下的对象及其属性的联系判断总是要在当下的现实经验中被确定是有效的、可证实的。所以，认知的语言概念尽管存在于心理经验的领域和表现为内在经验的推出成果，但它的出现是确定的、具体的、廓清的，以及可经验辨明的,它的存在不同于心理经验的影像或印迹,更不同于一般意义的"表象语言"存在。用一句时尚的话讲,它至多也只能作为"后表象语言"(post-language in presentation)。作为"表象语言"存在的可能发展或走向,即脱离于"表象语言"的存在状态和位置"居所",成为同样具有心理经验特征的概念或概念语言的存在。关于概念语言的存在问题会出现在以后的相关内容里,在此不作展开讨论。

显然,依据心理经验的特性,"表象语言"完全可以同外在的自然语言现象区分开来,但这样的特性却无法使之与概念语言区分开来。要获得这样的区分,除去心理经验的特征之外,"表象语言"存在必须拥有自身的特殊地位,即作为表象的图式特征。从这样的特征出发,我们在语言存在的内在经验进程里就会辨明不同的语言经验形式及其相关的位置特征,要么是表象的"表象语言",要么是推理与判断的"概念语言",任何"表象"或"图式"的缺失,结果不仅是关于区别性特征的缺失。而且是关于"表象语言"自身内容存在的缺失。其实,在我们小心翼翼地探寻"表象语言"位置或"居所"的主要特征之时,不论是关于它无限性,还是关于它的相对性和不确定性,我们都没有忘掉去预设这种位置上的内容存在,以及去预设位置与内容的同一性特征。在心理经验的意义上,"表象语言"的位置一定是承载了"表象语言"内容的内在时空范围,其位置特征也应该是关于其内容存在特征的反映。或者说,它是源于"图式"和"表象"内容的联想与推定说明,"表象语言"位置的空置在这里是不具有任何意义的,"空置"作为直观的形式被意识而又无表象内容是不可接受的①,因为这样的空置有悖于语言存在的心理经验发生;可以说,"表象语言"位置在时间形式上的持续和在空间形式上的占据就是"表象语言"内容在时空形式上的持续和占据,当然,我们在这里所提及的时空是作为心理经验过程的内在形式,而不是外在自然世界的时间先后或空间大

---

① Kant. *Kants Gesammelte Schriften*, KöniglichenPreuβischenAkademiederWissenschaften, 29vols., Berlin, 1902—1983. S. 639.

小，并且，内在经验的时空形式应该为自然世界提供一切时间先后与空间大小产生和呈现的可能条件，虽然这种出现于心理经验环节的可能条件还远不是那种纯粹的先验语言形式条件，但它的出现与否直接地关系到我们是否拥有关于自然世界的时空经验，关系到"世界属于我们"判定的心理基础。我们能够并确定地面对自然经验的事实，比如，"古树长在深山里"，这里既出现了自然世界的空间，也出现了自然世界的时间，那么，我们是否可以认为这样的时间是"古树"自身所有，是否可以认为这样的空间是"古树"或"深山"自身所具备。如果情况果真如此，"古树长在深山里"所体现的自然时空特性又是凭借什么被我们所认知呢？为何这样的自然时空特性对于所有的人类个体而言都具有同一性？显然，要回答这样的问题，任何假设于从自然到人的过程都不能取得有效的答案，或者说，自然对象的时空特性应该是作为从人到自然过程的认知成果。这样的特性原本就存在于我们自身之内，存在于心理经验的世界，存在于先验形式的世界；不论"古树"与"深山"作为现象的存在多么久远，也不论"古树"与"深山"多么高大与宽广，其时空特性的源泉与规定一刻也不能脱离理性的主体存在。

总之，在我们将"表象语言"指向语言行为者心理经验世界的初始内容存在时，其实是在将这样的心理世界解读为一种语言存在的世界，即一种心理经验的语言现象世界。在这样的世界里，我们虽然没有文字符号、语音表达以及其他的自然语言形式，但我们却有"影像""印迹""意象""概念"等的心理图画，一旦这样的心理图画被放置于语言现象及语言存在的统一之中，它就要必然地联系于自然和理性原因根据的世界，并将语言现象的经验过程重新确立为自然的过程和心理的过程，从而改变传统语言学的"语言"定义，即将语言的自然对象地位扩展为语言的理性主体地位。语言存在的统一源自于理性存在的统一，理性存在进程中的所有发生和结果都应该被视为语言行为的发生和结果，都应该被视为"先验自我"的显现载体。由此，不管是现代心理语言学的领域，还是心智学的领域，它们所建构的对象都应该归属于语言存在的心理产生机制及其内容。当然，在心理语言现象的世界里，"表象语言"只是这一世界中的初始形式存在，它所拥有的位置和内容存在既是经验直观的表象结果，又是概念与知识综合的起点，它所提供的内容就是一种心灵符号所初步描绘出的心灵图画，一幅有待于概念阐释的图画，它因为经验而联系于自然和知识的世界，又因为如此经验的纯粹原因而决定于理性的存在。

4. "表象语言"和它的"整体性"特征

在我们将语言存在视为理性存在的必然时，它就不仅仅是作为自然语言形式的存在，它还应该作为心理语言形式的存在，以及作为决定所有自然语言形式和心理语言形式结果的纯粹理性语言形式的存在。在此，我们将语言存在的心理经验形式称之为"表象语言"和"概念语言"。这里的"表象语言"并非以图作记、以图为文、以图表意的自然语言形式，它是作为理性时空形式规定下的心理表象或图画，而且是作为一般性和普遍性意义上的表象或图画。"表象语言"作为经验直观成果的初级心理现象存在，具有自身内容存在的心理表现特征，它在心理世界的位置具有"前概念"居所的特性，可以标示为一种无区别性状态的心理语言形式存在。"表象语言"的内容与位置既是经验直观的必然结果，又是"概念语言"形成的前在环节，"表象语言"统一于心理语言现象、统一于语言存在、统一于理性存在，并始终体现为一种理性的先验语言形式规定下的心理语言成果。

我们在这里提出心理"表象语言"[①]及其与外在自然现象的区别并不是要将前者视为纯粹理性世界与物质世界之间的第三世界的存在，也不是要将理性的语言存在解析为更多的显现之域。因为理性统一的纯粹原因和

[①] 文中的"表象语言"如无说明则均表示经验直观的心理表象成果，即心理中的表象语言，它是哲学认识论意义上的初级心理表现形式，更是一种语言意义上的心理表现形式。

经验结果已经为我们开启了一条语言存在辨明的康庄大道，因此，区别两者的目的不在于要去改变"表象语言"存在的经验地位，而在于凸显"表象语言"内容的存在特征，以及关于这种特征的时空联系说明。那么，基于区别而凸显的"表象语言"内容特征又该是什么呢？心理"表象语言"的特征与其位置存在的特征应该是一致的，即具有无限性、相对性和不确定性的特征。只有在我们将"表象语言"内容联系到心理经验的时空形式特征时，"表象语言"内容特征方可在一个更为形象和更为直观的视角上展开。体现其位置特征的"表象语言"又会由于心理过程的时空经验而呈现出关于自身内容存在的独特表现，即"表象语言"内容总是要一般地表现为其存在的整体性、同在性、杂多性和无概念定义性。这样的内容除了呈现为心理"表象"的存在之外，还应该呈现为一种流变的"表象"、一种还未固定任何知识标明的原初心理"图式"。凭借这样的"图式"，语言存在的初级心理经验形式，即"表象语言"内容，才进入我们要对之进行辨明的对象范围，并成了我们描述其特征的主要依据和出发点。总之，心理语言形式的"表象语言"内容在其作为根本的存在对象上就是一种"图式"，而且是作为整体性存在的心理语言形式之"图式"，它既是关于自然世界直观的一般"图式"，又是关于心理经验表象的一般"图式"。这样的"图式"将经验的表象构成为一个整体，进而形成一种理性主体及其语言存在所独有的"表象语言"内容存在，或者说，所有的理性存在主体都应该拥有如此语言存在的心理"逻辑图像"[①]。

在一般的经验意义上，"表象语言"的整体性所指向的是关于这种内容的、充满整个心理经验时空位置的无区别性存在，所以，只要我们面对理性存在的心理经验和直观表象过程，作为整体性存在的"表象语言"就一定要到来。而且，这样的整体性并不会因为时间经验的久远而缺失，也不会因为空间经验的变换而消解，不论"表象语言"包含了多少不同时间

---

① 〔德〕施太格缪勒：《当代哲学主流》（上卷），王炳文等译，商务印书馆1986年版，第532页。

里的内容，也不论"表象语言"联系了多少空间中的对象，"表象语言"的整体性存在依然如故。这里没有关于个体"影像"辨明的强调，也没有关于时间先后与空间大小的对比与区分，或者说，不管心理经验的"表象语言"内容如何利用以及分配时空形式，它自身作为整体性的存在地位并不发生改变。尽管整体性的存在不能建立在没有具体对象或部分内容的"空无"之上，但我们在"整体性"特征的定义方面并不聚焦于那些具体的对象或部分的内容，我们总是聚焦于"全部"的情形，聚焦于一般意义上的存在。这样的"聚焦"要求或规定不是源于心理经验的"表象语言"内容，而是源于拥有这种心理语言经验的理性存在主体及其理性的统一性规定。如此说来，"表象语言"的一般性存在或作为"全部"的整体存在应该起始于理性自身的根据，既然理性的规定带来"表象语言"内容的"整体性"，那么，"表象语言"内容的全部就应该是一种限制的存在或对象，即"表象语言"内容成了受支配和被规定的对象结果。在这里，"表象语言"的整体性特征所引起的限制性地位或有限存在是否造成关于"表象语言"自身内容存在的矛盾呢？因为我们在谈及"整体性"特征之前已经提出了"表象语言"位置及其内容存在的无限性特征，如果这种矛盾确实存在，则我们会面对两种特征共存于"表象语言"，即：它的存在既是无限的，又是有限的。显然，这样的结果不是我们所应该面对和接受的，要解决这样的矛盾其实就在于考察这种矛盾产生的"确实"根据，如果这样的根据不具备有效性，那矛盾的"确实"根据就是虚假的，其结果也不会使我们陷入判断与选择的困境，即避免了这样的选择：要么"整体性"特征为真，要么"无限性"特征为真。诚然，"有限性"和"无限性"的特征都是针对"表象语言"的存在而提出来的，但"有限性"特征是建立在"表象语言"的整体性之上，既然是作为整体的存在，它就应该是一种限制性的存在。不仅如此，这样的整体存在不应该成为一种自在的对象而具有原初的地位，就是在针对理性过程的语言存在而言，它也只能具有心理经验的"表象语言"的地位，即它一定要依靠于理性的时空形式与经验的过程才会具有自身的存在，而且是具有整体性内容的心理语言存在，不论这样的整体性存在是否成为作为原因的对象或作为结果的对象，我们都无法将这样的对象同某种限制存在分离开来。比如说，面对太阳系的整体存在时，我们是在面对一个限制性的存在对象，这样的对象不论是从"整体"概念的意义上看，还是从太阳系所处的银河系或更大的星系来看，它都是"有限"的对象存在，"整体"概念不应该缺少关于"统一"与"有限"的预设。与此相对，"无限性"特征是建立在"表象语言"位置和内容的经验进程中，不论就其位置存在的时空经验而言，还是就内容存在的经验实现而言，其进程都应该体现为一种难以穷尽的特性。在"表象语言"位置呈现为内在心理经验的时空形式规定之结果时，我们无论如何也不会去断言这样的结果等同于时空形式的存在或占据了时空形式在心理经验意义上所能提供的时间和空间；同时，我们也不会去断言这样的位置结果能够在自然经验中被完全地现实化，因为在心理经验的"表象语言"位置里，我们没有能力拥有或获得一个关于时间和空间的绝对起点或绝对终点，不论在这样的位置上如何前行、如何扩展、如何添加，我们都会发现"表象语言"位置的边境仍然没有到来，"表象语言"位置的出现仍然不可穷尽，或许在某个具体"表象"或心理语言对象存在的问题上，我们可以说它所占据的心理位置是确定的，但我们却不能由此断言："表象语言"位置是有限的、确定的。同样，在"表象语言"整体性内容呈现为内在心理经验性的对象时，我们不应该将这样的"对象"等同于心理经验中所发生的具体"影像"或"印迹"。因为"表象语言"内容在心理经验的意义上不仅包括了已经实现的"影像"或"印迹"内容，而且还包括了可能实现的内容，其存在地位具有经验的现实性和经验的可能性。于是，我们切不可以为拥有了"现实"的具体内容就等于拥有了"表象语言"内容，也不可以为具有经验可能性的内容会将我们带到某个限制性的起点，或者为我们呈现出有限的特征。只要我们将"表象语言"内容延伸到心理经验的可能世界之中，这样的内容呈现就会因为拥有"可能性"地位而变得来难以确定、难以溯源、难以穷尽。这样的情形就好比大自然的存在一样，它在人们的认知过程中总是体现为一种经验与可能经验的内容存在，我们尽管可以宣称拥有了这样或那样的自然知识，但我们却无法确定关于认知自然之可能性知识的路还会有多远，经验的发生过程及其内容的呈现对比于经验可能的存在而言总是会显得微不足道、短暂而有限。总之，面对这样的自然存在，我们无论如何也不会去断言那可能经验的自然世界会被全部认知。即使我们这样去做了，也会发现自己原来并不拥有这样的权利，也不拥有关于"断言"的任何有效性，除非它只是作为某种发生在我们身上的主观幻想，这样的情形对于有限理性主体的存在而言尤其如此。

所以，经验意义上的"表象语言"内容只能表明这样的内容是可以经验的，而不是要表明这样的内容成了完全经验的现实；任何心理的现实经验"影像"或"印迹"都可以作为"表象语言"内容中的一个起点或一个终点，但一定不是绝对的开始或绝对的结束。任何从这样的起点进向可能经验内容的过程应该是没有终点的、无限的过程，正因为如此，我们才会在发现自身拥有无限心理语言能力时不至于无所适从，我们才会意识到这样的"表象语言"内容不但标记了已经认知的自然对象，而且提供着认知无限自然过程的无限可能性。因此，在我们为"表象语言"内容的整体性存在赋予一种有限性的地位之时，其实是在为"表象语言"存在设定一种理性存在的智性原因，即先验语言形式的原因。然而，这样的有限性地位的设定并非要表明心理经验的"表象语言"内容在认知的过程中是可以穷尽的和可以完全现实化的，或者说，要将"表象语言"内容的可能性转变为经验的现实就会面临一个无限的过程。这样的情形发生对于我们人类存在而言尤其如此，任何关于"经验"意义的发生，要么是内在经验的，要么是外在经验的，都会在自然因果律的特征上加以体现；心理经验的"表象语言"内容同样遵循这样的因果律而拥有无限的进程。

5. "表象语言"和它的"同在性"特征

从理性主体的视角看，所有关于外部世界的直观经验都属于"表象"的经验，从理性存在展示为语言表现内容的视角看，所有关于自然过程的认知都要经历"表象语言"内容的认知，同"表象"的发生一样，"表象语言"的发生或存在无不依靠于纯粹的心理时空形式条件，无不依靠于时间里的持续和空间里的并存。正是因为这样的持续和并存，"表象语言"内容才会在单一或全部方向上存在或延伸开来。此时，如果我们从"表象语言"内容的整体存在走向它的具体的被经验过的"影像"或"印迹"对象，我们会发现这些被经验过的对象在"表象语言"的世界里是"同在"的，至于说这样被经验过的对象是否也与"表象语言"内容的可能经验对象同在，从"表象语言"产生所依靠的纯粹时空直观形式与心理经验发生或可能发生来看，这样的"同在"也是"应该"的；为了更具体、清楚地说明"表象语言"内容的"同在"特性，我们暂且将"同在"问题限制在被经验过的"表象语言"内容中，立足于被经验过的具体"影像"或"印迹"对象，即"同在"之"在"等同于发生过的心理经验的图式对象；只有依据这种被加以限制的"表象语言"内容，我们方可取得一种有限的范围和对象，并将这样范围和对象完全地放入心理时间与空间的有限维度中去，从而凸显"表象语言"内容的"同在"特性。那么，在限制性的时空经验里，"同在"特征又该如何体现呢？或许，我们会认为在时间的心理经验意义上总是存在着从现在到过去的不同阶段，"表象语言"经验的内容也会位于不同的时间之上。"同在"的"同时"之意似乎有待进一步的辨明，诚然，我们尽管可以说关于时间的心理经验具有先后之"异"，也可以说过去时间与现在的"不同"，也可以说现在的呈现和往昔的"消失"，但我们却不可说时间本身具有差异和消亡，因为我们无法拥有涉及该断言有效性的任何根据，或者说，"消失"的时间存在，不论这样的"消失"是多么的久远，也不论这样的"消失"跨越了多少个体"影像"或"印迹"的存在；同样，在时间经验中的"表象语言"对象可以"消失"，但必然存在，只要具备了心理经验的现实发生过程，只要具备了"再生想象力"（reproduktive Einbildungskraft）的心理经验机制①，呈现着的存在，呈现过的依然存在，只不过"呈现着的"出现在心理经验的当下时刻，出现在当下表象的焦点之上，而"呈现过的"却纷纷退去，逐渐远离这样的焦点，以至于任何时间限制的有限范围都显得来不可能容纳这些"离开"的对象。所以，即使是"表象语言"内容的经验部分也必将超越个体存在的时间跨度而成为历史的存在，不论我们在当下迎接着哪一个或哪一些语言存在的心理"图式"或"符号"，也不论我们在当下的时刻可以同时聚焦呈现多少种这样的"影像"或"图式符号"，我们都没有权利去断言"只有当下的发生才是存在的"。显然，立足于任何一种当下具体的"表象语言"对象，我们必然地面临联系此"对象"的过去或历史。倘若我们将当下表象的"表象语言"世界的个体对象视为某种具体内容的存在，那么，我们一定拥有关于这种当下存在的过去或历史，即拥有历史中的存在，不管这样的历史之在是否还能成为当下之在，它作为经验过的"表象语言"内容总是存在，而且与当下之在"同在"。这样的"同在"对于有限理性存在的人类自身而言，可以是个人某一时刻、某一阶段或生命过程的存在状况。也可以是伴随整个人类的存在状况，于是，"同在"意义上的历史或"表象语言"的往昔存在远非个人的历史所限，尽管我们总是习惯地要以个人的历史作为分析的起点或范例，或者总是要将最有说服力的论证放置于"个人中心"的惯例上。诚然，我们需要这样的惯例，只是这样的惯例还得进向超越个体的往昔，即进向人类存在的历史之中。在我们将理性存在的人类进程展开为语言存在过程时，人类存在的直观感知及其心理经验过程就展现为"表象语言"的存在过程，不论作为人类存在的个体在当下如何出现、如何存在，他都一定拥

---

① 〔德〕康德：《纯粹理性批判》，蓝公武译，商务印书馆2003年版，第114页。

有关于"表象语言"的心理经验和内容,而且,这样的经验和内容存在不是孤立的,也不会是当下之他的唯一;倘若当下的他正值中壮年之时,他必然经验了青少年以及童年的"表象语言"内容,不论这样的往昔内容是否相同于当下的内容,也不论它是否能再次成为当下的内容,它都应该是一种存在,一种与当下"表象语言"的"同在"。不仅如此,"表象语言"内容的"同在"还应该对所有的人类成员有效,因此,"表象语言"内容的"同在"不仅体现在个体的存在进程中,而且体现在整个人类存在的进程中。

或许是因为这种"表象语言"的"同在论"启示,一种"静态"的语言学研究方法,即"共时语言学"研究,早在一百多年前就被瑞士语言学家费尔迪南·德·索绪尔(Ferdinand de saussure, 1857—1913)提出来,只不过索绪尔在这里讨论的对象属于自然语言现象世界的内容而非属于心理"表象语言"世界的内容。基于"共时"的"同在",在于说明一切现在的发生或现象与其全部的历史都能可以在同一个时刻被展现出来。历史不应该于现实的掩盖中消亡,历史的位置与内容永远存在,只要"表象语言"经验的心理位置和内容依然如故,只要理性存在的人类过程依然如故。在讨论"表象语言"内容的"同在"特征时,我们没有缺失当下的"空间",或者说,"表象语言"的"同在"既是时间进程中的"同在",又是"空间"中的"同在",尽管这样的"同在"只能是纯粹时空形式的心理经验形式。倘若心理经验的全部空间都是可以呈现的,那全部"表象语言"内容也是可以呈现的,而且应该是"同在"的呈现,任何的例外都一定不会属于心理经验的过程,也不会属于"同在"意义的内容存在。总之,"表象语言"内容的"同在"特性所表明的就是所有心理经验初期的"影像"或"印迹"在时空形式中的共同存在,这种共同存在的内容可以在语言的心理经验中被加以穷尽或认识,但这只能是一种理想、一种出于纯粹理性及思辨要求中的理想。因为"表象语言"的共同存在世界及其内容就好比是一种取之不尽的、存在于心理经验过程中的语言宝

81

库，它远比人类自然语言经验中的内容要宽广得多。同时，"表象语言"内容的"同在"特征所凸显的应该是基于经验标准和心理形式的、关于一般性和普遍性存在的意义，而与其内容本身根据是什么的问题区分开来；那么，"表象语言"内容的"是什么"又该指向怎样的对象存在呢？

6. "表象语言"和它的"杂多性""无定义性"特征

在我们提出作为表象的"表象语言"内容之时，遵循了一条从现象的杂多到表象的杂多统一之路，但这样的顺序进程并不意味着表象的杂多决定于自然现象的杂多，一切能够成其为现象杂多的呈现归根结底还在于理性主体所具有的产生杂多的直观形式。换言之，现象杂多的决定来源于我们自身存在的感知模式的先在性或先验条件的多样性，自然现象（包括自然语言现象）的杂多只有在我们自身的形式赋予中才可能如此存在，"关于其感知之杂多，则依据感性"①。由此观之，现象的杂多只能作为理性存在之感性过程里所发生的直观经验结果，而且，这样的直观经验结果既要体现为自然世界的经验过程，又要体现为心理世界的经验过程；没有经验过程的理性直观形式存在只能属于纯粹形式的存在，即先验感性形式的存在，显然，纯粹的先验感性形式不能提供给我们任何关于自然现象或心理内容的对象存在，更不用说去获得关于自然与心理内容的呈现认知，纯粹感性形式应该成为经验世界如此存在的先验演绎的有效前提或设定，可它绝不等同于经验世界的现实。于是，在面对理性存在与世界的现实时，我们既面对了理性的纯粹形式存在，又面对了纯粹形式下的经验发生。正是这种纯粹形式下的经验发生，我们认知的对象及其世界才真正地建立在一种理性的原因根据之上，从此，我们的"知识"才具备了真的标准，即，一切关于自然对象的是与非、一切关于心理经验的是与非，都是关于理性存在之先验形式的是与非。同理，一切关于语言现象世界的杂多、一

---

① 〔德〕康德：《纯粹理性批判》，蓝公武译，商务印书馆2003年版，第120页。

<<< 第三章 心理语言存在的初始形式：表象语言

切关于心理语言经验"影像"或"标记"的杂多，都是关于理性主体存在的先验感知形式自身表现的杂多。在语言存在的意义上，我们将心理经验过程的杂多，如"影像"与"标记"的存在，归属为一种内在心理图式世界的存在，即"表象语言"内容的存在；与其"同在"特性的表现一样，"表象语言"内容存在的杂多性也是要依据它的时间进程和空间位置来加以展现，而且，它既要体现为一种关于数量的不断扩展过程，又要体现为一种关于不同心理"图式"的持续聚合过程。前者将"表象语言"内容的"多"定位于某种不确定的对象指称上，这样的结果也恰好符合作为"表象"阶段的语言标记的存在状况；后者则将"表象语言"内容的"多"定位于对象的丰富类别之上，当然，"多"的对象类别并非一种已经被区分的"表象语言"存在状况，只要是作为表象阶段的"表象语言"内容，不论它涉及数量意义的"多"，还是涉及类别意义的"多"，都以一种没有经过任何区分的状况存在着。或者说，在心理经验的"表象语言"阶段，我们所取得只是杂多的、出现在我们大脑中的"影像"或"印迹"融合，只是某种被我们所感知的连续"图式"状态存在。如果我们可以对此进行具体的解读，那它可以是一条线、一个圆、一个面，也可以是一种运动的场景、一种聚焦的部分、一种远去的余光。总之，它可以是任何的表象"图式"，关于它的"意识"具有指向所有概念目的的可能性①，但这样的可能在"表象语言"阶段还没有加以实现，所有感知的"图式"除了作为表象的成果之外并未取得任何概念意义赋予。或者说，这样的"图式"具有自身存在的无定义性，它所涉及的存在状态就只能是经验直观下的初始状态，就只能是一种没有任何定义的"前概念"状态。在这样的状态下，"表象语言"内容作为内在经验的对象除了被标记为一种"有"之外并不具有关于"有"的任何定义认知，一旦我们将这样的"表象语言"之"有"加以区分、判断和定义，"表象语言"之"有"就

---

① 倪梁康：《胡塞尔现象学概念通释》，生活·读书·新知三联书店 1999 年版，第 249—251 页。

不会再是当下的、缺失认知对象及性质赋予的存在状态而成为另一种语言存在的形式。当然,"表象语言"内容的无定义性不仅要对应于外在现象世界的无区别情形,而且要对应于感性的直观模式存在的无区别情形,而这样的无区别性情形也只有在直观表象的阶段才能发生,离开了经验直观或表象的阶段,"表象语言"内容及其无区别性特征要么不存在,要么成为知性阶段的概念化语言,所以,任何关于"表象语言"内容的无定义性特征的有效性应该属于经验直观的发生过程、属于表象的直接成果。

  在我们经验自身之内的"表象语言"内容时,其实是在经验一种不断地流动的"图式"对象,这样的"图式"对象既不同于"概念语言"的存在,也不同于自然物的存在,它的存在仅仅在于表明感性时空下的心理经验的必然发生,以及理性主体感知模式在处于经验状态下的心理呈现。倘若我们能够将这样的"图式"还原为人类认知进程中的第一次心理呈现,能够摈弃现实的所有知识而重启理性存在的原始认知之路,我们所面临的自然世界就不会是当下的这种样子,所经验的心理呈现就不会是当下被各种知识或定义所干扰的"图式",即呈现为一种"前知识"的心理经验内容。即使我们对这样的内容冠以"图式"的称号,它也不会因为这样的称号而添加什么或定义什么。同样,即使我们对这样的内容冠以"杂多"的称号,它也不会因为这样的称号而成为被区分并加以明确的对象。它就是一种未加任何辨明和定义的语言存在状态,或者"表象语言"状态。当然,在我们宣称"表象语言"内容无辨明与定义时,同样在对"表象语言"的"是什么"进行说明,或者说,我们就是在对它进行辨明和定义。结果,我们不得不遭遇到这样的困境:无定义的"表象语言"被加以定义,我们定义了无定义的"表象语言",无定义的"表象语言"具有定义,于是,"表象语言"问题呈现悖论。这样的"悖论"具有自身产生的深刻理性存在之根源,并成为理性存在世界中一定要发生的过程或结果。它的出现正好印证了理性存在的"应该"世界与"经验"世界的分野,也印证了心理经验的自然进程与自由的理想王国的存在差异,而这样的

"分野"和"差异"对于人类自身作为有限的理性存在而言总是要在一种不经意的自然趋势中被加以模糊或忽视，进而引起经验中断言的"既是又不是"情况的发生，并造成"应该"世界的情形总是要被改变为现实经验的情形而加以认知。

在面对"表象语言"的存在"悖论"之时，我们一定没有去排除、也不可能去排除"语言存在属于理性存在"或"表象语言经验属于理性存在的经验"的前提预设。既然"表象语言"的出现作为语言存在的阶段、作为理性存在的必然现象，那么，它出现的事实和内容本身，及其"此在"的根据都一定要合符理性存在的先验形式要求，任何违背于这种要求的都不会出现在人类存在的经验过程中。从这一意义上看，所有出现的语言现象，包括心理经验的"表象语言"内容，对于先验形式（先验语言形式）的必然符合就会是自明的、真的、当然也是可以定义的，只是我们无法在当下的有限存在中实现对于纯粹理性世界的到达，无法洞见语言存在的先验形式存在，无法获取任何关于先验形式世界的知识性成果。再者，"表象语言"形成的心理经验阶段仍然处于没有概念归纳、没有分析区分、没有综合判断的状态，因此，"表象语言"内容又只能是不可定义的。我们所能经验的就是见证了"表象语言"作为心理现象的存在，见证了这种"表象"作为语言存在的一种状态的发生。或者说，关于"表象语言"的"无定义"特征就只能在一种限制的条件下体现，只能是限制于心理经验的直观表象阶段。且认知的主体总是处于一种有限理性存在的地位上，否则，"表象语言"内容的无定义性特征就会发生完全的改变，直观表象阶段也会不复存在，绝对而全能的主体将会主宰语言存在，语言存在的全部内容就会变得一目了然、清晰而明白，就会成为没有任何"悬念与未知"的知识体系，"无定义"的状态便成为一种全无必要的多余。在完全（无限）理性的主体存在中，语言存在每一个环节、每一个过程、每一个对象，以及每一种关系、每一种融合、每一种呈现都会像阳光下的对象一样没有任何的遮蔽或藏匿，具备无限理性存在的主体当然不可能对"表象语言"内容缺乏"定义"的智慧，尽管这样的"智慧"不在当下的世界发生。与此相对，"无定义"的"表象语言"却一定要发生在当下的世界里，一旦这样的"无定义"特征消失，"表象语言"也就不会留下任何痕迹，它也就不会再是我们的"表象语言"。总之，不管是作为"无定义"的状态，还是作为"杂多"的状态，"表象语言"内容所表明的对象远非一种确切意义上的知识存在，更不是一种"是什么"的概念定义，而只能是关于经验直观条件下的必然表象结果在语言存在意义上的体现。如果我们能够将这样的体现视为一种连续的和统一的心理"图式"，那这样的"图式"至多也是某种心理表象的"流动"。而且，处于这种"流动"的"图式"既不会有关于图式对象的命名，也不会有关于图式对象的意义确立；当然，在我们将"命名"与"定义"的语言内容从"表象语言"那里剥离开来之时，我们并未在一种主观任意中去制造"表象语言"。换言之，"表象语言"内容及其特征存在乃是理性存在的必然，乃是语言存在的必然，不管我们是否关注了这样的内容或特征，它自身的存在地位都不会发生改变，依然还要保持着自身"流动"、"图式"和"无辨明"的样子，将语言存在的内在心理经验展现为一种独特的状态存在，一种近乎列维-布留尔的"原始思维"的状态（即人类早期的意识和想象力的混沌一体状态）。① 凭借这样的状态，自然世界才真正地从"我们的"意义上展开，心理世界的经验才从此获得了一种语言的起点，即作为表象成果的"表象语言"的起点。

总之，在理性统一世界的语言存在里，"表象语言"的特征一旦作为语言现象世界的存在表现，它就必然地贯彻理性存在的纯粹形式根据，尤其是理性世界的纯粹时空形式规定。基于理性存在统一性中的时空规定性，自然世界呈现为理性时空形式规定中的自然现象，心理经验世界则呈现为时空形式规定中的"表象语言"和"概念语言"。既然现象世界的呈

---

① 列维-布留尔：《原始思维》，丁由译，商务印书馆1997年版。

<<< 第三章 心理语言存在的初始形式：表象语言

现决定于理性存在的时空形式规定，那么，自然现象或语言现象判断的根据和标准就不会由现象自身来提供。只要自然现象或语言现象的呈现过程无可置疑，作为理性时空形式的规定作用就是必然地存在的。至于说时空形式下的表象或"表象语言"产生所涉及的自然对象本身究竟是什么的问题，我们不拥有任何答案，除非这样的答案存在于我们自身之内，存在于理性主体的规定之内。当然，理性时空形式下的现象世界总是可以展示为自然与心理的现象形式，作为两种经验结果存在的现象形式。尽管理性存在的心理"表象语言"与自然现象之间的关系难以确立为一种时间的先后，但这并不妨碍我们去面对它们之间的逻辑关系存在，即因果关系的存在。或者说，我们因为拥有了心理经验的"表象语言"内容才真正拥有了自然现象的世界。表象的"表象语言"虽然出现在心理经验的层面，以及表现为经验过程的可认知特征，但它的出现毕竟不可等同于外在自然现象的经验过程与认知，它所表明的首先是作为纯粹直观形式下的心理经验形式，然后才是作为外在自然现象"给予"的成果。没有"给予"的外在自然现象，或许没有那部分"影像"、"印迹"等构成的心灵"图画"，或许无法找到认知心理经验的起点。"给予"的缺失意味着心理"表象语言"形成条件的不满足或不完全。要知道，心理"表象语言"的经验内容联系于自然现象，但又不等同于自然现象，就如它自身存在的位置特征一样，它通过心理世界的特有属性将经验意义的范围、深度和层次远远地扩展到了自然世界的领域之外，并"以能动的结构形态，实现了主客体辩证统一的综合"①。所以，没有表象的"表象语言"，任何谈论自然现象（包括自然语言现象）的过程都是不可能到来的，任何关于自然现象的认知与断言都是不可能发生的事情，即使发生，也一定不是经验世界之内的发生之事。

---

① 温纯如：《康德图式论》，载《哲学研究》，1997年第7期。

第四章

从"表象语言"到"概念语言"

在先验哲学的认识里,心理世界的过程和内容无不体现为直观经验的表象成果,一旦我们将这样的"成果"视为一种内在的语言表现形式,认识论的"表象"概念就被联系到了语言存在的内容形式。作为心理形式的语言存在在初始阶段或作为"表象"成果阶段只能是一种具备大脑图式特征的语言形式,即"表象语言"的形式。"表象语言"区别于传统意义上的语言或自然语言,它形成于我们的心理世界并具备自身存在的非自然语言形式,其产生和存在条件既在自然经验的过程展示为自然世界的对象原因,又在心理经验的过程展示为生理机制的形成原因,更要在理性存在的过程展示为先验形式的规定原因。如果说表象语言能够统一于自身、统一于心理语言世界、统一于语言存在,那这样的结果就在于语言经验者作为理性存在的统一,理性存在的统一性决定了语言存在世界的统一性表现。不论我们在什么样的称谓上看待心理"表象语言"的存在,也不论我们是否建立了容纳"表象语言"的语言定义,它作为自然世界的表现形式和作为心理世界的表现形式都是一定要存在的,或者说,"表象语言"在理性主体的世界具有自身存在的必然性。"表象语言"作为语言存在世界的构成部分,当然也作为心理语言世界的构成部分,心理"表象语言"对于语言行为者而言既是走向自然语言经验的起点,也是回归理性原因规定的起点,它在心理的过程中处在一种"前概念"阶段,并构建了语言存在世界的"自然—知识"联系。"表象语言"的过程和内容发展必然走向更为高级的心理语言形式,即"概念语言"阶段,它是语言经验的使然,更是理性存在及其统一性规定的使然。

1. "表象语言"与表象世界统一的决定

在"我们的"的自然与"我们的"的心理世界中,我们所经验和拥有的对象世界不会缺失"杂多"的外在现象和"杂多"的心理"表象语言"。不论是否作为具有清晰"定义"的对象存在,它们都具有其存在的必然统一性和规定性。在"我们的"世界里,"杂多"只能是感性直观统一中的现象结果,只能是理性存在统一与规定中的经验呈现。而经验指向的对象本身是否拥有这样的统一性或规定性在我们这里是没有任何有效断言的。"统一性"在这里的真正含义应该是"理性存在的统一性",所有自然的与心理的经验发生的统一,所有经验中的自然语言现象与心理"表象语言"现象的统一总归要作为理性存在统一的表现成果,语言表象的地位特征无不打上理性的烙印。于是,就理性世界的语言存在而言,不管是自然形式的语言现象,还是心理形式的"表象语言"现象,作为语言行为者之经验对象存在的统一性特征及其规定根据除了源自理性存在本身的纯粹语言形式之外不可能再具有其他任何的出处。

在心理"表象语言"内容的经验中,作为心理语言现象的存在总是要体现为某种具有规定性的心理现象的统一。体现为直观中"杂多"内容的统一。当然,这样的统一性不仅仅只是就"表象语言"内容而言,它同时也指向"表象语言"内容与外在的现象世界的统一,即心理"表象语言"内容的统一与外在现象的统一也应该是一种相互对应并统一的关系,任何成为外在现象世界的统一关系必然联系心理"表象语言"内容的统一关系,反之亦然。因为这里的统一只是涉及一种发生在经验意义上的情形,只是涉及外在世界的经验和内在心理的经验。而这样的两种经验恰好秉承了完全相同的产生条件,即理性主体的直观形式(时空形式)的存在和作用。① 于是,现象世界只能是经验直观的现象世界,心理"表象语言"也只能是经验直观的"表象语言",一切关于现象世界的直观不能离开关于"表象语言"内容的存在,所有留住于经验直观下的外在现象一定留住于"表象语言"之中,否则,经验直观的是否产生、外在现象的是否出现等,都会成为一个未知数。或许,我们可以幻想对于自然世界的直观如何缺失心理经验的"表象语言"而存在,但没有"表象语言"内容的直观结果又会是什么呢?显然,任何企图想要获得这一答案的努力都将是徒劳的。所以,心理"表象语言"内容的统一不仅仅涉及自身意义上的存在特性,而且也涉及内在经验与外在经验相互一致的存在特性。具体而言,如果我们的心理"表象语言"内容里没有关于"深山"或"古树"的直观表象图式,我们在自然世界里就不会有"深山"或"古树"的表象客体,表象图式的样子一定对应于表象客体的样子,作为自然现象的呈现一定是作为心理"表象语言"的存在,两者的对应与统一从来就不应在理性存在的进程中缺失过。正是因为拥有这种对应与统一的关系,关于自然的表象才成为心理"表象语言"内容的展现。不论我们如何分析区分两者的存在地位,或者视表象自然为经验直观的发生行为,视"表象语言"为经验直观的心理留存,或者视表象自然为逻辑原因的先在环节,视"表象语言"为逻辑结果的环节,我们的分析区分都不得不立足于两者对应统一的前提。面对如此对应统一的前提,或许我们总要追问这种"前提"的有效性存在,即追问这种"前提"实现的理性路径。因为在普通理性的思维里,发生在经验直观里的自然表象行为过程总要被看成自然对象自身所是的发生过程,即被看成自然对象本身的存在和表现。结果,关于自然的表象就可能在一种不经意中被替换为自然对象本身所是的展现。如果我们沿着普通理性的思维之路走下去,就会认为表象的自然对象就是其自身决定和显

---

① 肖福平:《康德自由理念的理性基础》,四川大学出版社2014年版,第24页。

现的结果，而非源自于理性存在主体的直观形式作用和规定。不仅如此，那些相对于理性存在的自然物总是会在一种无限的过程中自我展示，或高或矮、或长或短、或大或下、或远或近，等等。于是，自然物的存在不仅要具备某种行为的能力，而且要具备某种表现为相同或近似的行为能力，并最终在我们这里留下具有相同或相似性特征表现的、关于自然物指示的心理表象语言（我们在此所讨论的"表象语言"相当于理性存在的初级心理语言形式，具有"图式"的标记特征）。如果这样的"表象语言"是作为自然世界本身的决定与显现，那么，这种自然世界自身所决定和展现的"表象语言"存在就会既是理性世界中的发生现象，又是非理性世界的存在现象，它们的出现并非理性决定与赋予的必然，也并非理性实践与直观的必然，结果，"表象语言"就会因外部的植入而神秘。

在这里，我们暂且不论哪种无理性存在规定之时的自然世界如何"显现"或"表象"，就是在理性存在的世界中（如当下的现实中），现象世界凭借自身行为能力而形成心理"表象"的结果又是如何完成的呢？或者说，我们是如何接收了这样的"表象"或"表象语言"的呢？要解释说明这样的问题，只有借助自然对象存在的自身表现能力了，而且，在这样的能力下，它们可以将自身的表现结果直接送达到理性主体的心理经验之中。然而，对于这种被送达的对象又是怎么成了理性主体所认可的心理经验对象（表象语言）的呢？唯一的可能解释就是自然世界存在本身不但决定了自身的显现内容和特征，而且同时决定了理性存在主体的接收形式和显现特征。简言之，理性存在主体总是要作为自然世界的塑造结果而存在，总是要作为自然对象表现内容的心理之所而存在。显然，这样的情形存在并非当下的现实，也永远不会成为当下的现实。如果自然物世界存在的心理"表象语言"决定于非理性对象的本身所是，以及决定于它们自身存在的统一性规定，那这样的决定对于理性主体而言就要表现为一种主动的规定情形，而理性主体在自然物对象的决定中就要处于一种被动的地位。于是，理性主体在面对自然世界时所经验的全部过程和内容就只有作为非理性主体的作用结果了,一切关于自然物对象的"表象语言"就要成为它们对于理性主体的主动性输入成果。这样的成果产生对于普通理性或经验主义者而言并非存在接受的困难,因为如此"表象语言"的归属只能属于自然对象,而非语言行为者作为理性主体所拥有。在普通理性的判定中,作为理性主体表象条件的自然对象的存在地位被混同于理性存在的真实,即自然物存在的统一和呈现作为其自身所是的决定只能是一种假象,其对于理性主体心理的"表象语言"的主动输入就如谈论天空白云对于大地的主动一样永远属于理性主体的想象游戏,它除了带给我们将自身的直观形式规定赋予自然对象的企图之外,并无任何其他实质性地位的确立。

因此,我们所谈论的自然对象的心理"表象"或"表象语言",以及相关的存在形态都只能是关于理性存在决定之中的心理语言现象,其作为现象统一性和规定性的自然论也不得不依靠这样的理性存在决定来加以提出。我们可以想象理性存在世界里的不同理论建构的可能性,但绝不可能想象只有自然对象存在的理论建构。

2. 心理"表象语言"在语言存在统一中的地位辨析

正如我们在上文中反复提及的那样,理性存在的统一才是自然世界统一的真正基础,一切关于自然对象的表象或"表象语言"都只有在理性直观形式存在的前提下才是可能的。如果说自然世界的心理形态或"表象语言"对于理性主体而言并非一种幻想的结果,那么,自然对象的呈现标记的真实也只能是建立在我们的"表象语言"的确立之中。林中古树的"高大",小河水流的"平缓",天空云彩的"缤纷",等等,它们作为自然物对象自身所是的情形和显现都只能是一种基于拟人描述的假象,不论这样的"假象"是通过语音文字符号来加以标记,还是通过自然现象的心理形式来加以标记,都应该作为理性的语言行为者的认知成果而存在。因此,在普通理性将"表象"或"表象语言"归为自然对象本身的"是什么"时,我们人类自身所产生的"成果"就容易被视为一种自然对象的成果,

<<< 第四章 从"表象语言"到"概念语言"

就容易被等同于一种非理性主体的属性表现,传统逻辑中的"S是P"无疑成为这种"假象"现实的表现框架。总之,自然世界中的存在显现只能源于理性主体的"表象语言",缺失理性主体之"表象语言"的自然对象属性及其显现标记都是无法确立的。心理"表象语言"的形成应该成为所有自然物对象具有"空间维度"和"时间维度"①的起点和基础,"高大"、"平缓"和"缤纷"只有缘起于理性主体的心理的相应"表象",才可能具有被视为自然物对象之属性的"假象"。当然,这里的"高大"、"平缓"和"缤纷"并非完全等同于我们所确立的"表象语言",显然,它们在作为具有明确意义的规定方面远远超出了"表象语言"的存在状态,即在我们可以使用外在的语音语词对它们进行描述标记之时,这样的表象状态或许已经得到了澄清和定义。或者说,这样的"表象语言"更多地表现为了一种辨明的状态,一种在心理语言存在过程中发生的、由无概念定义状态转向概念定义状态的情形。心理"表象语言"的无概念定义状态作为心理语言经验的存在并非呈现为一种言说或语言文字描述的确切性对象,它只是作为理性直观条件下所发生的初级表象存在,即一种关于自然对象的初级表象语言。这样的表象在心理语言的意义上就是作为"前概念"形式或"前知识"形式的心灵语言形式。如果这样的"表象语言"可以在我们这里得以凸显和对象化说明,那它就应该是一种人类知识产生前的心理经验对象。这种"对象"一旦在心理语言存在的过程中被加以分离,它就必然地体现为人类经验直观的初始性心理成果,并标明自然世界统一于理性主体进程的开始。正是起始于这样的"直观"和无定义"表象",理性存在的时空形式才第一次地被赋予自然世界中的对象存在,当然,这样的时空形式赋予必须建立在心理"表象语言"的形成之上。不论我们是否具有了直观对象的知识或相关"概念语言"存在,"表象语言"的内容必然地指向人类心理语言存在的初始形式。就这样的初始形式而

---

① 〔美〕阿恩海姆:《视角思维》,光明日报出版社1987年版,第148页。

言，我们不能在"是什么"和"怎么样"的方面加以确立，因为我们不具备进行"确立"的概念或定义。对此，我们可以想象一位具有理性能力的外星人初次光临地球而面对自然之物的情形，他的心理一定具有相关"表象"的产生，但一定不是具有概念或定义的对象，至少不是我们所知晓的知识或概念性对象存在。总之，心理"表象语言"对于整个语言存在的心理进程而言就只能是一种印象般的原初心理形式，一种由理性主体向自然世界敞开而收获的原初心理形式。

当然，心理"表象语言"阶段及其相应内容的产生在被视为语言存在中的一种起点时，它所展示的远非语言存在意义上的绝对起点。如果说这样的"表象语言"被定义为语言存在进程中的起点，它也只能被视为语言存在于心理阶段的起点。它所展示的仅仅是在语言存在过程及其内容存在中的一个目标过程或对象，一个既作为起点意义，又作为终点意义的相对语言形式存在。就自然物对象的世界而言，心理"表象语言"是关于这个世界的映照，是前概念时期的直观产物。同样，对于自然语言形式而言，"表象语言"无疑也要作为其存在和意义赋予的心理源泉的形式存在，任何缺失这种"表象语言"阶段的自然语言符号与意义赋予都只能是人类无法知晓的发生过程，因为"表象语言"阶段的不存在直接地意味着经验直观发生过程的不存在，即自然世界同理性主体相联系的不存在。因此，心理"表象语言"作为一种前概念阶段的语言存在形式虽然不能为我们展示一种语言知识对象一样的存在地位，但必然地朝向这样的"对象"存在，即理性主体所获取的"表象语言"必然地作为另一种心理语言存在形式而存在。如果说"表象语言"被视为心理语言存在中的前概念阶段，那它与概念阶段的心理语言形式关联就应该成为一种语言存在统一的必然结果，而这样的结果又必然地奠基于理性存在的统一。

从语言存在的统一来看，我们将"表象语言"视为前概念状态的心理存在形式，并且将它视为语言存在统一的必然环节，不管这样的环节以何种形式以及何种称谓被加以描述，我们都可以凭借这样的环节来判断其在语言存在中的地位特征，以及同自然物对象之间的关系存在。如果说语言存在的语音形式或文字符号因为自然对象化而具有了自然物般的属性，那"表象语言"就是引领这些自然语言形式返回理性主体的必然存在。

在语言经验的现实中，我们尽管可以将自然世界划归为客观的对象世界，并使之同语言存在的世界清楚地区分开来，然而，对于这样的区分只能是基于理性存在统一的区分，只能是基于"表象语言"产生之上的区分，否则，我们的区分就没有可以实现的条件。心理"表象语言"的基础地位虽然远非作为整个语言存在的基础，但它对于理性主体与自然世界的关系建立而言却是不可缺失的，至少，从"表象语言"的心理存在来看，自然物世界就不仅仅是非理性的对象存在，而且是理性主体所"塑造"的对象存在，即作为表象世界的存在。所以，立足于"表象语言"的形式存在，我们可以通达的领域既有外在的自然世界（包括自然语言的世界），又有内在的心理"概念语言"世界，以及作为理性存在的先验语言形式世界。"表象语言"的形成或存在尽管只是作为一种心理经验意义上的成果，但它所展示给语言存在研究的视野就不单单是一种心理经验的语言领域及其内容包含，更是关于这种心理语言形式经验存在的原因性世界的展示。立足于这样的原因性世界，语言存在统一的理性环节和自然环节就可以获得说明的切入点。

语言存在统一的实质在于理性存在的统一，心理"表象语言"对于理性主体的存在而言就是作为理性存在统一中的必然环节。在这样的统一中，不论是基于语言存在的视角，还是基于理性存在的视角，作为经验对象的世界和先验形式的世界总是不可缺失。而且，统一中自然对象环节的呈现总是不能离开理性直观下的心理经验环节，自然环节中的自然物对象或自然语言对象除非依靠于心理经验的"表象语言"存在现实，否则，关于它们的呈现与说明就是无法实现的，任何自然过程的语言对象和自然物对象之所以被我们所呈现、描述和定义，其根本原因不在于它们作为自然对象本身所是的决定，也不在于任何独立于理性之外的其他自然条件决定，而在于理性存在统一的决定，在于"表象语言"形成的先验感性形式基础的决定。心理"表象语言"的存在现实开启了自然世界得以显示和说明的可能之路，所有关于自然物或自然语言现象的经验现实无不首先体现为心理"表象语言"的现实。当然，作为心理经验形式的"表象语言"在作为自然世界的最初心理标记形式时总是要同理性主体的直观活动联系在一起。换言之，"表象语言"一定要作为理性主体直观经验的结果，理性主体所拥有的直观形式及其经验应用成为其形成的前提条件。于是，只要"表象语言"的心理经验现实不可否认，我们从"表象语言"那里所获得的就不仅是关于"自然物或自然语言是什么"的原初意象，而且是关于理性"直观形式"存在与作用的证实。如果说前者为语言行为者联系了一个异己的世界，那后者就是回到自身存在且决定的原因世界。如果说自然物对象的世界还不能是语言存在的形式和内容，那作为心理经验内容的意象呈现就从此开启了语言存在世界的形式和内容。可以说，"表象语言"在真正的意义上开启了语言存在的现象世界。心理经验的"表象语言"形式和内容因为其自身的杂多性和无概念定义性特征而区别于心理经验的"概念语言"，区别于理性的先验语言形式，以及区别于作为"第二自然"存在的自然语言形式。同样自然形式的语言现象一样，"表象语言"也是一种符号形式的存在，只是这样的符号还在我们的心理世界，还在我们自身之内，它远非一种可以被加以书写和言说的符号形式。如果说心理"表象语言"由于处在经验的进程而需拥有自然过程的目标对应，这样的对应物本身在语言行为者那里也是不具备意义特征和概念赋予的。这样的情形如同自然对象第一次出现在婴儿眼里一样，可以确立的是关于直观的对象，而不是关于直观对象的判断。在这样的经验与对应中，"表象语言"所呈现的经验位置在我们的心理世界，它所反映的对应关系则是理性主体与自然物对象之间的关系，由此，"表象语言"与自然语言相区分，因为单纯的自然语言现象并非可以如理性主体一般去确立和谈论符号与自然物的对应关系，作为自然语言现象的位置就存在于自然世界，它与自然物的对应关系便属于同一世界的关系，只是这一关系的存在和确立并非自主地决定于双方中任何一方，这样的决定除了源自理性主体及其统一性要求之外不会再有其他的源泉，显然，"表象语言"的经验过程和存在联系不仅涉及理性主体的世界，而且涉及非理性的自然世界，尽管这样的"涉及"还不是概念意义上的发生。

3. 理性统一与"表象语言"的"前概念"地位

在"表象语言"自身成为心理经验的整体性和无区分性形式时，它虽然不是传统意义上的交流形式，但它一定是这种交流所关联的"感觉创造"①，而且一定是语言回归理性主体进程中的对象和内容，一种在我们寻觅自然存在或语言存在根据的无限进程中所必然地要遭遇到的心理语言存在形式。由此，"表象语言"在语言存在问题上所给予的展示就不仅仅是心理经验阶段的表现形式，而且是将语言存在从传统意义的自然形式延伸到理性主体世界过程中的心理表现形式。语言存在的问题也就不仅仅属于自然语言现象的问题，自然语言现象的存在对于语言存在的世界而言只是作为其存在整体中的自然形式。诚然，我们可以对这样的自然语言形式进行单独的认知，也可以凭借这样的认知来建立关于自然语言的知识体系，但是，这样的认知和语言知识体系只能是关于自然语言现象的经验成果，它可以被视为语言存在世界的相关项或组成部分，但却不可等同于语言存在的过程和内容。心理"表象语言"的确立及其地位说明使得我们第一次将语言的问题转变成语言存在的问题，也使得我们获得了从单一语言形式（自然语言形式）到语言存在不同形式的可能性。总之，语言存在问题的揭示过程既有传统意义上的语言对象，又有心理认知过程的语言对象，以及最后回到理性存在根据的先验语言对象。如果说语言存在的心理认知过程具有语言形式的标记性，那这样的标记性在起始阶段就是表现为

---

① 《胡塞尔选集》，上海三联书店 1997 年版，第 549 页。

"表象语言"的内容。在传统意义上，我们总是不愿去将心理过程的存在形式和内容归属于语言存在的范畴，而以感觉、意象、观念等形式来加以指称，语言对象被限制于自然过程中的存在。实际上，语言对象的范围和存在形式所确立的根据远非自然形式可以完全提供，例如，在我们使用某种自然语言形式时，不仅要知道这样的语言现象具有何意，而且要知道语言现象及其"此意"产生的原因，否则，作为自然过程中的语言现象就不会作为当下的情形而存在。哲学家洛克特别地关注了自然语言现象的存在及其意义联系，为自然语言寻找到了一种意义对象或指称对象，即心灵"观念"的存在。在洛克的眼里，自然语言现象同观念世界的存在被加以区分，即观念世界存在于我们自身之内。洛克的区分并没有将"观念"内容明确为一种语言存在的形式，自然语言现象与观念现象之间的关系与其说是联系统一的关系，不如说是对应平行的关系，因此，洛克的语言世界仍然是传统意义上的自然语音符号体系，语言存在的形式仍然被视为自然世界的形式。

在语言存在的现实中，自然语言现象的经验总是要作为世界认知的经验，总是要作为语音符号与观念表达的经验，总是要作为理性主体意愿及其意志存在规定下的经验。因此，基于理性存在的统一性，自然语言现象只能是作为自然现象层面的语言存在体现，而非语言存在世界的全部。在语言存在的心理阶段，我们所面对的语言存在形式就是处于纯粹语言形式和自然语言形式之间的环节，其内容除了我们所讨论的"表象语言"之外，还应该包括产生于"表象语言"之上的"概念语言"（或观念语言）。于是，在我们用心理"表象语言"来取代知识论传统中的心理"印象"或"图式"时，是在用语言存在的视角来审视心理经验内容的语言功能和地位，是在确立语言存在的心理形式和作用。依据这样的进程，在言说世界和描述世界时，我们不仅使用了自然形式的语音文字符号，而且使用了心灵形式的"表象语言"和"概念语言"。如果说自然形式的语音符号代表了理性主体的"第二自然"内容，则"表象语言"和"概念语言"则代表了心灵的书写和言说形式，只是这样的形式标记无需等同于自然的标记。不管表达或言说了什么样的自然语言形式，我们都不可离开自身之内的"表象语言"和"概念语言"，否则，我们所使用的自然语言形式就会成为完全陌生的东西而不再具有我们所知晓的作用地位。显然，我们对于自然语言现象的使用既是关于自然语言标记体系和知识体系的认同，也是关于我们自身之内的心理语言经验形式的认同，且外在的认同可能总是依据着内在的认同结果。当然，就人类语言存在的范畴而言，作为认同结果的产生主体既非自然语言形式，也非心理语言形式，它所指向的目标除了理性主体及其语言能力外就不会再有其他目标了。在我们将语言存在的自然形式和心理形式作为语言经验的成果对象时，它们无疑都要作为理性主体及其语言能力作用的必然性成果而存在，即作为理性存在统一中的必然性环节而存在，即使我们不能获得关于这种必然性的纯粹原因的认知，我们也无法回避语言存在现实的必然性原因。

　　语言存在于现实经验的意义上不能缺失自然语言现象和心理语言现象的内容，存在于两种语言现象之间的关系虽然作为两种"结果"存在的联系，但自然语言现象总是被"制造"的，而且是基于心理语言现象的制造，因为自然语言现象在我们的"制造"中都只能是源自"知道"的事实，都只能是贯通心理内容的事实，缺少这样的"知道"，我们不会在自然语言现象使用中取得任何语言表达或交流的成功。因此，心理语言形式的"成果"地位并非等同于作为自然语言形式的"成果"地位，前者在语言意义赋予的原始进程中应该处于原因条件的环节，如果自然语言现象是关于自然世界的描写和呈现，那么，这种"描写"和"呈现"的实现一定不会离开心理语言形式的前提。心理语言形式，包括概念语言和表象语言，直接地决定着自然语言的描写内容和根据，因为自然世界不是直接地进入自然语言现象系统的，自然语言所描写和呈现的世界在其直接联系的过程中与其说是关于自然物的，不如说是关于心理经验内容的，即关于心理语言形式内容的。所以，在我们将自然语言形式的内容源泉归于自然物的对象时,我们实际上是将它归于"表象语言"和"概念语言"的存在,进而归于理性之语言能力的存在和作用结果。同自然语言形式的描写和呈现世界一样,"表象语言"和"概念语言"也涉及自然物世界和自然语言世界的直观,并成就了自然语言产生的心理成果条件。自然语言现象既是心理语言内容的自然化结果,又是心理语言必须要拥有的"第二自然"成果。如果说理性主体的经验直观是关于自然世界的感知活动,那么,这种感知的对象范围也应该能包括了自然语言现象,于是,在我们将心理语言形式展示为"表象"和"概念"的两种形式时,从来就不会缺少关于自然语言现象的感知,也不会缺少"语言现象是什么"的知识体系建构。我们的心理语言世界在承载了自然物世界的知识内容时,也一定承载了自然语言现象的知识内容。总之,从心理语言形式到自然物世界和自然语言现象世界,我们所收获是关于物的直观成果,以及关于自然语言内容的直观成果。不管对于自然物感知的心理语言内容在其形成的时间顺序上是否迟于对于自然语言现象感知的心理语言内容,心理语言内容对于自然语言现象的先在性都将是存在的。在语言现象的经验过程里,我们如果要获得这样的"先在性"的说明,就必须回到全部自然语言现象产生前的那一时刻去进行。显然,要完成这样的回溯过程是非常困难的,作为自然语言现象产生原因的第一个心理语言原因不会出现在我们面前,其间所要跨越的可能条件过程将会是无限的,即使这样的过程被限制在语言现象经验的进程中。

  在将心理语言形式对于自然语言形式的"先在性"进行确立时,我们是在将"表象语言"和"概念语言"的存在置于自然语言现象存在的原因系列。一种因为理性语言能力存在的原因系列,一种贯彻了语言存在统一要求的原因系列。不仅如此,在作为原因条件系列的心理语言世界之内也要呈现其经验内容存在的因果关联,即心理"表象语言"在作为联系自然物的内容和作为联系自然语言现象的内容时,还要作为心理"概念语言"的产生条件,尽管这样的条件只能是经验意义上的形成条件,只能是语言能力存在下的结果世界中的条件。在"表象语言"作为经验直观的心理语言形式而存在时,我们所获得的心理语言形式只能是一种初级形式。这样的初级的、无定义的心理语言形式在作为语言能力的作用成果时,它所联系的能力方面应该属于感性阶段的语言能力,即人类的语言感性能力。同样,与"概念语言"对应的语言能力则应该被视为语言知性能力,"语言能力的感性与知性区分、语言能力的存在说明、语言能力的经验发生、语言观念的经验因素、语言观念的区分,语言观念的现象地位,以及语言观念的自然化,等等,自然语言现象的原因论最终也不可离开语言行为者的主体论"[①]。语言能力及其语言行为者的经验发生决定着心理语言现象和自然语言现象之间的因果联系,作为原因系列的心理语言形式只有在这样的能力和实践作用的前提下才可能真正地实现其自身作为原因系列的存在和作用。在语言存在的经验现实中,我们总是习惯地认为语言能力等同于自然语言的经验能力,而不愿将这样的能力视为一种理性的纯粹能力和心理认知的经验能力。

显然,理性主体的语言能力既是关于自然语言的言说表达能力,又是关于"概念语言"和"表象语言"形成和心理展示的能力,而且,它也应该是关于理性存在的一种贯彻纯粹语言原因的能力,即一种贯彻纯粹语言意志的能力。因此,我们在确立心理语言存在的"先在性"原因地位时,它最终还是不能离开作为语言经验能力的存在事实,因为语言能力总是首先表现为心理之内的经验能力而非外在自然语言对象的经验能力。

在语言存在的统一世界中,心理语言形式的"概念语言"和"表象语言"既可以是语言存在进程中的原因环节,又可以是语言存在进程中的结果环节。不仅如此,这样的地位特征同样体现于心理语言形式自身的存在中,即在心理"表象语言"和"概念语言"的关系存在里。它们作为"原因"与"结果"的地位特征不会缺失,任何离开了对方的心理语言形

[①] 肖福平:《论语言能力的作用表现与语言观念的心路历程》,载《西南科技大学学报》,2014年第2期。

式都只能是违背心理经验事实的主观任意或出于分析需要的假设限制情形。我们可以将心理语言形式分为"表象"阶段和"概念"阶段的形式，但这样的区分并不能等同于它们两者之间的因果关系的明白确立。于是，在我们企图将"表象语言"的存在视为"概念语言"形成的原因时，仅仅是依据经验主义的立场而与任何先验的形式决定相区分。从心理语言形式依据认知程度的差异而言，从心理语言内容的经验进程而言，以及从心理语言形式作为知识对象的不同地位而言，"表象语言"总是要作为"概念语言"的原因条件，作为心理经验对象的"概念语言"形式不可能依据纯粹知性概念形式自身而成为"概念语言"。心理经验对象意义上的"概念语言"不可缺失"表象语言"存在的情形，这一点不仅合乎于经验主义的观点，而且合乎于先验主义的观点，只是前者所强调的在于感知经验内容的存在进程，后者在于强调作为知识体系的有效性基础存在。不论是在先验主义的经验直观下，还是在经验主义的自然感知下，对于理性的语言行为者来说，作为心理语言形式的"表象语言"和"概念语言"不会缺失，不管这样的语言形式是否因为狭隘的语言观而被视为非语言存在的对象。如果说"表象语言"的存在地位因出于语言感性作用和位于经验直观的表象阶段而具有"杂多性、意象性、整体性和无概念定义性"等特征，那么，这样的特征总是要表现为因果联系中的环节与内容存在，在最为直接的意义上，它一定要作为心理"概念语言"形成及其拥有"明晰、区别、精确和概念定义"特征的原初心理状态或心理现象基础。

总之，"表象语言"的地位确立总是要建立在语言现象的经验之中，总是要建立在同自然和心理对象的联系之中。"表象语言"作为语言存在的一种心理形式必然地标明着自身存在的地位特征，它既是作为语言想象经验的环节，又是作为语言现象经验的结果环节，它凭借经验的直观而映照世界，凭借知性的综合而拥有了"概念语言"的心理目标。"表象语言"将语言存在的意义解读为我们的心理过程和内容，也解读为理性存在统一中的过程和内容。在理性存在的统一中，语言世界的统一必然地奠基于理性的基础。不管我们在何种层次、何种形式上探谈论语言存在的统一，理性的统一性前提或原因都是不可更改的。正是基于这样的理性原因，我们才在语言现象的经验中定义着语言对象世界的统一，才在语言现象的经验中取得从自然语言返回心理语言并最终返回理性主体自身的语言存在之路。

4. 从洛克的语言问题看"概念语言"地位

如果说这里的"概念语言"① 同"概念"可以加以区分的话，那后者侧重于语言行为者的思维形式和哲学认识论概念的传统，而前者侧重于思维形式下的内容归属和语言存在论的统一要求。或者说，"概念语言"是关于心理经验形式的语言存在认定，显然，这样的认定必须建立在新语言形式存在的预设之上。尽管这样的"预设"内容不再属于传统语言学研究的对象范畴，但这样的"预设"对于语言存在问题的探讨却是不应该被忽视的。立足于理性世界的语言存在视野，关于"语言"概念的定义或范围就不应该被限制在所谓的"交流工具"或"文字符号系统"等自然语言形式的范围之内。语言存在的世界既是作为自然语言的世界，又是作为心理语言的世界，相对于自然形式的语言内容而言，作为心理语言的形式更能体现语言存在的主体性特征，即"概念语言"作为自然语言产生和应用的先在条件，它应该是一种前自然语言形式，它是关于语言行为者之想法观点的心理语言表述形式，尽管这样的"概念语言"在其作为认知对象的存在方面会更多地面临"确定性"和"客观性"的问题，但它作为语言存在的心理经验对象地位却是不容置疑的。于是，我们的语言活动或交流既是使用自然语言形式的过程，也是使用心理"表象语言"和"概念语言"的过程，所有语言行为的对象存在统一于理性主体的语言存在。在理

---

① 基于哲学认识论的"概念"传统，以及"概念"本身作为心灵标记形式对于外在世界的表现作用和对于理性主体自身规定的贯彻，我们暂且将这样的心理语言称之为"概念语言"，而将表象阶段的心理语言的初级形式称谓"图式语言"。

性主体的语言现象经验中，自然语言形式在不断地被加以使用，这样的"使用"一定不会独立于"概念语言"的使用，如果自然语言形式是关于"概念语言"的外在交流系统，那么，"概念语言"就是关于理性主体的内在心理世界的交流系统。一旦我们将心理经验形式的"概念内容"划归为语言存在内容的范畴，传统的语言定义或内容世界就从我们之外的自然过程延伸到我们自身之内的心理世界，语言就不仅是一种外感官的对象，也是一种内在直观感觉的对象。

　　语言存在的心理形式和自然形式在我们的传统认知习惯里分别被置于完全不同的存在地位，并形成两者之间难以跨越的障碍，即主观形式与客观形式的相容统一的困难。实际上，不管我们如何强调自然语言对象的客观地位，它都不可能作为某种"自在"的客观而存在，它只能是作为人类自身存在过程的现象结果，只能是在"客观"掩盖下的人类自身的产品，即作为"第二自然"的存在。于是，自然语言对象并不会因为自身的自然对象化而失去其"主观性"地位的真正起源和特征，它总是要体现理性主体存在的经验统一性要求，即源于"概念语言"世界的自然语言形式统一总是要在体现理性存在统一的过程里保持同"概念语言"对象的统一，一种具备了先验理性基础的统一。

　　英国哲学家洛克提出了自然语言同观念的关系，却不赞同决定这种关系的先在理性统一基础，而完全地视之为一种经验过程中的使然。于是，洛克的语言观还是一种经验论的自然语言观，语言还是被隔绝于语言行为者之外而成为一种自然对象，语言无法表达思想观念的结论自然要出现在洛克的语言观里。在洛克的语言分析里，提出了自然语言现象经验中的"观念"表达，但他却不愿意提出自然语言现象本身形成的"观念"源泉，更不可能提出两者之间的"先验"和谐与统一，其结果也只能是他所遭遇的"语言交流的不可能"：

　　在洛克看来，语言的功能在于交流，然而，洛克的语言观却使这样的交流出现问题。什么问题呢？只要我们注意一下关于交流的一般要求，我们就不难发现，语言功能的发挥变得不可能了。一般意义上的交流涉及一个人对他人的理解，这样的理解就要求知道他人的想法。然而，这样的要求是否能够完成呢？根据洛克的观点，知道某人说话的意思和想法就是知道他的语词所指称的观念。正如上文所讲，语词本身并不具有意义，它们仅仅是作为符号或声音的存在，或者，它们既可以表示任何对象，也可以什么都不表示。于是，我们能够知道语词指称什么观念的唯一方法就是凭借一种关系来完成，即凭借语词的声音和言说者的观念之间的关系。如果我们能够知道或知道一些这样的关系，语词符号的声音就不仅仅是纯粹的声音了。但是，一个人的观念是不能被他人所看见的，任何想要知道他人的语词指称了什么观念都得依靠特定语词与特定观念之间的可靠关系建立，或者说，我们应该具备一种权利：能够从特定语词的"在"推定一个人心中的特定观念的"在"。可是，洛克又主张，语词与语词的指称关系是任意的，这就意味着我们没有权利在语词指称的观念上做出任何的规定或统一，即，在他人言说时，我们根本无法知道他的意思或想法是什么。于是，依据洛克的语言观，一般的交流就成了一种不可能。①

洛克的语言分析困境就在于离开了"观念"形成的共同性理性基础，以及共同的心理内容形成的可能性和现实性，因此，解决"交流的不可能"就是回到"观念"或"概念"对象作为语言存在内容的统一中来，将一切自然语言形式的意义赋予与统一特征联系于理性主体的纯粹性"概念语言"，而作为纯粹形式的、具有普遍性地位的"概念语言"源泉应该联系于康德哲学的"纯粹的知性形式"，它对于理性主体的"概念语言"存在而言具有先验的基础性，尽管这样的"基础性"要独立于经验过程而存在。任何自然语言地位的确立，包括其意义地位的确立和自然形式地位的确立，都不会在缺失心理"概念语言"的情形里得以实现。心理"概念语言"作为理性主体的经验形式虽然区别于自然语言的经验形式，但它与

---

① 肖福平：《洛克的语言定义及其有限性特征探究》，载《广西大学学报》，2014年第4期。

自然语言都是作为理性存在统一中的语言现象经验结果，两者之间的联系和统一并非一种"任意性"或"偶然性"的发生。心理"概念语言"的不可见性或隐藏性并不能成为其同自然语言形式失去"联系统一"的原因，它们之间的"联系统一"应该基于理性的先验统一性，所有关于"概念语言"的不可交流都只是出于一种将自然语言形式隔离于心理经验内容的认知结果，都只能是出于一种漠视语言行为者所拥有的"概念语言"形成的共同性基础的结果。在理性世界的语言存在统一中，"概念语言"不仅将心理经验的知识内容视为语言存在的一种形式，而且将语言存在的统一性呈现在理性存在的内在思想过程。因此，不论是概念（或观念）的形成或内容，还是思想和知识的形成和内容，在理性的语言存在统一世界里都应该被视为语言的范畴，人的存在即为语言的存在。作为心理经验的内容，"概念语言"所指向的是关于自然物或自然语言是什么的心灵定义内容，这样的内容在作为经验结果出现时又必然地拥有理性存在的先验语言形式条件，即作为纯粹的语言感性形式和知性形式存在。

在"概念语言"的形成里，心灵所经验的不仅有关于"表象语言"的整理与加工过程，更有关于"表象语言"因为语言知性能力的作用而拥有"概念语言"形成的必然发生，并必然地秉承纯粹语言知性形式的规定。只有到了心理"概念语言"的存在环节，一切关于纯粹语言知性形式的经验确立之路和一切关于语言知识内容的确立之路才可以被清晰地呈现出来；否则，所有关于纯粹语言存在形式的说明，以及所有关于自然世界的经验知识都不可能实现于人的"此在"过程，"人的'此在'过程必然地体现为一个语言行为的发生过程，即体现为语言"实践"的过程，这样的过程不仅提供了语言存在与自然物存在的区分，而且提供了两者联系和统一的实现条件"①。

---

① 肖福平：《语言实践的"此在"与先验语言形式的"事实"》，载《重庆师范大学学报》，2014年第4期。

5. "概念语言"的"清晰"与"辨明"

如果说心理语言形式在"表象语言"阶段还不可能呈现其存在的"清晰"和作为知识内容存在的地位,那"概念语言"阶段的内容形式就应该是心理经验中的"明白"状态。我们面对这样的"清晰"就是在面对心理意识中语言现象存在的清晰,一种心理经验中的语言存在形式的清晰,只有基于如此"概念语言"对象的"清晰",我们方可说明这种"清晰"的实现过程,一种展示于心灵之内和心灵之外的实现过程:在我们的心灵之内,语言知性能力总是要通过分析与综合的过程来处理语言感性能力的成果,即"表象语言"的成果,"概念语言"的清晰就是关于"表象语言"认知并取得概念性知识成果的心理实现。它是关于"表象语言是什么"的心理答案,我们虽然不能将这样的答案视为语音或文字所标记的形式,但这样的"清晰"内容却是确定无疑的。它是"概念"或"概念定义"的事实,也是人类思想存在的事实,即人类"心理语言"的存在事实。"概念语言"的清晰状态既是一种关于自然世界的清晰,又是一种关于理性主体之内在心理意识中的清晰,当我们在面对认知对象世界而言说"知道"时,其实是在言说自己的心理语言内容。或者说,我们是在言说自己的"概念语言"。如果说"表象语言"以一种不加区别的方式表象并接受了外在的自然世界,那"概念语言"就以一种分析、综合、阐释与定义的方式确立并接受了自然世界。从"表象语言"到"概念语言"的过程就是将语言感性能力成果转化为语言知性能力成果的过程;语言感性能力成果呈现为心理语言形式的杂多与纷繁,呈现为语言感性能力的经验直观成果,这样的经验直观成果对于理性的存在过程而言,肖福平绝非作为一种自足的或最后的状态,它走向"概念语言"的进程一定要存在,不管我们对这样的"进程"是否予以意识,也不管我们对这样的"进程"是否具有应用自然语言进行说明的能力,我们在面对"表象语言"的心理经验事实中不会缺失面对"概念语言"的心理经验事实,没有"表象语言"

的"概念语言"的清晰不会存在。同样,没有"概念语言"清晰的"表象语言"也不会真正地符合心理语言存在形式的联系要求。

因此,在我们聚焦于"概念语言"的清晰特征和定义特征时,我们是在聚焦于心理经验过程的最后成果地位,一种作为心理经验对象而存在的语言存在形式。"概念"内容作为语言存在的心理形式,在传统哲学或语言学的思维里因为拥有"在言者之内"的位置而对立于自然语言现象的存在,语言存在便成了自然过程现象中的独占情形,即语言存在就是自然语言的存在。这样的"情形"除了满足其自然对象性和客观科学性地位的确立之外并不能确立语言存在地位的真实,更不用说关于语言存在问题的主体性探究和先验理性原因追问。因此,在我们行走于从自然语言现象到"表象语言"、从"表象语言"到"概念语言"的过程中,我们是在"语言是什么"的对象世界里经验,而且,在"清晰"或"辨明"的意义上,我们对自然语言对象就是"掌握的",就是"精通的",对于"概念语言"就是"拥有的",心理语言存在就是"现实的"。通过经验心理语言对象的"清晰"和"辨明"状态,我们进入语言存在问题思考的起点就不会缺少心理经验的过程与内容真实,更不会离开传统语言学所立足的经验基石而陷入语言存在思考的"空空如也"的境地。

语言存在的经验对象(要么为自然语言形式的内容,如语音、文字等,要么为心理经验形式的内容,如表象语言、概念语言等)的"清晰"和"辨明"同在于可以经验的自然世界,如果将语言存在看成无限巨大的宇宙,那"清晰"与"辨明"的对象就好比是出现在我们头顶的那片蓝天和云彩,它既有外在于我们的表现形式,又有内在于我们的表现形式,即作为理性存在的现象表现形式。显然,任何没有了显现的"蓝天"和"云彩",无限的宇宙对于我们就会成为难以寻觅的目标。同样,"蓝天"和"云彩"的清晰和辨明在为我们标示经验的真实时,也在为我们标示整个宇宙的真实和探寻之路。于是,在理性的语言存在情形里,语言存在的真实显现也会由于语言行为者的有限性地位而处于一种不断解蔽的进程之中。作为经验的语言对象于"解蔽"中的"清晰"与"辨明"因为心理的过程和自然的过程而展示为语言行为者的内在语言状态和外在语言状态。前者以一种心理的书写或刻画形式(尽管我们还不能从生理意义上标明这样的形式)记载着一切感知的成果和综合分析的成果,即我们的心理"概念语言"对象,一旦我们对语言存在的内在状态赋予"清晰"和"辨明"的定义特征,对于"概念语言"就是"知道"或"明白"的,一种由自然语言现象通达心理语言形式之路就是可能的、实在的。

如果说心理"概念语言"的"清晰"和"辨明"是作为自然物认知和自然语言认知的知识存在状态,这种内在语言形式状态的存在本身就只能是作为具有语言知性能力的语言行为者的心理属性。或者说,这样的内在语言形式状态只能属于理性的心理存在过程。对此,我们可以努力地将这样的心理语言形式外在化或进行物质对象般的异化,并不断地创造出具有心理语言形式根据的非理性对象,如自然语言、人工智能语言,等等。当然,所有创造的自然结果最终还是要遵循理性主体的规定和命令,一切非理性主体的语言行为最终也只能是一种模仿行为,就如计算机语言模仿了自然之像和概念之像一样,所有摹本的原型在经验的意义上都不可离开理性主体的"概念语言"存在,尽管这样的"概念语言"还远非语言存在的绝对性原因。当然,心理语言形式存在的"清晰"和"辨明"必然地伴随着其外在状态的"知道"与"明白"。这样的"必然性"并非一种主观任意的使然,它应该是基于理性存在中语言存在的统一性要求,心理语言形式的"清晰"和"辨明"可以在自然世界的展示和语言的言说活动中得以实现,因此,我们所讨论的"清晰"和"辨明"不能脱离自然语言使用的简单明了。在一般情况下,对应于"概念语言"的内在状态,我们应该拥有自然语言存在的外在状态,内在状态的"清晰"和"辨明"不应指向自然世界认知的混沌与言说世界的含混,这里的"得意忘形"和"得意忘言"都是不合常规的。"概念语言"的"清晰"和"辨明"状态必须出现于两种基本条件的具备,即作为理性的语言行为者和对于自然世界的经验。因此，我们在心理"概念语言"的"清晰"状态下，所取得的不仅是关于自然世界和自然语言的知识成果，而且是关于我们自身所拥有的语言知性能力应用的真正实现，也是我们作为理性存在所具有的纯粹语言知性形式取得了经验对象联系的验证。在"概念语言"的"清晰"和"辨明"状态下，理性存在的纯粹语言知性形式从此确定性地成了语言知识成果获取的先验条件，纯粹的感性形式下的自然对象经验从此具有了心理语言形式地位的归宿。总之，作为心理语言经验的"概念语言"总是作为经验化的纯粹语言概念而存在，出于"概念语言"的原因条件无不联系于理性存在的先验形式，无不联系于理性存在的经验对象形式。

6. "概念语言"存在的原因性辨析

如果说理性存在的先验语言形式带来了关于"概念语言"存在的纯粹形式根据，那自然世界的经验及其"表象语言"拥有便成了判别"概念语言"是否作为有效知识性成果的标志。所以，我们在当下所讨论的"概念语言"既是一种语言存在的心理形式，又是一种作为"知识"范畴的对象，其存在地位的展示与确立不单单在于说明经验直观的对象或"表象语言"的特征和定义，而且在于说明所有进入我们心理经验世界的形式内容都必然地遵循并合乎理性的纯粹知性形式，即我们的"概念语言"是基于纯粹知性形式的心理经验结果，所有作为"概念语言"的存在只有对于理性主体而言才是可能的，语言存在的"概念语言"始终不可离开理性的语言行为者及其语言行为的前提，语言存在即为理性的人的存在。在我们将语言存在的心理经验形式视为自然的对象进行考虑时，"概念语言"等形式无疑要遵从自然世界或自然语言存在的原因性，"概念语言"的所有联系和所有的环节都会位于无限的因果联系中。从表面现象来看，这种"概念语言"的因果关系属于对象本身，或者说，它具有一种自然对象存在的因果关联的属性，实际上，"概念语言"所体现的因果关系同自然语言存在所体现的因果关系并非一种语言现象世界固有的关系，它一旦缺失了理性的基础就不会再是当下的存在情形,也就会成为一种无从知晓的关系。因此,语言现象存在的因果关系终究还要依靠理性的语言行为者来加以确立,而理性的语言行为者则成了所有语言现象存在中的因果关系的缔造者。就"概念语言"存在而言,它的存在"因果"可以被视为对象性的关系存在,也可以被视为遵循自然律的语言经验体现,尤其是在我们将"概念语言"作为一种知识对象来加以研究时,联系于"概念语言"及其全部内容的原因条件就会出现,经历这样的原因条件,语言行为者在语言现象存在的世界里会不断地进向其他的环节,并将"概念语言"的环节扩展到一种更为广泛、更为遥远的环节。

当然,"概念语言"作为语言存在的心理经验形式,它所印证的不仅仅是语言现象对于自然因果关系的遵守,而且是语言现象对于理性主体所颁布的先验语言命令的贯彻。"概念语言"存在所展示的就是关于先验语言原因与自然语言原因在语言存在世界的相容体现,从"概念语言"存在原因的相容,我们可以获得所有语言现象存在所承载的不同原因性的相容。一旦我们从"概念语言"回到理性的语言存在上,纯粹的理性原因和经验的自然原因对于语言现象的形成就会获得更加清晰的说明。同心理"表象语言"的形成过程一样,"概念语言"作为心理经验的结果,总是要作为纯粹语言形式存在和语言现象经验发生的产物,总是要作为一种可以展示为不同系列的原因性存在的结果(体现自然因果关系的原因性和纯粹语言形式规定的原因性)。如果我们对"概念语言"存在的原因性探究只是涉及作为心理经验的语言对象,那这样的语言对象在遵循因果关系的联系时就不会区别于自然语言对象所遵循的因果关系,每一个对象个体(即每一个"概念")总是要作为具有原因条件的结果并处在因果关系的无限链接之中,不管这样的对象个体涉及语言现象的哪一方面,不管它是关于自然物对象的"概念语言",还是关于自然语言的"概念语言";也不管它是关于语音的"概念语言",还是关于语言意义的"概念语言",我们都会在一种有意或无意的过程中去认可相关条件或原因的存在事实,否则，我们的"概念语言"就只能是一种纯粹主观的臆想。在"概念语言"的自然因果联系里，心理语言形式经验的过程所实现的就是将作为个体存在的"概念语言"不断地置于同其他"概念语言"的联系之中，而且，这样的联系并非完全地封闭于"概念"的世界，因果关系的延伸也会将"概念语言"联系到"表象语言"的世界，以及联系到自然语言现象的世界和自然物对象的世界。显然，作为心理经验形式的"概念语言"，不仅是"概念"间的因果联系世界，而且是心理经验的不同语言形式，以及心理语言形式和自然语言形式之间的因果联系世界。总之，在"概念语言"所体现的自然原因性方面，我们所经验的是"概念"的联系事实、不同心理语言形式联系的事实，以及心理语言形式存在同自然世界世界的联系事实。

在"概念语言"的世界里，语言存在的形式被赋予"概念"称谓，对应于自然过程的语言现象而言，它就是一种心理经验过程中的语言现象，只是这样的语言现象不再是外直观的对象，也不再是需要感性的"表象语言"对象。它是基于语言知性能力作用的分析与综合结果的对象，是自然物世界和自然语言对象在语言行为者大脑中的清晰而明白的认知图画和定义展示。作为知识或语言知识的见证就在于我们的"概念语言"成果，自然物或自然语言的判断就在于我们的"概念语言"世界，自然物或自然语言的人性特征就在于我们的"概念语言"显现，每当我们言说一个概念时，其实是在言说一种心理形式的图画或语言，是在使用语言的一种形式展示另一种语言形式。它联系于自然对象但又不是自然对象，它将自身的原因性体现在"抽象"、"综合"与"判断"的过程中，"概念语言"世界的对象不管涉及语言知性范畴的哪一个方面，或许是关于自然物，或许是关于时空位置的，或许是关于属性特征的，不管这样的对象如何指向不同的目标而具有自身的独立性地位，它总是要处在与他者的同在和联系之中，即"概念语言"的所有内容构成一种统一的整体，作为个体的部分或内容总是要通过语言知性范畴的关联而联系起来。所以，"概念语言"

在作为抽象的成果时仍然保持了其组成部分之间的联系,一种可以在自然原因性方面加以体现的联系。于是,所有关于"概念语言"的判断便时时刻刻地依据"概念"的联系,这种"联系"的过程尤其凸显在思想的过程,凸显在思想中"概念语言"的辨析与推理过程。任何绝对性独立的"概念语言"内容都不能具有相关的抽象、判断与定义的过程,"概念语言"的所有环节和所有内容不会逃离其因果联系的进程。作为一种结果的"概念语言"总是要联系于一种作为原因的"概念语言","概念语言"作为"因"与"果"的地位总是要贯彻在自身所有内容的存在进程中。一旦语言知性能力作用下的一个概念形式的语言对象形成,它就一定具有了形成的条件。或者说,它就必然地同其他概念形式的语言对象联系在一起。这样的"必然性"源于一种理性存在的本质特征,并将作为"原因"环节的"概念语言"展示于自身判断与定义的内容之中,因此,任何一种基于结果地位的"概念语言"对象都可以解析为其他"概念语言"内容参与的分析与综合,或为简单的过程。或为复杂的过程。就如我们从语言存在的视野来看待"天空""深林""溪流"等的心理语言形式时,根据人类认识论的传统会将这样的内容自然地归纳为"概念"形式的存在,即我们在当下讨论并重新命名的"概念语言"存在。对于这些不具有自然语言形式(不具有文字形式和语音形式)的心理语言形式而言,它应该相应地被称之为"天空""深林""溪流"的"概念语言",任何一个如此"概念语言"的析出、辨明与确立尽管没有自然符号标记的出现,它仍然要明白无疑地表明与其他"概念语言"的关联性,就如"天空"存在情形一样。它作为"概念语言"的存在绝不仅仅是依靠自身一个概念而孤立地存在,它是联系时间、空间概念的"天空",它是联系持续、变化概念的"天空",它是联系颜色、光亮概念的"天空",等等。"概念语言"的"天空"将所有联系的环节置于自身存在的条件或原因系列,并体现着自然因果律的特征。倘若我们能够将一个"概念语言"的原因条件确立为单一的方向或形式,那关于这个心理语言对象的原因系列的延伸就是单向的和线性的，显然，这样的情形并不出现在心理语言经验的实际中。"概念语言"世界的每一个"概念"对象都拥有自己的存在状态和内容，而这种对象一定要处在限制或被限制的过程之中，或者说，每一个"概念语言"的对象一旦被定格在意识的最前端，它就成了一个相对意义上的"中心"，一个被其他"概念语言"对象所环绕的中心。这样的中心对象之所以凸显和清晰，其原因就在于那些起限制作用、起说明作用的非中心概念，它们相当于原因的对象，只是这样的原因要体现一种具有复合意义的原因，包括了多个"概念语言"对象的支撑与说明。因此，"概念语言"世界同样要分析为自然因果律的情形，同样要表现为原因与结果的存在之域，只是这样的原因和结果在特定的时空阶段应该具有"同在性"和"相对性"。

在我们将"概念语言"说明于"清晰""辨明""因果律"等方面时，"概念语言"对象同自然语言形式一样被完全地看成经验对象，只是前者在心理的过程，后者在自然的过程。一旦语言存在的经验现象（自然语言和心理语言）可以被整体性、绝对性地加以设定，语言现象就要面临自身作为整体性存在的条件或原因问题，如此的条件或原因又会如何寻觅和标明呢？显然，仅仅局限于作为经验对象的心理语言现象和自然语言现象之内，我们无法提供出任何有效的说明，也无法提供出关于语言现象之因果性联系的本底性原因，那么，问题思考的出路又会在哪里呢？

在我们将"概念语言"存在的原因性设定为完全经验对象存在的原因性时，主要目标是要将它作为经验认知的对象，而不是在关注我们为何可以面对这样的对象和认知这样的对象，以及我们的"概念语言"认知为何具有因果联系的特征，等等。由此，关于"概念语言""自然语言"等语言现象存在及其贯彻自然因果律的原因探究绝非单纯地属于语言现象的世界。探究"概念语言""自然语言"等的内容和因果关系存在就是从现象的过程回到语言存在的本质过程，即理性存在的过程。于是，心理"概念语言"存在的原因性探究仅仅依靠自然因果的说明还远远不能带来其自身存在的真实，"概念语言"作为心理经验结果的存在形式在其原因条件的存在方面就不单单是经验的环节，更是一种具备先验原因联系的环节。心理"概念语言"存在决定的不同原因，即自然的原因和理性的原因，具有两者的相容性。当然，两种决定原因的相容性只能是发生于理性之语言存在统一中的发生特性。而且，自然性的原因并非独立于理性的纯粹原因而自在，自然性的原因所遵从和合符的规定实现只有理性存在的唯一渠道，所有自然因果性的基础并非一种习惯的使然，而是一种理性存在的先验因果性的决定。所以，"概念语言"或语言的其他经验形式缺失因果联系的时刻，以及缺失理性原因的时刻不会出现在我们的面前。

如果我们以"经验"为标准将语言存在划分为现象和本质，那这里的现象就要包括作为自然语言形式存在的现象和作为心理语言形式存在的现象（如"表象语言"和"概念语言"），而本质就是作为语言存在之理性根据的先验语言形式。语言存在的本质原因对于语言现象所启示的是关于语言现象如此经验的理性根据，一种源于理性之先验形式的规定，即先验语言形式的规定。对于理性的语言行为者来说，先验语言形式的规定源自我们自身之内的纯粹的语言原则世界的存在，这种纯粹的语言原则或形式规定的存在必然贯彻着理性自身的纯粹形式规定。借助于康德先验哲学思想的启示，纯粹语言形式（先验语言形式）所秉承的是关于理性存在的纯粹规定性，即服从一种先验的语言原因性。这种原因性不同于"概念语言"经验或其他经验形式的原因性；前者超越语言存在经验的时空限制而自由，后者永远羁绊于语言现象的因果关系中，但不可否认的是：语言存在的两种原因性并不会因此成为不相容的关系存在，经验"概念语言"的因果关系就是经验先验语言形式存在下的心理语言世界的构成与统一，追问这种语言现象之因果性的先在根据实际上就是追问经验语言现象如此展示的纯粹理性根据。心理"概念语言"的纯粹根据同样源自于理性存在者所秉承的先验形式，"一个属于感官世界并认识到自己和其他起作用的原因一样必须服从因果性法则的有理性的存在者，他的意志同时却又在实践中从另一方面，也就是作为自在的存在者本身，意识到自己的可以是在事物的某种理知秩序中得到规定的存有"①。

理性的语言行为者对于经验的语言现象而言服从语言现象的语法规则,即语言存在作为自然过程的因果性规则,作为经验的"概念语言"或自然语言现象必有该现象的原因,作为经验的"概念语言"或自然语言现象必有该现象的结果。如果我们从语言知识论的角度来加以观察,语言现象之间或内部的因果关系成了我们获得语言科学知识的基础。这样的判定源自于我们关于世界因果连接的经验认知,即"因为所有在时空中的现象连接或事物连接的可能性在于'原因'的存在,多样性的同一可能在于重复出现的东西被认作同一原因或结果"②。所以,"一切关于事物的推理,似乎都是建立在因果关系上面"③。英国哲学家休谟追问这种关系的基础时,如果不是停步于经验中"习惯"原则,而是能够前进到"习惯"之主体的领域去思考,他也许会获得某种诞生所有现象因果关系的真正基础,一种先验的基础或一种先验的形式。因此,康德认为,"问题不在于因果概念是否正确、有用,以及对整个自然知识说来是否必不可少(因为在这方面休谟从来没有怀疑过),而是在于这个因果概念是否能先天地被理性所思维,是否具有一种独立于一切经验的内在真理,从而是否具有一种更为广泛的、不为经验的对象所局限的使用价值:这才是休谟所期待要解决的问题"④。在这里,康德的"使用价值"不仅仅局限于作为经验的领域,更指向如此经验的根据领域。就语言的存在来看,语言存在的真实应该是理性存在的真实。语言现象与自然现象具有同构关系应该源于理性存在的纯粹先验形式或知识的绝对统一,语言存在的"使用价值"在于语言现象的体现和自然因果关系的体现。而这样的语言"使用价值"和"原因性"体现却远远不是它的全部;语言现象过程的经验原因性在于理性的

---

① 〔德〕康德:《纯粹理性批判》,邓晓芒译,人民出版社 2004 年版,第 55 页。
② 赵敦华:《西方哲学简史》,北京大学出版社 2001 年版,第 230 页。
③ 北大西哲史教研室编:《西方哲学原著选读》,商务印书馆 1981 年版,第 520 页。
④ 〔德〕康德:《未来形而上学导论》,庞景仁译,商务印书馆 1978 年版,第 8 页。

存在，在于纯粹语言形式的先验原因性存在。于是，纯粹语言形式的原因性就与关于语言如此存在的理性根据问题一同被提出来，任何想对纯粹语言形式的原因性做出某种说明，实质就是要对语言现象如此存在的理性根据进行说明，尽管这样的说明内容并非等同于语言现象的经验实现。既然先验语言形式作为理性存在的先验内容具有一种纯粹的原因性，其自身绝不缺乏规律。这种存在于理性对象自身的规律就是纯粹的语言原因性；其次，先验语言形式存在的原因性不可能与语言现象存在的原因性成为两个平行存在的系列，即语言存在的两种原因性区分是基于同一语言现象之存在原因在两个世界之内的思考，也就是休谟"自然因果关系和其最后根据"的问题。如果我们在面对语言存在的原因性断定时没有意识到任何其先验的原因性存在，那语言存在本身作为永恒的基础就没有了，关于语言现象的"因果关系"根据就只有"习惯"的结果了，语言存在的现象世界及其语言现象的因果关联的最后依靠最多也只剩下了自然的世界可寻了，更不用说回到理性存在的语言家园。

心理"概念语言"和自然语言服从于经验过程的因果律，而纯粹语言形式并不服从语言现象过程的规律，也不受制于任何经验过程的语言现象原因。它总是要超越语言现象的经验环节，所服从的"纯粹原则"或纯粹形式规律就是理性存在之先验语言形式世界的规律。它是作为某种先验的原因性体现的形式存在，是理性世界中的语言存在的"自由"形式。"自由尽管不是得之于自然的、意志所固有的性质，但并不是无规律的，而是一种具有不变规律的因果性。它不过是另一种不同的规律罢了。"①

"作为语言现象的自然原因性与作为纯粹语言形式原因性的关系"实质上就是"语言现象的因果现实与其最后的理性原因根据"的关系；遵循先验哲学的思想进程，理性世界的纯粹语言形式及其原因性存在应该既是自在的，又是本原的。当然，语言存在研究的理性之路选取了先验哲学的

---

① 〔德〕康德：《道德形而上学原理》，苗力田译，上海人民出版社1986年版，第69页。

启示来确立其先验原因性的存在必有其理论建构目的，因为两种语言原因性的提出绝不会局限于提出问题本身，它更是出于对语言存在的先天形式的思考与回归需要，并进而出于回归理性存在自身的需要。显然，人类语言存在的先验基础建设并非语言现象的经验，它与语言现象过程的因果关系并非处在同样的系列，任何企图使用自然因果关系来对它加以定义的想法都是徒劳的，尽管这样的先验语言基础应该联系自然的过程，并且时刻决定着语言作为现象的存在。对于"概念语言""表象语言"、自然语言等语言现象存在的两种原因性区分的思考有助于我们获取同一语言存在形式的不同原因联系：纯粹语言形式受制于先验理性形式的自我规定性，而经验的语言现象则表现为他在的规定性。先验语言形式的自我规定性对应于语言存在的"自由"之态，"他在"的规定性对应于语言现象的经验之态；语言存在的"自由"之态内在于理性的纯粹世界，它的规定是关于语言存在的"应该"要求。它或许实现于语言现象的世界，体现为"概念语言"的结果或自然语言的结果，或许依然地保持着自身的纯粹地位，它对于经验的语言现象存在而言是普遍而必然的。在语言现象的世界里，所有的语言形式（不论语言现象各要素内容的关联，还是语言经验环境的各种关联，以及"概念语言"的心理关联）对象都遵从于经验进程的自然因果律作用，不论是语言现象作为整体的全貌还是作为个别的语言单位，也不论是作为外在的自然形式经验还是作为内在的心理形式经验，只要作为语言现象世界中经验对象存在，它们都在体现着现象过程的原因性作用。也就是说，任何一个作为现象存在的语言单位或对象在当下的出现都要表现为连续经验过程的必然性承担。如果单就作为经验过程的现象存在来看，语言现象经验中的"习惯"推动就足以确定这种语言现象的因果关联性的存在。人们可以忽视语言现象过程的原因性存在，却不可否定它的存在，否则，那样的语言现象就会变得来不可理喻、不可认知。显然，就"概念语言"而论，任何一个"概念"对象在独立的意义上"自存"都是没有根据的。这样的对象在心理语言现象的整个"概念语言"体系中总是一个承上启下的载体，因此，我们所经验的语言现象要素或目标不仅是当下的知性或感性对象，连同它在一起的还有前在的原因和它将作为原因必定要产生的新的结果。当然，作为语言现象经验的条件情况必须同纯粹以理性自身语言形式为条件的情况严格区分开来，否则，先验理性条件下的纯粹语言形式的自发性就会掺杂进语言现象经验过程的东西而使我们感到困惑。

心理"概念语言"中的对象关系所体现的是一种"外在关系"或"限制关系"，每一个具体"概念"形式的形成和规定总是以其他的"概念"或语言单位为条件。当然，如果语言现象的存在排除了所有其他语言形式的存在，即语言存在就是语言现象的全部占有，那他律的完全主宰将是不可避免的了，一切关于语言存在的物质主义或自然主义就会在我们这里得到毫无阻挡的贯彻。然而，这样的情形就是在迄今为止的最彻底的物质主义那里也会是困难重重的，除了使用"避开"来解决语言存在的困惑之外，关于语言存在的想象性权威也只能在没有充分根据的独断中树立起来了。在康德看来，独断的影响总是要导致虚假的真理或客观性的丧失，进而主张"不是外部对象，而是先验形式决定我们对世界的认识"①。对于人类所拥有的语言而论，这里的外部对象就是经验过程的语言现象，并表现为具有自然原因性体现的存在。同时，这样的存在并不因为我们的经验或现实使用而否定其作为现象存在的先验理性性根据及其形式决定。不可否认，心理"概念语言"等语言现象的存在只能是在有了我们作为理性存在的人类之后才会是现在的如此呈现和精彩，因此，一切语言现象的和谐、规律和次序源泉、一切语言现象连接的必然根据存在都应在我们之内。或者说，语言存在之家在我们之内，而非自然之内，"先验语言形式决定我们对语言世界的认识"，尽管这样的形式一定要借助这样的现象经验来说明。总之，对于现象世界的语言存在而言，不论是对于心理经验的

---

① 赵敦华：《西方哲学简史》，北京大学出版社2001年版，第260页。

"概念语言",还是对于自然经验的自然语言,我们具有一种纯粹的语言存在的自发性和原因性,即作为一种纯粹语言形式存在的作用规律。它对于心理"概念语言"、自然文字符号等语言现象的存在没有必然的依存关系。纯粹语言形式及其原因性作为理性的先验语言存在和规律,其最为显著的特征就是"自由",要求完全表明语言存在的先验自发性和纯粹性,即纯粹语言形式的所有条件都在理性之内,它所遵循的是语言存在的理性法则,是关于语言现象存在的"绝对命令"。

总之,在我们探究"概念语言"、自然语言等现象存在的原因性问题时,理性存在的先验语言形式为我们指向语言存在的绝对性原因所在,也为我们体现了一种完全的和自在的语言规定性。基于这样的规定性,先验领域的语言存在形式才从此成就了语言现象的存在与理性回归。

第五章

语言现象经验的行为原因辨析：语言能力与意志

如果我们将语言存在的问题展示为理性主体存在条件下的语言现象及其经验，那么，这样的语言现象存在及其经验就要区分于自然物的对象及其经验；语言现象经验过程的语言行为必然是作为理性主体存在的行为，于是，不论是关于语言现象的存在还是关于语言行为的发生，它们都不可能作为一种单纯的自然世界中的对象存在和变化，我们在展示如此"存在和变化"所体现的自然原因性时，完全是基于纯粹理性原因性的存在前提，即，语言现象作为人类自身创造并认知的结果源于理性的先验语言形式存在的前提；语言现象经验的行为统一与作为知识体系呈现的统一决定于理性存在的统一。

1. 语言现象经验的言语行为及其原因性

语言存在的先验原因性和经验原因性体现于语言行为者的语言现象经验过程里，语言行为只能是关于理性主体存在的行为，任何脱离语言行为来确立语言现象自身的行为都是不现实的，语言行为的原因或意志在于理性主体的存在，在于人类自身的存在进程，语言存在的行为毕竟还是理性存在的行为。如果我们在这里回到语言存在过程的行为发生上，即回到语言现象世界的最为基本的言语行为上，所有的言语行为都应该归属于"语用"过程的发生，其言语行为的现实不仅关系到语言现象的使用行为、言内行为和言外行为，而且指向言语行为自身存在的先验原因性的规定，源自理性的先验语言形式的力量和权威总能使言语行为者在经验语言现象的自然因果关系时拥有"应该"与"不应该"的先验语言形式的原因决定,于是,同语言现象的作为结果存在的原因地位一样,理性过程的言语行为原因也可以在自然与理性的两方面加以解析。或者,语言行为相应地具有现象世界的原因和理性自身的原因,即一种经验过程的行为原因和先验形式的"绝对命令"原因。结果,人们的言语行为根据不仅在语言现象的规定里,而且在理性的先验语言形式规定里,因此,在人们面对和经验语言现象世界的言语行为及其原因根据时,其先验的原因规定性成就着一切言语行为发生的最后基础,而且是一种不为言语行为所决定和影响的先验语言能力基础。就言语行为发生的先验理性原因和自然经验原因而言,后者的原因差异永远不会在超越语言现象之上的先验世界里产生不同的结果,"由于这些现象不是自在的事物本身,因而也不是自在的原因本身,则时间里的差别就不可能造成行动在与理性的关系中的任何差别"①。

  语言存在的先验理性基础,即先验语言形式,在作为言语行为发生的原因存在时不能由其自身的纯粹地位来加以说明,任何相关的说明唯有依据经验或现实的例子才能得以进行。作为理性的人,不管他是谁,都无法否认自己作为语言现象的规定者和使用者,即作为言语行为者的存在。一旦当他正视了言语行为的发生事实,就无法回避言说行为的结果,不管这样的结果是针对自己还是他人,也不管这样的结果是否单独属于语言现象构建还是有其他自然因素的混合,语言现象世界的言语行为必然存在。显然,语言现象作为语言经验过程的对象存在不可等同于言语行为,即语言现象区别于理性主体的语言创造行为和使用行为,同时,两者的联系统一不容置疑,没有理性的语言主体或言说者存在,语言现象也就没有了当下的存在,反之亦然。所以,当我们在讨论语言存在的经验形式(语言现象)时,就要必然地涉及创造和使用语言现象的言语行为,两者都属于自

---

① 〔德〕康德:《纯粹理性批判》,邓晓芒译,人民出版社2004年版,第448页。

然经验的过程,并遵循经验世界的因果律;基于以上观点,任何隶属于语言现象的内容都应该在体现自然语言规律之时同样体现理性主体所赋予的先验语言形式律;言语行为作为基本的语言行为是导致如此"体现"的关键环节,语言现象的世界因为言语行为的发生而区别于自然物的世界,也因为言语行为的发生而具备自然世界和理性世界的双重特征。或者说,语言存在的现象形式回归理性主体的先验形式不可缺少经验过程的言语行为环节。因此,如果在语言现象的存在原因分析上联系到语言行为的发生,我们所获得的就不仅是作为纷繁流变的语言现象结果,如语音的呈现、文字的使用、语义的载体、语义的关联与统一、语音文字的心理现象、心理经验的"概念语言",以及语言现象带来的非语言结果,等等。而且作为这种结果的言语者的行为原因,凭借这样的言语行为原因,语言现象在经验世界就会有一个直观的出处。而这样的"出处"则直接可以标示为语言现象存在与自然物存在的分野,因为言语行为的主体是作为理性的存在,或者说,至少是作为有限理性的存在,言语行为的主体与"世界是我们的"的主体存在具有同一性。

如果没有语言行为的理性规定,在我们面对不同形式呈现的语言现象时,就不会将这样的语言现象视为贯彻了某种行为能力的对象,更不会去断言它们具有理性的功能或行为能力的联系。它们仅仅是作为现象的存在,甚至是远离任何生命过程的现象,尽管从它们那里可以标示无数的现象规律,但我们一点也无法取得它们可以作为这些规律的颁布者的存在地位,即作为言语行为者的地位。语言现象不能具备理性存在的主体性地位,语言现象的呈现方式和结果遵循文法规律,也遵循语言知识的"正确"与"错误"的判定标准。可这样的"遵循"不是由语言现象自身来执行或完成,于是,在我们将语言现象的存在看成一种现象世界里的结果时,语言现象的成因就指向它自身之外的现象存在。显然,语言现象指向的原因除了言语行为及其理性主体之外就不会再有其他的出处,即使有,我们人类也是无从知晓的,此时此地的语言现象只能是局限于人类存在过程的语言存在；既然语言现象存在的原因或存在源泉只有理性主体及其言语行为来担当（即使是机器翻译或机器人语言的现象也同样要依靠这样的担当），语言现象与其说是符合自然律的存在，不如说是符合理性主体规律的存在。理性主体（如人的存在）的存在规律既要展现为自然经验过程的因果律，又要体现为理性存在自身的"应该"规定，即体现为理性主体的先验语言形式规律。语言现象作为整体性结果存在的理性主体原因可以被视为一种经验与先验同住的复合原因，语言现象的经验性原因源于理性主体的经验性特征及表现（如言语行为），而它的先验性原因则源于理性主体的先验性特征及规定。从理性主体的原因到语言现象结果可以简单地标示：理性主体（复合原因）＞语言现象。言语行为环节造成两者的联系通道；一旦我们为"无因""无源"的语言现象表明了理性主体的原因，语言现象通过言语行为回到理性家园的过程就一定要出现，否则，关于判定"我们的语言或知识"就纯粹成了梦呓或妄言。因此，在宣称语言现象的经验品格和先验品格时，我们大可不必感到诧异或不解，语言现象本身必然联系于体现经验和先验品格的言语行为，必然联系于这些品格的拥有者，即理性的言语行为者。

2. 语言现象存在的双重原因性品格

理性的语言行为者赋予语言现象存在的双重原因性品格不是源于作为现象结果的地位，而是源于形成这种现象结果之原因的存在地位，将个体形式的语言现象与不同的原因性品格联系起来，并最终将语言存在的情形进行一种先验哲学似的再现。倘若我们在语言现象的整体性存在方面可以依据理性言语行为者及其言语行为而获得不同的决定特征或双重原因性规定，那么，我们就没有任何理由去怀疑语言现象世界的具体对象或个体存在同样也会获得这样的规定，不论是心理经验的决定情形，还是心理之外的经验情形；语言现象及其经验性品格的展示是因为它处在经验语言世界的过程之中，是因为它现实地作为人的"语言对象"而存在，或以心理概念的形式,或以自然符号的形式;语言现象同先验性品格的联系是因为它只能作为理性主体的言语行为结果,是因为它只能作为合符理性之先验形式规定的存在。唯有如此,我们所经验的每一个语言现象,要么是口头的、要么是书写的、要么是心理的,要么是单词的、要么是句子的、要么是语篇的,等等。它或它们的存在状态才会拥有两种原因性品格的评判,即来自于言语行为者经验品格的评判和来自言语行为者先验品格的评判。就前者而言,我们可以简单地将其归结为符合自然律的言语行为原因,它决定了语言现象过程的语法规律,如语音与词语的形成规律、语词的组合规律、语句的变换规律、"图式语言"形成规律、概念语言的综合规律等等。换言之,语言现象的全部内容及其状态存在受制于时空形式下的经验规律,体现为符合理性直观形式的时空经验现实,或为语音符号,或为语言文字,或为文字组合结构,或为非文字体系的心理语言图形或概念,等等。其实,关于语言现象存在的经验品格评判既可以说是言语行为者的地位特征,又可以说是语言现象存在体现的地位特征,因为我们所要认知的语言现象不能超越言语行为者所能经验的范围,只要言语行为者缺乏关于某种语言现象的经验,只要言语行为者缺乏任何关于某种语言现象的分析或综合,那这样的语言现象就是一种虚假的现象存在。所以,在通常情况下,我们总是要将言语行为的经验品格分析转移到其结果(语言现象)的分析上去,而且,我们还要根据这样的"转移"分析结果,称之为语言现象的经验性品格特征。于是,言语行为者的经验品格原因就会体现在语言现象的存在现实中。现在,我们以一个语言现象的语句例子来分析一下,如"深林总在儿时的记忆里吟唱",这样的语言对象可以是语音形式的存在,也可以是书写的文字形式,甚至可以是人们在心理经验中的"概念语言"的判断形式,等等。由此观之,作为语言现象的这个句子总会以人们看见的、听见的、感觉的和判断的方式,以及其他的经验方式存在。这些经验该句子的方式可以是直接的,也可以是间接的,可以是自然过程的。也可以是内在心理经验过程的。该句子作为语言现象存在的过程可以是历时的,也可以是共时的,它源于语言现象经验的历史,又共在于语言现象世界的其他对象。总之,不论它作为何种经验方式的存在,它都一定要作为语言行为者的经验对象存在。或者说,它一定要具备某种被人们所感知的形式存在。如果说"深林总在儿时的记忆里吟唱"不具备理性主体存在下的经验地位,如果说我们不具备任何关于它的经验发生,我们对于它的出现就会无从知晓,就会发现自己走上了一条违背语言现象经验的现实之路。当然,这样的结果无疑十分荒唐,作为语言对象的"深林总在儿时的记忆里吟唱"无疑会成为堂吉诃德式的"幻想"。于是,在语言现象的经验过程中,句子对象"深林总在儿时的记忆里吟唱"拥有自身存在的经验地位。换言之,这个句子存在于现象世界之内,存在于理性主体的语言世界之内。如果我们就句子"深林总在儿时的记忆里吟唱"作为一种语言现象的结果进行原因分析,就会考虑到其形成的自然原因。这样的原因会将该句子的存在联系到相关词汇的存在与组合、联系到词汇的读音与组合、联系到非文字形式的"图式语言"或概念关联等。显然,从语言现象层面来考虑,该句子的经验发生就是基于词汇应用、语音应用、语法应用、心理语言应用的结果,等等。就自然词汇应用而言,词汇现象"深林""记忆""吟唱"等决定了该句子的存在。当然,这样的经验"决定"对于语句现象而言并不是唯一的,除去词汇现象的决定因素之外,语句现象还要受制于组成句子的语法规律、传统惯例、经验语境等因素的决定,以及句子如此形成和如此应用的理性原因决定。在这些"决定"语句的因素之中,词汇现象的"决定"因素无疑是经验语句过程中最为直接和直观的语言单位,不管我们是否看到关于这些词汇的标注文字,不管我们是否听到了关于这些词汇的语音传递,也不管我们是否意识到了关于这些词汇的心理图式和"概念语言",这些词汇现象的存在一定要成为语句现象"深林总在儿时的记忆里吟唱"的决定条件。而且,这样的决定条件或原因在语言经验的过程中永远属于一个自然因果系列中的环节,即:这样的先在原因在语言现象的世界里永远不可能成为绝对的起点,我们在寻觅该语句现象的进程里总是可以将其存在的条件或原因系列无限地进行下去。结果，一个简单的语句现象存在总是可以在语言现象的世界里拥有无限的现象原因和条件。然而，作为理性存在的语言行为者，我们不会满足于语言现象存在的自然因果联系论，不会满足于将语句对象"深林总在儿时的记忆里吟唱"仅仅归因于词汇现象、语音现象、文字现象、句法规律及其相关怀旧情感表达等的作用决定；在我们就语言现象的存在进行自然过程的原因探究时，不会因为这样的探究过程及语言现象知识的获取而留住于语言现象的世界。

正如上文所言，语言现象的存在固然有其经验的自然进程和条件原因，但语言现象毕竟是理性主体世界里的现象，一切关于语言现象的呈现方式、因果联系、刺激留存、意义赋予等方面都应该是基于理性主体的语言行为结果。不论是一个简单的语言现象，还是全部的语言现象存在，语言现象学家们都可以将它们建构在纷繁复杂的经验的原因世界。同时，这样的"建构"本身还要将自身的内容存在即语言现象，赋予一种非自然过程的决定原因，一种源自理性主体的决定原因，不管经验过程的决定原因如何存在，语言现象的世界终归要符合言语行为者自身的要求而存在。或者说，不管我们赋予语言现象多少对象特征或规律，语言现象始终要贯彻理性主体的规定，其在自然世界中的呈现形式或经验特征在人们的常识里尽管被视为语言现象的属性，但如此的常识论并不能改变"属性"的理性根源。换言之，理性主体的存在（或人的存在）提供着所有语言现象呈现的现实形式和应该形式，语言现象的存在只不过是先验理性形式决定（即先验语言形式）的经验对象。于是，在我们认知或定义某个语言现象"是什么"时，与其说是在定义语言经验对象的"是什么"，不如说是在定义我们自身所拥有的理性语言形式"是什么"，即使我们在语言经验的现实中难以实现这样的定义。依据这样的思想进程，在面对"深林总在儿时的记忆里吟唱"及任何形式的语言现象时，我们就不会迷失在语言现象的对象世界而能成功地返回语言存在的理性家园。具体而言，"深林""记忆"

"吟唱"等语言现象成为经验对象是由于我们拥有经验它们的先验理性形式,即拥有关于它们的纯粹形式存在。否则,我们在当下所面对和谈论的语言现象就会变得荡然无存,因为任何人都无法想象一个不能被理性形式所赋予的现象存在会是什么,至少说,在作为有限理性存在的人类这里是不会取得答案的。倘若我们所经验的语言现象里从来就不曾出现过"深林总在儿时的记忆里吟唱",也从来就不曾有过"深林""记忆""吟唱"等词汇现象和心理概念的经验现象,我们就完全可以断言它们在自然世界中的非存在,同时也不会具有与此相关的语言现象和知识。事实上,我们所经验语言现象的情形和过程只能是属于我们自身存在的现实过程,所有出现在经验进程中的语言现象都是"自然的"和"知识性的",都是语言现象世界的内容。当然,任何企图以语言现象的"非存在"或"存在"来等同于先验语言形式存在的断言都将是无效的,否则,我们为此所作出的所有努力都将是毫无意义的。总之,在理性存在的世界里,语言现象的"没有"并不能说明其先验形式的必然缺失,可语言现象的"呈现"或"存在"却必然地说明其先验形式的存在,任何超越于语言现象及其原因条件之上的原因世界就是理性存在自身,就是理性的语言行为者自身所拥有的纯粹语言基础,即先验语言形式。就语言存在的先验原因视角而言,先验的语言形式成了语言存在的绝对基础。

作为理性的存在主体,我们应该具备所有经验(包括语言现象经验)的先验理性形式,于是,语言行为者的纯粹行为原则应该来源于一种无条件的语言存在规定,即一种纯粹的先验语言形式;语言行为的先验语言形式原因一定要以自身的方式在语言现象的现实中体现,并且永远要遵循一种理性主体之智性品格的原因性要求,"无论在什么时间、什么情况下,理性在所有的人类行为里都是存在的和保持不变的"[①]。在这里,不变的"理性"所提供的就是不变的先验语言形式或法则,依据这样的形式或法

---

① Kant, *Critique of Pure Reason*, trans. Norman Kemp Smith, London: Macmillan, 1933. p478.

则，一切自然过程中的、被理性所赋予和规定的语言现象存在就从此便秉承了一种非经验形式的先验原因决定。于是，任何的语言现象呈现在其决定原因的追问中就会在自然原因之外遭遇理性存在的先验形式原因。这样的结果源自理性必然的语言存在体现。面对这样的语言存在体现，我们的语言存在问题与语言现象问题便会取得明晰的区别，语言现象的原因之说便会获得一个新的展开视野，一个融经验现象原因与先验理性原因于一体的语言现象世界的存在视野。在这样的视野里，"深林总在儿时的记忆里吟唱"及其所有的语言现象的存在和经验原因就不仅仅属于自然的过程，而且属于理性存在的过程。于是，任何单一过程的原因分析或综合既不可能真正地揭示语言存在问题，也不可能真正地揭示语言存在问题所涉及的不同原因的区分与统一，一旦缺失关于语言存在的"理性基础"，我们所面对的语言存在就可能只是一种自然过程中的存在、一种限制的和部分的存在。或者作为一种主观假想的存在，它要么被称为知识意义上的对象，要么被称为形而上学意义上的先天对象。不可否认，在当今语言存在问题的关注中，它更多地作为知识意义上的认知对象，语言存在问题在人们的常识里更多地被误读成语言现象问题或语言问题。结果，语言存在问题的理性原因性总是没能彰显于语言现象认知的过程。不仅如此，语言现象还能凭借自己作为知识对象的地位不断地扩张、不断地展示、不断地试图将语言存在的理性原因世界遮蔽起来，以至于造成一种单纯自然形式的语言存在。或者说，带来一种缺失理性原因的语言存在。结果，那些关于语言现象的规律、原则和模式，那些关于语言现象的展现、隐藏和变化，都只会属于理性之外的自然世界。基于这样的语言存在观，人们自然地相信语言现象本身就是全部的和最后的源泉，语言现象的"知识大厦"就会不再属于我们的世界，语言现象的"知识"为何形成就会没有题解。实际上，就在人们满足于语言现象的"独立"和"非理性"的地位之时，这样的"独立"条件和原因却无法由语言现象来给予或建构，我们可以说语言现象为自己提供了存在的原因条件，但这样的语言现象及其原因条件又是凭借什么条件被知道的呢？任何语言现象的源泉或"知识大厦"在自然过程里出现时都是作为一种经验的结果，这种经验的主体除了理性存在的主体之外便不会有其他的主体了，语言现象作为语言行为主体而经验它自身只能是一种不可能的荒唐结果。在此，所谓的语言现象之"独立"地位，所谓的语言现象之知识构建，所谓的语言现象之因果系统，等等，任何一种情形都是一种进入理性视野中的必然发生，任何一种语言现象状态都是理性模式下的经验认定，任何一种语言现象都是语言行为者的理性原因的经验证明。我们可以想象语言现象的"独立"地位，我们也可以想象语言现象的"知识"是什么，但没有"我们"的这个前提或基础，所有的"想象"内容或语言现象都会烟消云散，更不用说语言现象的"独立"和"知识"。

3. 语言存在之家的"是"与"应该"判定

在语言存在问题上，理性基础或理性原因就像柏拉图"洞穴论"中太阳之光，它带给人们光明、带给人们认识自然世界的理念之源。如果我们将理性存在的纯粹语言形式视为语言现象认知的先验之光，那我们所拥有的全部语言现象结果必然显现在这样的"光明"之中。

语言存在之家即理性之家，语言现象只能是语言行为者的语言经验对象和结果，只能是理性存在之原因决定的自然语言过程的必然发生。在语言现象的世界里，我们表面上是在面向一个非理性的、异己的对象世界，实质却是在面向一个理性存在自身的语言显现世界，是理性存在自身的先验语言形式或原因造就了语言现象在经验过程中的如其所显。于是，就今天的语言学研究对象而言，不论针对微小的"语素"对象，还是针对宏大的"概念定义"对象，我们出于认知的目的可以将这些对象纳入自然因果联系的系列，并明确其存在的现象原因。然而，我们的行为丝毫也不会影响这些对象存在的理性原因，或者说，任何形式的语言现象在被视为自然因果的联系之时必然是作为理性存在统一的一个环节或结果。显然，不管

<<< 第五章 语言现象经验的行为原因辨析：语言能力与意志

我们是否选取了语言学家，或者哲学家，或者语言哲学家的思考方式，在语言现象的分析综合里，具体而言，在"深林总在儿时的记忆里吟唱"的分析综合里，我们自然要涉及其存在内容和形成原因的辨别，也自然要涉及其存在原因性的理性根据的追问。概而言之，语言现象存在和经验的事实就是关于认知对象存在的事实，也是关于认知主体存在的事实。这里既有现象世界的原因决定，又有现象世界的理性原因（先验语言形式）的决定。在我们将不同原因性决定与语言现象的是否存在联系起来之时，语言现象受制于自然原因性、最终受制并统一于理性之先验原因性的分析综合进程就会变得更加明晰，语言现象的经验现实与其"应该"的理性语言根据之间不能缺失一种具备先验综合的联系。当然，这里提出的"先验综合"联系必须基于人的有限状态，必须基于语言存在的必然理性原因而提出。一方面，在语言现象的经验世界里，以"语言是什么"来进行判定的过程总要为我们的语言"知识大厦"及其要素的存在提供完全合乎自然律的条件根据，尽管这样的"根据"或"原因"并不能保证自身作为"原因"的地位永不改变（语言现象世界原因总是一种限制的原因、一种相对的原因、一种要作为"结果"的原因）；另一方面，在理性存在的纯粹根据世界里，以"语言应该是什么"来体现的原因并不会去关心它自身决定在语言现象里的实现，也不会去关心它自身的决定可以在多大程度上得以实现，语言存在所秉承的"应该"的理性原因起始于纯粹的先验语言形式世界，它不仅要体现为现实的语言现象的根据（此处的"体现"并非作为经验的语言现象原因出现），而且要体现为非现实的、绝对的和可能实现的语言现象的根据。同语言现象中的经验原因比起来，"应该"状态的理性语言原因不以任何语言现象为目的而始终保持着一种自在的纯粹地位，即保持着绝对的、普遍的先验形式地位。只有出于这种理性语言原因的存在，一切语言现象的现实和经验才会是可能的，否则，语言现象的经验原因及其"是"的定义就不会出现在当下。

在语言现象存在原因的理性辨析里，"是"与"应该是"的区别和使用无疑为语言现象存在的原因地位做了一种全面的描述。在这样的描述里，语言存在因为其经验过程和内容而可以等同于自然对象的存在，但又绝非源自自然的存在，它因为理性存在而将所有的自然过程统一于理性的规定之中。语言存在的统一是基于经验世界和先验世界的统一。显然，语言存在只有联系自然对象的过程，语言现象才会在自然之中被确定下来，语言现象的不同内容及其属性特征才会被联系起来，语言现象的"知识"才会在理性主体那里获得一种自然而现实的"参照"。也只有将语言现象之源与自然物之源区分开来，我们才会辨析出语言现象存在的理性源泉，从而意识到关于语言现象及其知识形成的"本体"总是要存在于理性主体的"应该"世界之中。如果我们将语言现象原因的"是"与理性语言原因"应该"的概念刻画为一种具有普遍意义的形式，可以联系弗雷格的数学方法，即一种函项的表达方法 $F(x)$（设定 F 为原因概念的性质或属性，x 为表示语言存在的原因对象）。出于区分的需要，可以将现象经验的原因对象视为 y，而将理性的先验原因对象视为 Y。于是，上述表达式便可区别为：$f(y)$ 和 $F(Y)$。基于弗雷格的"概念与对象的关系就像数学中函数和自变量的关系"[①]，语言存在原因的"是"与"应该"概念具有不一样的真值存在，可以进行"是"的判定的语言现象世界为我们提供着满足原因概念的个体存在或个体对象，$f(y)$ 总是可以展现为纷繁的、具备真与假性质判定的语言命题或句子，其经验意义和知识意义上的有效值域总是存在于语言现象的世界，y 所代指的对象总是存在于理性主体的经验直观世界之中。当然，弗雷格不会认为"概念语言"也要出现在这样的直观之中，而 $F(Y)$ 不同于 $f(y)$ 的存在地位，$F(Y)$ 代表了一种纯粹理性语言原因的判定形式。这样的判定在"应该"的语言世界里存在，也在"应该"的语言世界里取得其存在的意义。至于说关于先验语言形式存在的函项是否可以像经验的情形那样展开和说明，这样的"展开"和"说

[①] 王路：《逻辑与哲学》，人民出版社2007年版，第122页。

明"是否也会像"是"的原因判定那样进行，我们对此不会具有任何的答案。针对 Y 的存在，我们除了做出肯定的断言之外不能获得任何使其命题为"真"或为"假"的个体经验对象。当然，我们同样不能获得关于先验语言形式对象 Y 存在的任何谓述性质；"应该"内容所体现的普遍形式 F（Y）及其真值获取（类比于语言现象的经验而言）遵循着纯粹理性世界的先验语言形式律，拥有并贯彻着理性存在自身的语言原因规定。从语言存在视角的凸显来看，语言对象 Y 的世界必然性地作为纯粹理性世界的构成而存在，任何对此的否认都会使我们迷失语言现象经验的理性主体原因，即迷失语言存在的先验原因形式。正如上文所述，关于这样的语言存在的先验原因形式，或者说，关于函项式 F（Y）的内容形式，我们没有任何的知识建构，不论我们如何借用语言现象的表达形式来指向它，如"纯粹的""先验的""神性的""普遍的""纯粹的"，等等。它依然还是处于我们的语言现象世界之外，它依然还是保持着自己的"应该"地位而不会成为关于"是"的经验目标或语言现象，任何的经验类比都无法提供关于它的知识判定。也许，它就是婴儿能够言说的纯粹语言基础，可这样的基础与任何生理的、心理的条件完全不一样，也许，它就是婴儿胚胎拥有语言基因的基础。这样的基础与任何物质的存在不一样，也许，它就是婴儿胚胎形成前的某一个阶段的语言存在原因。可这样的原因还是不能在这样的阶段里出现（尽管我们无法否认这样的原因存在）。总之，不论我们如何沿着时空经验的隧道搜寻，语言存在的先验形式原因或 F（Y）形式中的"应该"内容不会被我们所经验，即它始终保持着自身与语言现象存在的不同地位，我们最后还是一点也没进入先验语言原因的世界；语言现象的现实必然地出于先验语言形式原因的存在，而先验语言形式原因的存在却是一种先验与纯粹之在，它的"应该"并非取决于语言现象的"是什么"，也并非取决于言说行为的发生与否。于是，在我们将语言现象或语言现象的个体存在原因进行分析的时候，不仅要认知所有语言现象世界的自然原因，而且还要面对一种独立于自然原因的先验语言形式原因的存在。

语言存在的先验原因是作为理性存在的人之语言本性，语言行为者作为理性存在而又不具备自身先验语言形式原因将难以令人置信；人之语言存在的先验必然性应该在"自明"的地位上被加以确定。换言之，人之本质在于语言存在，语言存在的本质在于理性存在的先验语言形式。因此，如果我们可以用"存在"来描述语言现象的先验原因性的话，这样的先验"存在"须在语言现象里不可认识，但它却要作为一种语言存在的理性根据而永远不可抛弃。

4. 语言存在统一的理性意志作用

在语言存在的问题上，我们将其划分为经验过程的语言现象和先验过程的纯粹语言形式，并且探讨了不同语言形式世界的不同原因性存在，即语言现象所遵循的自然世界的原因性和先验语言形式所遵循的先验世界的原因性；不同的语言存在形式划分和不同的原因性探讨形成了自然语言与理性语言、语言现象与语言本体的二元对立。表面上，这样的二元对立情形似乎带来了自然因果决定适用于语言现象，先验原因决定适用于语言本体的有效说明，或者，自然的原因性主宰于$f(y)$所要展开的世界，先验的原因性主宰于$F(Y)$所应展开的世界；然而，这样的"二元对立"一定是语言存在统一中的"对立"，一定是理性存在统一中的"对立"（因为语言存在的统一奠基于理性存在的统一）。同样，"有效说明"只能是语言存在统一中的发生，也只能是理性存在统一前提下的可能结果。不可否认，语言存在的统一或者理性存在的统一决定了语言存在形式划分和不同原因性探讨的可能和发生，所以，"统一"是划分和区别的前提、标准和原因；语言存在的不同形式及其原因性都必然要联系于知性和理性的统一过程，都必然要作为理性存在过程的"应该"前提和现实发生。就任何的语言现象而言，即就任何具有真值结果的$f(y)$而言，我们凭借自然因果的关系取得了关于语言现象的知识，并且判定这种现象存在的自然原因条件,但是,语言现象在体现自然的原因性规定之时还要秉承理性主体的先验原因性规定,即秉承先验语言形式的纯粹规定,因为语言现象的存在形式和因果决定关系只有在合乎理性存在的先验语言形式及原因性规定之时才可能是经验的、知识的和现实的。所以,关于语言存在形式及其原因性区分的目的并不是要说明两者之间的完全"对立"或"不相容",而是要说明两者的"统一"和"相容"。

理性存在统一的"基础"为我们确立了区分语言存在形式及原因性的前提条件,即,语言现象过程的原因性和先验语言形式世界的原因性原本就发端于理性主体本身的存在统一。如果我们抛弃了理性存在统一这一前提,就会形成一种关于不同原因性方面的误解,并由此认为在语言对象存在的不同原因决定方面就会出现两者之间的"不相容"。其结果就会带来语言存在地位的根本改变,即语言存在要么等同于语言现象,要么等同于先验语言形式。当然,这样的"改变"除了掩盖语言存在的真实之外并不能带来相关领域研究的预期成果。因此,在语言存在问题的思辨与研究里,任何关于语言存在形式及其不同原因性的区分和对比都是出于对语言存在的分析认识需要,而对语言存在的认识又是基于对理性存在主体的认识,即关于人(语言行为者)的认识:作为理性主体的存在,人是一个拥有不同语言形式存在的统一体;只有奠基于作为语言行为者的人的分析,我们才会获得关于语言存在的经验直观层面和先验直观层面(尽管先验直观层面并非要以经验显现的方式获得),才会可能展示语言现象和先验语言形式之统一性的存在,才会发现语言现象世界之原因性与先验语言形式之原因性的关联根据的所在(语言现象的如此呈现或经验不单单受制于自然因果的经验规定,更有其先验形式存在的纯粹原因性规定)。语言存在的形式划分和原因性辨析的可能和现实总是预设着理性主体或语言行为者的存在前提,一旦这样的"前提"或"基础"不存在,一切寄希望于非理性主体来加以完成的计划都是不可能的。我们可以演绎或想象缺少语言现象的理性世界如何创造这样的现象,但我们却无法想象缺少理性存在的语言现象该如何创造自身。而且，与此相关的语言存在形式划分和原因性规定都会成为无从谈起的"虚无"。人作为理性存在就是语言现象和先验语言形式的完善统一体，语言现象的展示对于语言行为者而言就是一种自然且必然的发生，就是一种非外力强加的结果；只有在这样的统一体中，先验语言形式的原因性规定和语言现象的自然原因性规定的共存相容才取得一种客观必然。语言存在所及不但关涉语言现象的本质，而且关涉人的存在本质；语言行为者的"此在"过程不仅作为"二元对立"的前提，而且作为外在语言现象与内在先验语言形式相统一的基础。这样的"此在"贯彻着语言现象的经验行为和行为规定的语言意志，它是贯彻着语言现象的自然原因性与先验原因性（一种自由的原因性）的必然统一，"关于自由与自然可能统一的普遍的形而上学建构表明：世界确实存在具有这种统一的实体（entity），人的存在"①。即作为理性的、具有先验语言形式并必然地经验语言现象的人。

总之，关于语言存在的形式划分及其不同原因性相容的说明，先验哲学的理性存在观无疑为这样的"说明"提供了一种有益的启示，在我们将语言现象视为理性存在的认知世界时，同时也将语言现象视为理性存在的经验直观呈现，即视为先验语言形式下的经验内容呈现。语言存在的先验形式及其原因性遵从于理性世界自身的先验律，且提供着一切关于语言现象认知综合的先验基础，即关于语言现象的综合因为先验基础而成为具备理性必然性的先验综合，它主要发生在心理经验过程中的"概念语言"形成过程。在这样的先验综合里，语言现象综合的先天合目的性本身就是人之"此在"的语言存在本质要求所在，这也是理性的先验语言形式为什么能在语言行为者的实践中成为"原初的理性根据"的原因，并且，还是作为一种原初而纯粹的原因与自然的经验原因决定系列同存。在先验哲学视野下的语言存在问题分析中，经由语言现象世界和先验语言形式世界的相

---

① Heidegger, *The Essence of Human Freedom* [M], trans. Ted Sadler, London: MPG Books Ltd, 2002. 176.

互通达而回归作为理性存在人自身。于是，一切先验语言形式原因与语言现象原因的决定、语言存在的本体界和现象界的分置状态，即语言存在的先验形式存在于理性主体，语言存在的现象存在于自然主体，都会统一于人的主体性存在；语言存在的先验原因性与自然原因性的统一或相容只有在人的存在中才获得真正的显现和坚实的必然性基础。因此，"在人作为经验语言过程的存在时，我们不仅仅将语言视为了可经验的对象，同时我们也因为在这样的过程意识到了某种纯粹形式的原因而指向语言存在的本源；所以，理性存在下的语言存在应该是其纯粹形式和经验现象存在的统一"①。

5. 语言能力作用的主动性与语言意志的贯彻

当语言存在问题被解析为理性存在过程的先验语言形式和经验的语言现象问题时，只要我们面对了语言存在的结果内容，就会就将这样的结果内容联系到相关的语言行为发生，而语言行为的产生离不开语言行为者的语言意志。当我们抛开所有语言现象的经验来讨论人类的语言意志决定时，那这样的意志就应该具有先验语言形式的特征，纯粹而自由；语言现象经验的纯粹理性原因是关于语言行为者作为理性存在的先验语言命令，就如康德的"先验命令"一样，它所标志的是关于语言存在的理性之源，语言存在的现象认知不能缺失理性的语言意志，否则，语言现象的认知将会变得困惑不断。

语言现象经验的发生和语言知识的形成奠基于人类自身语言能力的存在，这样的语言能力又可以进一步地区分为语言感性能力和语言知性能力。在语言现象的经验中，如果语言现象存在于我们语言能力之外，那这样的语言现象就不会出现在我们的认知世界之内，它也不会成为我们所讨论的语言对象。不论我们如何强调语言现象的自然对象性特征，一切关于

---

① 肖福平：《理性主体的地位特征与语言存在形式的确立》，载《广西社会科学》，2011年第10期。

它的知识结果都是在将它视为自然对象性存在后所取得的,都是我们自身语言能力作用的结果,一种体现了语言意志并将语言意愿加以自然化实现的结果。作为理性存在的语言能力,它既是一种贯彻纯粹语言意志的能力,又是一种语言现象经验的能力。就语言现象的经验而言,我们的语言能力可以带来外在语言现象世界的不断呈现与变化,不仅如此,语言能力还要将呈现和变化的过程转换为心理经验的观念形成和变化过程。因此,只要我们能够在语言现象的经验中进行关注、反思、判断、总结,就可以说明语言能力的经验应用确确实实地存在和发生了。在人类的日常生活中,语言现象的经验就如我们呼吸空气的生理经验一样必不可少,即使是在我们沉默与睡眠的时候(就此而言,语言现象经验远非一种自然语言学习的经验),只是在我们拥有了语言现象中的语音文字系统之后,语言现象的经验才从此以一种更加具体而明确的方式获得呈现;语言现象不仅仅是一种生活式的对象,而且成为一种科学知识范畴的对象,任何涉及这种对象的经验必然要体现为自然过程与心理过程的发生。在语言现象的经验中,我们凭借语言能力作用关注了语言现象的内容显现,关注了"直观"①的成果,关注了相应观念的形成和变化。总之,人类语言能力的作用既要体现为语言现象的经验发生,又要体现为语言现象经验的理性原则,即纯粹语言意志的规定。只有立于理性的纯粹语言意志规定,我们对于语言现象的经验过程才会获得感官印象,我们的心灵中才会具有相关的语言意象直观(表象语言),以及获得相关的"概念语言"。在此基础之上,通过经验过程的观察分析,并根据语言现象的异同和规律,便可以从事判断相关语言现象的知识、一种源于语言能力作用的活动。

如果说人类的语言能力作用具有一种主动性的地位,那这样的能力就不仅是一种理性存在的纯粹能力,而且是一种必定要带来语言现象经验的能力,一种能够导致语言现象从一种存在形式转化为另一种存在形式的能

---

① 〔德〕康德:《纯粹理性批判》,李秋零译,中国人民大学出版社2004年版,第56页。

力。在语言现象的经验实践中，纯粹理性的语言能力一定要体现为一种积极的实践能力（这是基于了理性的实践特征），而处于对象地位上的语言现象则体现为一种消极的状态，或一种被认知的状态。当然，单单作为语言现象的存在形式无法取得积极主动的地位存在，只有作为理性主体存在的对象方可同时体现积极地位和消极地位存在的特征。作为语言现象经验的理性主体，我们具有的纯粹理性的积极语言能力，以及产生于纯粹语言意志下的语言意愿，会依据心理语言意愿的需要和选择而主动地开始或停止某种语言现象的认知行为，不论这样的语言行为涉及语言现象认知的何种形式。倘若我们可以将这种依据心灵和选择的主体原因视为我们自身的语言意志①，那这样的语言意志就应该决定着语言现象经验行为的是否发生，也应该决定着语言现象认知行为的发生形式，即要么为感官行为的生理形式，要么为心灵中"表象语言"和"概念语言"的分析与综合形式。因此，在我们不断地强调语言能力的作用地位时，应该是在强调人类自身所拥有的一种特别的语言意志的作用。秉承语言意志的命令，一切关于语言能力的行为都要在围绕自然世界和心理世界的认知中建构出语言现象的世界，并以语言现象的认知来取得关于世界和思想的语言交流。当然，语言意志的命令并非产生于语言现象，它的存在应该源于理性存在自身，源于理性的先验语言形式，它先天地规定着语言现象经验的"应该"世界，并同语言现象经验过程的兴趣关注、文化传承、生理需要、欲望满足等要求联系在一起，特别是要同我们的一般"存在动机"联系在一起。一旦语言意志通过语言能力（语言知性能力和语言感性能力）转化为认知语言现象的实际行为准则，语言意志的标记或烙印就要留在语言现象世界，语言现象的内容存在从此就与自然物世界的存在模式截然地区分开来。

在语言现象的经验中，不论是关于自然语言的学习，还是关于心理"表象"和"概念"的形成，我们都可以根据语言意志的贯彻情形来将这

---

① 〔法〕叔本华：《作为意志和表象的世界》，商务印书馆1987年版，第220页。

样的语言现象经验行为区分为主动的行为和被动的行为，从而说明我们在上面提到的"积极语言能力"和"消极语言能力"的存在。从语言意志规定到语言现象的经验，从语言能力再到语言现象经验的行为，这一过程所体现的语言行为发生是一种主动的、自愿的和积极的过程，即语言现象的自觉的经验过程。与此相对，语言行为就是一种非自觉的、被动的经验过程。所以，在我们实际地从事一种语言现象的经验时，自觉与非自觉、主动与被动的过程总是交汇在一起，而语言现象经验的自觉一定体现着源自我们自身之内的语言意志所发出的命令，体现出语言现象认知方面的理性规定性。它是源自语言行为者自身的动机与兴趣，这样的语言行为特征在非自觉的状态中是无法寻觅的。为此，我们的语言现象经验，特别是关于某种自然的语言现象经验，我们的主动性和兴趣性，都只能是遵循了理性决定或语言意志决定的表现（尽管我们还不能将"兴趣性"的结果与遵循语言意志的结果完全等同起来）。在通常情况里，语言现象经验中的"主动性"和"兴趣性"特征只有在遵循了言说者的语言意志命令时才能显现出来。一旦这样的"命令"缺失或搁置，非自觉的语言现象经验就会发生，其结果一般不会产生有合符理性"目的"的语言现象认知，也不会产生关于语言现象经验自我需要。这种非自觉的语言现象经验只能是一种被动的"映入"而无法体现语言意志的积极作用。

在语言意志的命令提及时，我们所确立的是关于这种命令的纯粹地位的存在设定。对于这样的设定，我们所能寄予的就是一种理性自明地位的特征；只有从这样的前提出发，我们的语言现象经验及现实的呈现才会成为当下的事实，否则，全部语言经验过程就会缺少言说者自身的原因或基础，从而将毁掉语言现象存在及其认知可能的真正原因存在，即作为理性存在的言说者的原因地位。不可否认，这样的原因地位只是作为理性主体之语言意志和执行这种意志命令的语言能力存在，它除了作为纯粹理性世界的存在之外并不会具有任何经验展示的途径。它与心理经验的"概念语言"形式并非属于同一范畴的东西，因此，我们对于语言意志及其命令的凸显和强调就在于确立心理语言现象产生的先验主义立场，或者在于确立语言之观念形式的纯粹理性原因决定。相应地，语言意志的贯彻能力除了语言知性能力和语言感性能力之外应该还有语言理性能力，即一种理性存在的纯粹语言能力；语言能力通过贯彻语言意志的命令而作用于语言现象经验的全部过程，包括外在的语言现象认知过程和内在的心理语言现象认知过程。正是基于这样的语言能力，我们生活中的语言现象才会作为"概念语言"体系、"表象语言"体系和符号意义体系的存在，我们心灵中语言观念才会作为意识中的内容对象或语言知性的作用对象，以及语言现象中符号标记之间、心灵中"概念语言"之间的关系存在。作为理性主体的语言行为者秉承了这样的语言能力，一种贯彻了语言意志命令的能力，它要么为语言感性的行为，要么为语言知性的行为，要么为语言理性的行为；如果我们将语言能力的对象统统归于语言现象的范畴，那这样的语言现象就远非语言学科所涉及的内容了。或者说，我们所讨论的语言现象就已经将自身的存在领域从单纯的自然标记式扩展到了概念形式存在的领域，不仅如此，它还要扩展到语言现象之外的理念世界。于是，如果我们的语言行为只是针对语言现象而言，那我们的语言能力应用无疑就要限制在语言感性和语言知性的领域。在这样的限制条件下，我们的语言现象经验不仅是关于自然语言的文字符号、语言意义和语言应用的经验，而且是关于心灵中的语言现象的心理经验，即关于内在"概念语言"和"表象语言"之分析与综合的经验。正如语言现象的外在经验一样，语言现象的心理经验确确实实地存在着，如果我们可以用一种更为具体的方式来加以表达的话，那就是：我们对于语言现象之"概念"和"表象"形式的心理经验不容否认，尽管这样的经验对象并非作为一种感性直观的自然物或文字符号存在。在一般意义上，我们总是习惯地将自身的语言能力看成某种直观外在语言现象的能力，看成外在语言现象可以同我们自身的存在相联系起来的能力，看成语言现象世界的各种标记对象的意义辨认和应用的能力，看成关于外在语言现象的"听、说、读、写"的能力。当然，我们的语言能力在被表述为关于外在语言现象的"理解"和"掌握"能力时也必然地指向那些相应的内在"概念语言"和"表象语言"的"形成"和"理解"能力,以及作为先验语言形式贯彻的纯粹语言能力。不管我们如何强调外在语言现象经验对于心理语言现象形成的必要性地位,对于心理语言现象的经验和对于纯粹感性直观形式和知性形式的应用都要必然地发生。于是,在我们讨论心理语言现象的经验时,经验的语言现象世界应该是一种对我们产生影响的、由不同存在形式所组成的语言现象的对象世界,对其经验的理性根据在于我们的语言意志,在于理性的语言知性和语言感性能力。

语言知性和语言感性能力作为语言行为者的语言能力,它须秉承行为主体的语言意志命令,其行为作用可以体现在语言现象认知的任何环节,也可以体现为行为本身的自主性地位存在。从其认知环节而言,理性存在的语言能力作用总是要在语言现象的创造和变化过程中得以体现,不论是在具备文字符号与"概念"系统的存在情形,还是在口语与"概念"形式存在的情形,理性的语言能力都在执行着语言意义上的对象接受和处理,都在按照语言意志的原则描述着自然的世界和创造着这种描述自然世界的方法,即创造关于"概念语言"和"表象语言"的自然化符号系统,并使之成为具有自然特征的对象存在,即作为自然语言现象的存在;一旦理性主体经验的语言现象创造得以实现、存在和发展,人们便自然取得了一种超越于自然物对象的自然语言现象系统。而且,这样的语言现象系统在获得自然对象般的确定性地位之后,自然语言现象也就取得自身存在的"客观"地位,任何关于它形成的经验源泉对于所有的语言行为者而言都具有同样的可追溯性,所有接受这种语言现象的认知者虽不用亲知创造的历程,但这种创造的历程却要凝固在字、词、句、章等自然语言现象的内容里。于是,关于自然语言现象的学习或经验可以离开自然物的世界而仅仅依靠文字符号系统来加以进行。当然,这样的文字符号系统或内容绝非等同于自然物存在,它与其说是源自自然物的对象,不如说是源自"概念语言"和"表象语言"的对象,一种决定于心理分析与综合成果的对象。语言行为者总是依据自身语言感性能力和知性能力将心理的语言形式呈现为自然语言的存在,自然语言的存在条件里一定要有自然物的位置,但自然物转变成自然语言却不可能完成于自然世界本身,只有作为理性存在的语言行为者才可能提供这种转变的最后决定条件。或者在自然世界和自然语言之间没有任何一方可以具备将两者联系起来的地位,只有在心理语言现象出现之时,只有在我们将自己的心理语言现象自然对象化时,两者的联系(即自然语言现象是关于自然世界的再现形式)才从此建立起来。显然,建立这种联系或对应关系的决定者是我们心理经验的语言现象,即"概念语言"和"表象语言",以及产生心理语言现象的语言感性能力和语言知性能力。如果还要继续追问心理语言现象和两种语言能力的存在原因,那么,我们就得面对语言行为者作为理性存在的纯粹原因了。因此,在我们经验语言现象和面对这种经验的语言能力存在时,我们可以习惯地求助于自然世界的决定地位,但这样的努力并不会带来预想的结果,所有表现大自然的语言符号系统都是客观的,然而,这样的"客观"只有在符合我们的直观经验形式的前提下才是可能的,并且,这样的直观经验形式除了存在于理性主体之外不会有任何其他的出处。所以,在我们强调语言现象存在的经验之路时,并没有权利宣称自然世界决定了我们的语言现象或语言能力存在;不论语言行为者处在语言现象经验中哪一个阶段,语言能力的拥有不容置疑,它要么主要表现为内在心理语言现象的形成方面,要么主要表现为自然语言现象的使用与认知方面。当然,我们谈论自然语言现象的认知更多地聚焦在这种现象的接受方面,即使在语言现象的接受方面,我们仍然可以分析出语言能力应用的"听说读写"环节,仍然可以区分出相应的语言能力存在;同时,我们也必须看到,作为语言能力毕竟不能等同于"听说读写"的能力。如果说前者作为理性存在的纯粹性能力,那么,后者就只能作为现实语言现象经验中的实践能力,纯粹意义上的语言能力因为理性的实践特征而必然地体现在具体的语言现象经验过程。从语言能力（纯粹意义）存在的自主性地位来看，我们所具备的语言能力及其应用既是自明的又是先验的，其自主性地位存在具有"自由"的特征。而这样的"自由"其实就是关于言说主体之语言行为的自由，它绝非受制于任何经验过程的语言现象或行为，其原初性的根据还在于语言意志的自由①，以及关于语言意志命令的规定要求；纯粹意义的语言能力所贯彻执行的关于语言意志或先验语言形式原则的要求，一旦实现在语言现象的经验过程，那语言能力就体现为一种经验过程的作用。或者说，我们从此具有了语言现象经验中的各种"能力"称呼，具有了语言之思、语言之说、语言之写、语言之听的能力。在语言现象经验的现实行为发生中，如果语言行为者的行为能够依据语言意志及其命令而进行，如果语言行为者的"概念语言"能够凭借纯粹语言能力的作用而选择或存在，那么，这样的语言行为就是基于理性之语言"自由"的行为。在理性主体的现实语言现象经验中，我们的语言能力总是要体现为一种语言实践的能力，一种不断地接触自然世界和自然语言现象并不断地从事"表象语言"和"概念语言"形成和发展的能力。正是因为这样的"接触"和"形成"，我们的语言能力才从此带来为了语言现象的呈现和"概念语言"在心灵中的流动，语言能力才从此具有了经验的地位并被视为一种语言现象经验的能力。于是，在我们理清"语言能力"概念后，就能更加清楚地认识到语言学家们或常识论中的"语言能力"之意（经验能力）。一旦我们的语言能力停留并关注了语言现象的某个对象存在，一旦这样的对象联系到了心理中某种语言现象（"概念"形式或"表象"形式），我们的语言能力所处的状态就一定要联系于这样的经验对象和这样的概念。结果，我们并不会抽象地将这样的语言能力状态称之为"自由"，因为此时的语言能力在应用于某种具体的自然语言对象时，它也是在应用于相应心理形式的语言现象经验，一种从自然物和自然语言现象个体到其"概念""表象"产生和

---

① 〔德〕康德：《道德形而上学基础》，苗力田译，上海人民出版社2002年版，第49页。

选择的过程并不能带来关于语言能力的"自由"说明，这样的过程只能作为一种经验的语言能力作用过程而不可具有纯粹或自由语言能力的存在。比如，在经验确切语词对象或确切自然物对象"森林"时，我们总是要经验关于这个对象的"表象"和"概念"的既定联系和限制条件，经验"森林"的能力只能是一种体现了因果限制的语言能力，它绝不是仅仅是涉及"森林"这种单一对象的能力，它更是一种涉及多种对象的语言综合能力。其语言能力并不会体现出自身的自由选择，其自由的行为特征并不会在此出现。当然，在"森林"之"概念语言"形式的心理流动中，我们对于它的外在语词形式的联系或意义标志符号的确立却要完全地取决于我们自身语言能力的作用，即完全决定于我们自身之内的语言意志命令而无需听从其他外在的原因存在。所以，语言学研究中的对象存在原因在被确立为其他的原因存在时，我们并没有确立这种对象真正拥有这样的原因，它只能是理性主体原因的自然结果，就如元音的发音位置导致一些辅音的变化、语音流动进程中的重读环节导致非重读的环节、行为句中的动词导致言后行为一样，所有"导致"结果的原因决定并不可能由语言现象世界的对象来加以执行。在语言现象的层面，语词形式的"森林"不仅具有语词符号存在方式的多样性并归属不同的自然语言体系，而且具有"概念语言"形式之内容联系的心理语言体系。当我们在众多可能的"森林"概念联系中依据语言意志的命令来确定一个概念对象而不是其他的概念对象时，我们就处在"语言能力"选择的地位上，语言能力从此就离开了外在语言现象的限制而成为体现语言意志命令的理性能力。

6. 语言意志的原则能力与语言现象的经验能力

在语言现象的经验过程中，我们所依靠的是关于理性的语言能力存在，而这种语言能力在纯粹意义上所贯彻的普遍性原则就是关于我们人类自身所共同拥有的语言意志原则；如果说语言意志也具有自身的纯粹性能力的话，那它就是一种关于语言现象存在的理性根据和原则的决定性能力,同我们的语言经验能力(语言现象认知的能力)比起来,语言意志的原则能力并非一种语言现象的经验能力。它是凭借自身存在而自由的语言行为根据或原因,语言现象的认知能力才是一种真正的经验能力,语言能力的经验应用不仅秉承了人类语言意志的命令,而且接受了语言现象世界的他在地位和他在性的规定,即一种经验中所形成的、社会历史中所产生的约定俗成的规定。尽管这样的经验性规定并不缺少语言意志的普遍性原则作用,但它毕竟遵循了语言现象的感性要求和知性要求,毕竟留下了满足各种语言现象认知欲望的烙印,以及留下了语言行为者的纷繁复杂的个体兴趣爱好的目标要求。因此,在我们将语言能力同"自由"①的特征联系起来时,并非在一种知识对象的意义上赋予语言能力以自由的地位,自由的语言能力只是纯粹地秉承语言意志规定的能力,这样的语言能力只能是作为一种理性的纯粹能力存在。依据先验哲学的先验理性论,任何缺失了语言现象经验的语言能力除了作为纯粹能力的存在并不能获得一丁点的自然经验说明,即使这样的纯粹的语言能力确定无疑,我们也无法获得认识它的经验之路,即语言现象认知的经验之路。总之,我们的语言意志及其纯粹性语言能力应该是一种具有实践性特征的存在,语言意志及其纯粹的原则能力在其自身存在的过程中必然地走向语言现象的经验之路,而实现这种语言意志原则规定的经验能力就是一种现实的语言能力。具体而言,现实的语言能力就是经验语言现象中的"听、说、读、写、思"等的能力。如果说经验过程的语言能力作用遵循了语言现象的存在规律,那它也应该首先秉承了语言意志的纯粹命令,即一种去除了所有语言现象经验要求的、源自语言行为者自身的纯粹命令。因此,语言能力并非仅仅体现为一种语言现象经验过程的能力,它更应该体现为一种语言意志规定的原则能力,体现为一种理性的先验语言形式存在的纯粹能力,语言能力的存在必然地统一于理性的语言行为者的存在过程之中。

---

① 〔德〕康德:《纯粹理性批判》,邓晓芒译,人民出版社2004年版,第433页。

第五章 语言现象经验的行为原因辨析：语言能力与意志

在现代语言学或现代语言哲学的思考中，语言意志的原则能力和存在问题在经历了语言现象聚焦和语言现象分析的全面解构之后，基本上成了一种"无必要本质"的代名词和导致争论不休的"超验问题"而遭遇到拒绝或消解。其结果就是根据语言现象中的"客观对象"分析来阻断语言能力的先验主体的回归之路，并将语言能力是什么的答案完全限制在语言现象的经验过程之中。语言能力的存在问题无需任何本体性的探究，如果存在关于它的探究，那就是语言现象分析过程的探究，似乎语言现象的探究一旦成为科学探究，那语言能力的存在也就自然地可以成为科学研究的对象。于是，不但语言学研究依然在重述语言现象的历史，而且语言哲学研究也未能完成自身研究的初衷。莱布尼茨的"语言理想"仍然还是一种奢望[1]，弗雷格的开创性努力仍然没有结果，语言现象研究的科学之路并未带来关于语言现象和语言存在问题的预期答案。诚然，对于语言现象的认知研究，我们不可避免地要设定它的客观性地位，而且承认语言现象存在的经验意义和地位，语言能力的作用可以发现这样的意义和地位，但这样的意义和地位除了作为语言现象的特征之外，它与语言能力以及与语言行为主体的关系并未凸显。语言能力更多地体现为一种工具性的能力存在，其作用主要地体现在语言现象世界的意义逻辑和标准化形式的发现和建立之上，那些涉及语言能力为何可以发现语义逻辑和形式化建设的原因问题不再获得应有的关注，语言现象的经验过程在一定程度上被过渡为一种语言现象的分析过程，语言能力只能是受制于语言现象世界的分析内容的经验能力或工具能力，从而失去自身所秉承纯粹理性与先验存在的能力特征。此外，将语言能力归于语言行为者时，我们就在进行一种理性能力存在的确立，即语言能力总是作为人类自身的能力存在，一种联系于理性的纯粹语言原则的能力存在。

语言现象的经验实现于语言行为者的存在世界，语言意志作为一种原

---

[1] 〔英〕尼古拉斯·布宁、余纪元编：《西方哲学英汉对照辞典》，人民出版社2001年版，第1041页。

则能力内在于语言行为者的存在过程,语言能力的拥有主体并非语言能力自身而属于理性的语言行为者;如果说我们的语言意志具有纯粹的原则性规定能力,如果说语言能力秉承了先验语言形式的特征,我们就会习惯性地将它们视为主体性的存在,就会习惯性将这样的能力同拥有这种能力的主体混淆起来。于是,"语言意志具有自由的语言能力""语言能力经验了语言现象"等命题就不断地出现了。实际上,语言行为主体和语言意志或语言能力并非可以等同的对象性存在,后者只能作为前者的本质属性或必然特征而存在,即语言行为者具有语言意志的原则能力和经验语言现象的实践能力。对于语言行为者而言,凭借语言能力的应用而经验语言现象的过程就是言说、读写、思考的过程。在这样的过程里,才可以宣称自己的言说能力、读写能力和心理语言图画的呈现能力,以及"概念语言"的形成能力和记忆能力,等等。理性的语言能力(包括语言意志)通过认知语言现象的行为发生而不断地标示自身存在的真正位置,即理性主体的位置,尽管我们可以确定性地断言这种能力的存在和作用地位,但这样的断言却一定要建立在语言行为者及其语言现象经验的存在过程中,任何离开这样的存在过程的语言能力辨析和证明都不可能取得预期的成功;同时,语言能力的存在也并非可以完全地等同于语言现象经验过程的现实能力。

不管我们的语言能力是体现为语言感性的能力,还是体现为语言知性和语言理性的能力,以及体现为其他任何形式的能力,它都应该是作为言说者主体的能力,都是作为我们心灵中语言行为和经验直观中语言行为的根据。总之,我们作为语言行为的主体最终成为如此语言行为的决定者和施予者,语言能力的纯粹与自由在于语言行为者是否具有自身应用这种能力的自由,直接体现了语言意志的原则要求,即体现了语言行为者的非语言现象条件和因素所决定的本质要求。在我们将语言意志与语言存在的"自由"的联系起来时,其实是在语言行为者的"自由"世界里进行这样的探讨,因为只有语言行为者的"自由"前提存在,方可拥有并提出"语言意志自由"的问题。所以,一旦我们将语言意志的原则规定赋予一种自由的地位，那拥有这种地位的主体就是语言行为者的存在，或者说，理性存在决定了这样的语言意志及其规定能力。不仅如此，语言意志的规定能力一定要成为一种语言实践的能力，即成为语言现象经验能力。如果说语言意志的规定能力通过人类的存在必然地表现为一种语言现象产生的理性主体性根据或能力性原因，那语言能力就不仅仅是一种纯粹的理性能力，而且是语言现象经验实践中的具体能力，一种涉及对语言现象的具体内容进行具体处理的能力存在。因此，我们所谈论的语言行为者作为理性主体性的存在不仅仅是关于语言现象经验能力的主体，而且是关于这种经验能力存在之纯粹原因的主体，即拥有纯粹语言能力的主体。从语言行为者能力的二元结构来思考，语言行为者主体所具有的能力及其特征总是要在语言现象的认知里表现为语言感性与知性的经验作用，总是要在语言现象认知里表现为理性之语言意志的规定必然。倘若说语言能力的作用结果带来关于语言知识的收获，那语言意志及其原则能力则带来关于语言现象知识结果的理性主体根据。正是这种基于语言意志存在的根据，语言现象及其知识体系才成了独立于自然物世界的人类语言活动成果，成为我们共同经验的自然物世界之上的美丽语言图画。在此，如果说没有美丽语言现象图画的"先验语言世界"对应于纯粹语言意志的自由世界，那美丽的语言现象图画则对应于语言能力的经验现实和结果。

总之，在语言存在问题被解析为理性存在过程的先验语言形式和经验的语言现象的问题时，我们的关注点是在作为内容或结果存在的语言对象方面，即我们是在面对理性存在的语言现象和根据，不论这样的情形是否发生在我们日常经验的语言现象世界，只要我们面对语言存在的结果内容，我们就会就将这样的结果内容联系到相关的语言行为发生，而语言行为的产生离不开语言行为者的语言意志。因此，关于语言存在及语言现象知识形成过程的探讨必须回到语言行为者自身及其经验语言现象的过程。而且，只有具备了理性存在自身的语言意志，语言现象经验中的"语言意愿"才会真正地体现语言行为者的实现。语言意愿并非等同于纯粹的语言意志，它具有心理经验内容的语言意志，或者说，它存在于语言现象经验的心理过程，只有语言意愿的内容才可能作为语言能力所要贯彻实现的语言现象规定和经验目的，也只有语言意愿的出现才使得我们可以从语言现象的经验认知走向"语言意志"的存在说明。

第六章

作为心理形式和行为能力的语言意愿

在语言存在的经验世界里,作为经验结果呈现的语言现象包括了外在的自然语言部分和内在的心理语言部分。语言现象产生于语言行为的发生过程,而语言行为的发生又要决定于理性主体的语言意愿;语言意愿既可以是关于语言存在的心理经验的意识对象,又可以是语言现象经验的行为能力;语言意愿在最为直接的经验意义上贯彻并实践着理性存在的纯粹语言意志原则,它应该作为语言现象之意义研究的经验性本源。

在语言存在的世界里,语言现象经验的发生一定是作为语言行为者的存在事实,即所有的语言现象经验行为都是基于我们自身存在的现实。在如此的"现实"里,我们所拥有的是关于语言存在的现象及其经验的世界。为了更好说明语言行为者在语言现象经验中的主体性地位存在,也为了更好地说明语言意志和语言能力存在条件下的心理语言目标,我们可以在语言意志之外提出"语言意愿"的概念,并以此作为区分语言行为者的经验命令和先验纯粹命令的分水岭;如果说语言意志代表了纯粹理性世界的语言存在形式,那语言意愿就是关于语言意志的、具有心理经验内容和特征的语言存在形式。

1. 语言现象的经验与"语言意愿"

从语言意志的自由特征而言,我们所面临的是关于语言存在之纯粹理性"自发性"① 原因的追问；如果说追问的目标从来就不曾离开过语言现象的领地，如果说追问的目标曾经存在于语言现象存在原因的无限进程中，那这样的目标绝不会是目标本身作为现实经验中的对象，所有的可能只能是作为目标存在的规定和作用结果，只能是目标存在条件下的现实化结果。这样的"结果"要么为外在自然形式的语言现象，要么为内在心理经验的语言现象，即我们大脑中所形成的"概念语言"和"表象语言"存在，它们是关于纯粹理性原因追问的心理成果和自然成果形式存在。当然，追问的意图并非要改变语言现象产生的经验之源或将它等同于纯粹的语言形式之源。就语言现象经验的心理"意愿"（语言意愿）而言，它只能是我们心灵中的具体经验内容或命令，它可以是一个关于自然世界和语言经验世界的想法、观念和规划，或者一个可能会带来经验的语言能力应用的心灵指令。这样的"语言意愿"区别于语言意志或"先验语言形式"② 之处就在于它作为心理内容而存在所具备的经验性特征，就在于它可以依据语言现象经验的需要来影响语言行为的具体发生。不仅如此，在"语言意愿"的经验性特征方面，它区别于"纯粹语言形式"之处还在于一定是作为心理经验的对象内容而存在，即作为心理经验的语言形式而存在。在此意义上，它等同于心理语言现象，等同于我们的"概念语言"和"表象语言"内容。一旦这样的语言意愿形成，它作为我们心灵中的经验形式也自然成为语言现象世界的有机组成部分。这样的"语言意愿"概念所涉及的内容就是关于语言现象之内的东西，而非关于语言现象世界之外的东西。所以，我们在讨论语言现象的存在形式及其相互区分的问题时，并非要将心理经验的语言现象世界（构建于"概念语言"和"表象语言"之上的世界）排除于语言现象世界之外，语言存在的现象内容也并非只属于自然形式的语言文字系统，心理经验的语言形式将语言现象的世界扩展

---

① 〔德〕康德：《纯粹理性批判》，邓晓芒译，人民出版社 2004 年版，第 433 页。
② 肖福平：《理性主体的地位特征与语言存在形式的确立》，载《广西社会科学》，2011 年第 10 期。

到一种非自然形式的范围，扩展到一种"主观心理世界"的领域。如果说我们在讨论语言意愿的存在时又不知道这样的"意愿"是什么，那这样的语言意愿就根本算不得心理经验的东西，任何缺失了经验基础的概念形式除了作为一种应该的纯粹知性形式之外，并不能获得自身"是什么"的判定。关于语言现象的所有知识体系都将不复存在，因为只有纯粹"语言意志"而无心理经验内容的情形并不会为"语言意志"添加什么，其自身的存在也就无从谈起，"语言意志"的存在情形同样会出现在先验语言形式及其原则能力的存在说明里。

　　语言意愿的提出不仅表明了语言现象的心理内容存在，而且表明了语言现象经验的行为原因。不论在心灵之外的自然形式层面，还是在心灵之内的心理形式层面，我们既有关于语言经验行为的结果现象，又有关于语言经验行为产生的"意愿"根据，而且，所有关于语言现象的经验行为都是基于这样的语言意愿的行为。正是基于这样的语言意愿行为，我们才可能将自身的语言活动区别于任何单纯自然的或机械的活动，如现代语言处理机的活动，我们才可能将自身的语言现象经验同那些贯彻了"语言意愿"规定的行为过程联系起来。实际上，在我们意识到自身语言行为的过程及其发生时，总是会将心灵的语言意愿清晰地凸显出来，并使之成为语言经验行为的心理根据，否则，我们就会将语言现象的经验动机和过程展示归属于外在对象的使然。在心理经验的范围之内，除去语言意愿的经验性特征存在之外，它对于语言行为的经验发生具有决定性的影响。当然，这里的语言行为只能属于语言现象经验过程的感性行为和知性行为，语言行为的感知体现说明除了依据语言现象的经验过程，包括自然经验和心理经验的过程，它不可能凭借任何其他的过程来加以体现或说明。只有在我们经验了属于语言现象世界的对象存在时，只有在我们经验了语言现象世界的语言意愿时，才可以真正地体验语言现象或语言意愿下的知识世界，以及作为理性的人的主体性地位真实，才可以真正地实现从语言现象结果到其行为意愿再到其行为意志根据的贯通。语言意愿成了所有外在语言现象取得理性主体归属的最为直接的经验原因，所有外在语言现象（自然语言）因为语言意愿而不再独立于我们之外。语言现象的经验不可缺失语言行为者的指示或命令，这样的心理指示或命令源自我们意识之内的语言意愿。

语言意愿在实际的语言行为发生中还可以进一步区分为内在形式的状态和外在形式的状态，即实现为自然对象结果的状态和局限于单纯心理形式的状态，不论它以何种状态存在，都可以在相对性的意义上规定着语言现象的经验行为。如果说在语言意愿和现实语言行为之间可以确立一种因果关系，那这样的因果关系也不能带来关于何为"因"何为"果"的绝对确定性建立，它所具有的只能是一种相对意义或"习惯"①的建立。总之，我们在语言现象经验的视域中不可以具有无语言意愿的语言行为，也不可以具有无语言行为的语言意愿（语言意愿本身就是作为心理语言行为的成果）。语言意愿可以成为语言经验行为的起点和原因，但这样的情形规定或思考起点并非排除它本身作为语言行为结果的情形可能。因此，我们在具体的语言现象经验中总是可以找出语言意愿存在的前在心理原因或语言行为影响的原因，但这样的原因并未取得一种绝对意义上的指称，一种纯粹理性意义上先验形式原因，它所表明的只能是就某一具体语言行为而存在的具体语言意愿。它与其说是某个语言行为的原因根据，不如说是具有最为直接联系的前在环节。这样的"环节"处于因果关系的存在中，而为这种因果关系提供所有经验可能的就是关于语言行为者及其语言能力的存在，即人始终处于作为语言意愿主体和行为主体的位置上。

2. 作为经验"内容"与"能力"的语言意愿

作为理性主体的语言行为者在语言现象的经验实践中，其语言意愿的表现结果并非都要在自然形式的外在世界中出现。语言意愿在其内在心理

---

① 〔英〕休谟：《人类理性研究》，商务印书馆1957年版，第93页。

形式的存在方面可以是清楚明白的"概念"内容,也可以是模糊而暂时的心理"表象"闪现。语言意愿总是要体现为语言现象的内在形式。这样的内在形式也总是要体现为心理经验过程的存在,并成为一切可能的语言经验行为发生的某种命令或要求。语言意愿的要求和命令可能带来外在语言经验行为发生并产生语言现象经验的自然成果。当然,这样的发生只是一种可能,即语言意愿的要求并非一定要完全地带来外在语言经验行为的发生,一旦语言意愿不足以带来外在语言经验行为的发生,那它就只能是一种心理语言现象存在的内在形式,它就是那些在我们的语言现象经验中曾经"想过"而未"做过"的语言现象内容。一旦以心理经验形式出现的语言意愿带来相关外在语言经验行为的发生并产生现实的结果,我们的语言意愿就被转换成一种外在形式的存在。即一种非心灵概念形式和意向形式的存在,它或者为语音方面的外在形式,或者为文字方面的外在形式,或者为意义行为方面的外在形式,等等。可以说,一切关于自然语言现象研究的对象都应该被视为语言意愿的外在形式成果,都应该被视为语言意愿的自然形式转化。当然,我们没有权利去断言语言意愿的内容等同于自然语言现象存在的内容(就如我们没有权利去断言语言意愿等同于理性的语言意志的情形一样),同属语言现象的两种"内容"具有不同的存在形式和特征。所以,如果我们有能力去确定语言意愿的内容数量,那语言意愿的存在量将要远远地大于其外在实现形式的存在量。或者说,我们头脑中所拥有的语言现象的完全自然对象化将是一个无限的过程,自然语言现象的经验只是不完全地实现了语言意愿的要求。作为理性形式的纯粹语言意志体现("理性的必然要求"[①]下的实践使然),语言意愿在作为心灵中的对象存在时,一定是属于心理经验的语言现象。不仅如此,就如纯粹的语言意志具有语言实践特性一样,语言意愿在语言现象的经验过程里也具有自身指导行为的能力,而且是发生在具体语言经验中的指导能力。如果

[①] 肖福平:《康德自由理念的理性基础》,四川大学出版社2014年版,第108页。

说语言意愿的指导能力仍然需要自身存在的决定，那这样的决定就只有来自理性主体的纯粹语言意志或先验语言形式规定，一种纯粹理性世界的语言存在决定。因此，语言意愿既可以表明一种心理内容的语言现象存在，又可以表明一种语言行为经验中的一种实际的指导能力的存在。或者说，它可以不是关于语言现象的听说读写中的具体语言能力，但它一定要是心灵中"概念"所赋予的语言现象经验的指导性能力。如果我们只是将语言意愿单独地作为心理经验的"概念"内容存在，而不是联系到其贯彻能力的必然具备方面，那我们就不得不为这样的语言意愿贯彻寻找其他执行能力的存在。这无疑会将语言行为能力贯彻语言意愿的说明变得更加复杂、更加遥不可及。因为任何的语言意愿之贯彻能力的添加都要遭遇两者之间相互适合的问题，都要遭遇语言意愿与添加的贯彻性能力的统一性问题。一旦添加的能力超越了理性主体的世界，这种"能力"的作用就会变得无限神秘、难以理解。所以，只要我们将语言意愿的存在视为一种包含了意愿能力和意愿内容的结合与统一体，从心理语言意愿到语言行为之间就可以出现一种自我联系的桥梁。语言现象经验的一切行为发生就可以被视为一种联系于语言意愿存在的结果，语言现象经验中的所有语言行为就会真正地体现心理语言形式的命令规定，就会真正地体现语言行为者的主体性地位及其目标要求。

　　如果我们在语言意愿及其贯彻能力的心理经验层面上不能取得其存在的最后根据，自然也会在"根据"存在的问题上进一步追问，即我们在将语言意愿及贯彻能力视为一种语言现象经验的心理根据和能力原因时，这样的语言意愿和贯彻能力本身又该是由什么原因来加以决定呢？如果这样的"原因"存在，它是否还在语言现象经验的范围呢？在这些问题的思考上，我们自然地要面临两种情形选择：一种是关于纯粹理性的语言意志的决定；一种是关于自然世界或自然语言现象的决定。如果选择了前者，那我们就赋予语言存在的理性归属，也就认同了语言意愿及其贯彻能力决定的先验语言形式之路，即我们可以从纯粹理性的语言存在形式的世界中去寻找所有决定语言现象经验的最后根据或原因。当然，这样的探寻并非只是满足一种理性的纯粹思辨需要而不能为我们带来经验世界的决定结果。在理性存在的进程里，理性主体的先验形式应该成为一切现象认知的绝对性原因条件，于是，先验语言形式或纯粹语言意志应该是一种关于语言意愿或经验能力决定的先验形式。它可以为语言意愿提供一种语言现象经验之外的纯粹主体性原因，以及一种关于语言存在统一于理性存在的确切性地位。因此，语言意愿内容及贯彻能力决定只能源自于语言行为者作为理性主体的存在，源自于理性的纯粹语言意志规定。在理性主体的语言经验现实中，关于语言现象经验的任何语言意愿的经验决定可以因为语言现象经验的需要和变化产生，也可以是因为语言现象经验中的现实欲望与不安所带来的结果及行为发生，但我们一旦回到语言意愿及经验能力存在为何如此、为何被我们所拥有时，我们也就回到了自身存在的先验原因决定，即一种纯粹语言意志的决定。语言存在为我们所绽开，也为我们所自然对象化。在日常的语言现象经验中，我们总是不可能将语言意愿贯彻得满意与否、成功与否、平和与否等同语言现象所带来的变化结果分离开来；从经验的意义上看，我们的存在可以阐释为语言现象经验的存在，可以凭借语言现象经验去标示意识和意识对象的存在；只要我们保持着语言现象经验过程中的内容与联系统一，我们的心理就会伴随意识中的"概念语言""表象语言"等的要求，即伴随关于相关语言现象经验的语言意愿，而且是希望保持这种语言现象经验并不断贯彻心理语言形式命令的意愿。处于这样的语言意愿之下，贯彻语言意愿的能力所执行的就是维护语言现象经验的发生，并始终维护着语言行为者的主体性地位。语言意愿的存在与作用总是一种贯彻了纯粹语言意志原则的经验发生，这一经验过程的内容存在总是要体现为语言意愿的要求，总是要通过语言意愿而符合语言意志的规定。因此，一切脱离于语言存在之纯粹形式和意愿形式规定的语言现象经验对于人类而言都是不可能出现的，一切语言现象的经验及其成果获取的过程都应该被视为回归其先验语言原因的现实起点。

从语言存在的经验论来看，一旦我们在语言现象的经验中产生新的欲望或心理需求，原有的语言意愿一定就要产生改变，一种同新的欲望和需求相联系的语言意愿就会出现在我们的心灵世界，并产生关于这种新意愿的语言现象经验。从表面上看，语言意愿的形成和变化产生决定于自然语言现象，但这样的决定只是表明对于外在世界的表象得以实现，而实现的基础在于语言行为者所拥有的语言感性形式和语言知性形式，否则，自然语言现象变化和语言意愿变化的外在现实都将成为虚幻而无从经验，所有关于语言现象的现实都无法离开理性主体的决定而存在。因此，关于语言意愿及其指导能力决定的最后根据还在于我们自身之内，还在于理性主体的纯粹语言意志规定。当然，由于纯粹形式的语言存在原则对于语言现象的知识对象而言只能是一种"理念"的形式，这样的"理念"说明一定要发生在语言现象经验的结果说明中，任何脱离了语言现象的经验情形而去寻找语言意愿之"理念"原因的行为无疑是徒劳的。它除了为语言存在的经验论者提供支持外并不能提供任何有益的确定性"理念"目标，结果就会使得"语言意志"或先验语言形式成为一种不确定、不必要的本质而被加以抛弃，就会带来关于语言存在的理性之源和先验之源的漠视与无尽争论。

3. 语言意愿的实现状态与理性主体的语言意志

在作为语言行为者存在的现实里，只要我们立于语言现象经验的世界，只要我们具备语言现象应用和交流的经验能力和对象内容，自身的存在就一定要展示在这样的语言现象经验中，即体现为语言意愿的制造者和实现者。语言意愿及其经验现实的理性主体地位决定了自身存在根据的某种非自然属性，它作为心理经验的结果必然地奠基于理性世界的纯粹语言意志或先验语言形式原因，即语言意愿的理性决定条件和归属原则并非存在于语言现象世界的范围。如果我们可以离开语言现象经验的领域而回到理性自身的纯粹语言形式世界，那所离开的就不仅仅是关于语言意愿实现的经验对象和知识对象，而且是关于全部语言现象得以展示的经验世界，其结果就是将语言意愿存在的经验原因分析代之以理性的先验语言形式的设定与说明。当然，这样的"离开"只能是基于语言意愿存在的发生，只能是基于理性存在统一条件下的发生。"离开"总是联系着语言现象世界的发生，语言现象经验的"变化"在其"意愿"的决定中总是被视为一种理性主体的活动，而非一种纯粹的自然活动。不可否认，如果我们只是在语言现象认知的范围内来看待语言意愿及其因果联系的环节，那这样的环节就被限制在知识对象的世界里，其作为理性存在的先验语言原因就被加以暂时的搁置。搁置并非否定，它是出于对语言意愿及其行为成果进行知识性确立和凸显的需要。在语言存在的现象凸显中，语言意愿体现于语言现象经验中的"变化"与"目标对象"。"变化"关注于语言现象经验中的语言行为者的语言意愿状态和变化程度，而"目标对象"则是关于语言行为者进向或保持最佳交流状态和满意程度的语言意愿之规定形式。语言意愿的执行结果评价具有经验过程的可证性，它总是建立在语言现象的经验发生与"意愿"要求是否一致的结果之上，以及是否具有关于这种"一致"结果的心理经验或心理意识里的认可与满意状态。在涉及语言意愿及语言现象的"变化"上，我们通常会处于两种情形之中。其一是缺失心理经验之满意状态的情形，它表现为语言现象经验中表达形式的欠缺、表达效果的不如意，以及表达谬论的出现。当然，这里的"谬论"并非基于纯粹语言形式原则偏离，它只是基于经验的语言意愿要求的偏离；其二是获得满意状态的情形，它表现为期待意愿的实现，表现为最佳语言现象经验过程与结果的获取，表现为每一种语言现象经验活动的恰当发生，"意愿"所及，意义尽表。当然，关于语言现象经验的满意状态总是处于一种相对的与不稳定的情形之中，我们所拥有的"意愿"或"标准"毕竟是作为经验过程中的一个环节或一个原因，因为我们没有能力去定义语言现象经验的最佳标准，更没有能力去确立那种具有绝对性价值的语言现象经验的"最高法则"①,即理性之先验语言形式。于是,我们不难发现,语言现象经验中的"意愿"总要处于一种流变之中,总是要依据不同的语言经验情形而不断地产生和变化。那些关于语言现象经验的不如意状态总是要时时刻刻地出现在我们的语言经验行为之中,或近或远地联系于语言经验过程的语言意愿。总之,关于语言现象经验的满意评价总是要建立在语言意愿的标准之上,一定要基于语言行为者对于自身语言意愿实现结果的认可。尽管这样的"认可"还不可能是两者之间的等同而主要表现为一种心理经验的感觉,一种更多地标示为"表象语言"② 形式的感觉内容。

在经验的范围内容,既然外在语言现象经验中的内容及其存在属性所具有的经验性原因确立属于一种我们自身心理过程的语言意愿和语言行为中不可缺失的现象根据,我们对于语言现象经验的期待和满足总是不断地产生、不断地发展、不断地消失(一种特定语言现象因不可适合一种特定意愿情形而被遗忘)。语言意愿作为心理意识的对象,它本身就是心理经验的语言形式;作为语言行为的发生原因,它又是一种意愿能力,一种经验语言现象的现实语言能力。如果我们可以将语言现象经验中的变化情形看成心灵中不满足的结果,那我们对于这样的"不满足"不可能无动于衷。"不满足"本身就是一种语言意愿,本身就是一种语言行为命令,除非我们不再是生理和心理意义上的具有趋利避害、追求满意与完善的理性主体。所以,我们的心灵之内不但具有关于如此语言现象经验的心理原因,而且具有关于这种心理原因作用的执行能力,即一种实现心理意愿规定的行为能力。正如上文所述,这种影响并决定了语言现象经验过程中"内容"的语言意愿不仅仅作为心理意识中的概念形式存在,而且作为具备经验性能力的概念形式存在。简而言之,它就是理性语言意志下的具有

---

① 北京大学西方哲学教研室编:《西方哲学原著选读》(下册),商务印书馆1982年版,第286页。
② 在我们考虑将语言存在的经验内容视为一种语言现象时,我们也应该将心理经验的部分视为一种非自然语言形式"图式""的"表象语言"。

经验性地位的语言意愿。一旦语言意愿联系于自然语言的对象环节,并获得相关的自然表现形式结果,它作为语言现象的心理形式在其自身存在的原因问题上就具备了一条经验说明的道路,一种从结果到原因的说明之路,一种从外在直观到心理意识的说明之路。我们遵循这样的说明之路就可以在语言存在的认知世界中理清语言意愿与自然语言现象之间存在的因果关系,即语言意愿作为经验性的原因环节必然联系于自然语言现象的经验过程。

不可否认,如果我们可以将语言意愿或语言现象经验完全看成外在自然的存在过程而不具有理性主体的品质,那我们也可以说:语言意愿的存在原因并非源于理性主体而来自于语言现象经验的自然过程。但是,这样的假设只能说明语言意愿的经验联系和自然结果,只能说明经验结果限制范围之内的关系确立,它不可能带来关于语言意愿自身存在原因的确立。语言意愿的真实绝不完全是作为自然过程的真实,也绝不完全是作为心理语言对象存在的真实,它通过语言现象的自然与心理过程所体现的真实只能是一种在经验意义上所展示的真实,或者,只能是具有经验限制的真实。在语言现象的经验世界,语言意愿具有其经验的指导意义,一切语言现象经验过程的心理判断或状态还要凭借其语言意愿的是否贯彻执行来加以进行,它将是否"满意"与"实现"的判定结果无疑又作为一种新的原因或新的判定标准,语言意愿和语言现象经验总是处在不断的变化之中。显然,如果我们可以将语言意愿的产生和变化归因于自然世界的刺激作用,那语言意愿的存在就要决定于理性主体之外的内容,从语言意愿到语言现象经验的因果联系过程无疑又要被转换为从语言现象经验到语言意愿的过程。实际上,这样的转换结果并非建立在一种理性主体的前提之上,这样的转换结果也并非要确立新的语言意愿的结果地位。它所呈现的只是语言意愿的经验相关项,以及关于语言意愿指导作用的经验性关系。

当然,将语言意愿的产生归因于语言现象经验过程的"变化"可以为我们明确一种关于语言意愿生成的经验主义道路,也可以凭借这种因果决定关系的"误判"来确立语言意愿的经验性原因属性。因为我们作为有限理性的存在是没有能力去纯粹地呈现语言意愿产生的先验语言原因或纯粹语言意志原因，它们之间"永远隔着经验的帷幕"①，除非我们可以跨越语言存在的时空羁绊而自由，除非我们已经实现了全部的先验语言世界的原则要求而脱离于"无往而不在枷锁之中"②。于是，探寻语言意愿产生原因的经验之路虽然不能最终带来其存在的纯粹理性根据或语言意志原则，但这样的过程或行为却可以不断地为我们展示一条经验世界中说明之路。当然，语言意愿存在原因的经验导向无法离开理性原因存在的前提，语言现象经验的变化总是要作为语言行为者的变化，总是要作为承载了理性的先验语言形式存在下的变化。在日常的语言行为过程里，语言现象经验中的变化涉及所有的方面，或者为言说形式的情形，或者为文字表达的情形，或者为心理呈现的情形，或者为直白传递的情形，或者为蕴含暗示的情形，或者为传统表述的情形，或者为创新表述的情形，等等。简言之，语言现象经验中变化涉及人类自身所经历的语言现象的现实，涉及理性语言意志下的语言意愿要求的不断实现。在将语言现象经验的变化视为我们自身生活中的现实与可能的语言现象呈现的发生时，它就一定属于了人类自身所必然要经验的情形。或者说，任何涉及语言现象经验的变化都是符合我们自身语言意愿要求的变化，都是基于理性之纯粹语言意志的体现，都是基于先验语言形式存在的现实结果。

　　语言现象的变化同自然物的"变化"一样，它一定要取决于语言行为者作为理性主体的存在与活动，即取决于语言知性和语言感性形式的变化。只有语言行为者才是可能带来这种"变化"真正发生的根本原因，否则，任何关于它的谈论都将会变得毫无意义，"变化"本身也同样地会变得虚幻而毫无意义，所有语言现象"变化"的"意愿"规定和"满意"标准都会变得虚幻而无从知晓。只有在理性主体的语言现象世界，我们才

---

① 杨文极等：《德国古典哲学教程》，中国人民大学出版社1988年版，第9—15页。
② 〔法〕让雅克·卢梭：《社会契约论》，杨国政译，陕西人民出版社2004年版。

可以拥有理性存在的先验语言原因或纯粹语言意志，并在宏观的层面上获得关于语言现象经验的整体性和历史性知识，以及在微观层面上将语言现象经验具体到一个音、一个语言符号等的演变上。不管语言意愿或语言现象经验的变化发生在哪一层面，它都没有脱离语言行为者自身的行为规定而存在，只有基于语言现象变化的理性主体前提，我们方可回到正确理解"我们的语言现象经验"的道路上来。在语言现象知识的体系中，不论我们是否明白地拥有或制订关于语言意愿的语言现象经验之文法规律，它一旦作为符合语言意志要求的知识结果就要必然出现，这样的文法规律可以在传统的语法框架里出现，它也可以在现代语义逻辑的框架里出现，它甚至可以在任何其他的框架里出现。于是，在语言意愿和语言现象变化的文法描述之间，前者始终在引领着后者。如果说前者更多地体现着一种语言意志下的心理经验的偶然特性，那后者则更多地体现为一种自然经验的偶然特性。

总之，对于语言行为者的主体性作用而言，语言现象经验的变化发生并非要区别于自然物对象变化的必然性，因为两种"变化"都是关于我们自身的变化，都是因为我们自身的地位存在而呈现的表象结果。如果说语言现象和自然物对象秉承了一种自身变化的区分性能力，那这样的"能力"对于我们而言也应该是未知的。自然物的变化和语言现象的变化同样秉承一种能力的作用，这样的变化能力只能决定于语言行为者，决定于语言行为者的语言意愿存在，并最终决定于理性的语言意志。所以，在关注语言意愿时，我们既要展示作为经验内容和能力存在的语言意愿，又要强调作为理性语言意志决定的语言意愿。

4. 语言意愿及其实现的两个层面

在语言存在的经验世界里，作为经验结果呈现的语言现象包括了外在的自然语言部分和内在的心理语言部分。语言现象产生于语言行为的发生过程，而语言行为的发生又决定于理性主体的语言意愿；语言意愿既可以是关于语言存在的心理经验的意识对象,又可以是语言现象经验的行为能力;语言意愿在最为直接的经验意义上贯彻并实践着理性存在的纯粹语言意志原则,它应该作为语言现象之意义研究的经验性本源。

不管我们将语言现象的经验能力称之为语言意愿的规定能力,还是语言意愿的执行能力,或者其他的行为能力,我们都可以将它的存在明确为一种"想干什么"的能力,而且,这里的"想干什么"可以具体为"想什么"、"说什么"和"期待什么"。其中最为明白的活动就是"说什么",因为它的发生最为直接地将语言意愿的存在带入语言现象经验的现实之中,也最为明确地将语言现象经验的活动同其他的人类活动区别开来。一旦语言意愿通过"说什么"的环节而导致语言行为的现实发生,我们就能够将理性的一般语言经验行为联系到具体的言说行为及其内容,并且将这些言说的过程和内容作为具体的研究对象(作为自然语言现象存在的具体内容),从而展示语言意愿实现的结果。

在语言现象经验的具体行为研究中,奥斯汀和赛尔的语言行为理论可被视为相关研究的成功典范,具体经验过程的语言行为在其外在表现形式和表现结果方面在他们那里获得了专门的分析与凸显,语言现象经验行为的"说什么"第一次与"做什么"联系在一起。语言现象经验不再是单独的"言说",而是语言行为者通过言说行为的"做",是语言行为者实现语言存在的意义的自然化过程。所以,即使在"说什么"的层面上,语言现象经验的行为就不再是同"做"相对立的常识语言论,两者的关系是相容的,都是承载了相同"概念语言"或语言意愿规定的理性主体的经验行为,它们只不过是作为理性主体行为的不同表现形式而已,即凭借了自然语言现象经验的"言说"行为和没有"言说"的行为。如果我们将"语言经验行为"作为属概念的话,那"言说"就是一个种概念。不可否认,奥斯汀语言行为理论中的"行为"主要是关于"说什么"的行为,他所研究的对象仅仅是关于语言现象经验过程的外在发生、外在目的指示,以及外在结果期待等。如此的"说什么"或"语言经验行为"只能是一种发生在语言现象过程的限制性结果,一种将一般语言行为和语言意志能力加以搁置的结果。

在一定程度上,这样的结果可以被视为20世纪分析哲学发展的使然,也可以被视为语言哲学家所热衷的语言研究科学化的使然。或者说,语言行为理论的出现既要将自然语言现象作为客观的研究对象,又要将相关语言现象的经验行为和意愿动机都作为客观的研究对象。所有不具备这样的"客观"地位的部分都应该从语言科学的领域中加以摒弃,并由此期望关于语言存在研究的科学体系的形成。总之,"说什么"既成为"客观"对象般的语言行为,又成为"客观"对象般的研究内容。实际上,在语言经验行为理论的研究范围之内,我们同样在关注言说者的说话意图或打算,我们也同样在关注言说者的行为期待。然而,我们的意图和期待只是基于实际中所发生的言说行为或言说而产生的。如果我们将这样的意图或期待作为语言意愿解读,那它至多也只能是一种已经实现了语言意愿的存在状态,即它更多地是作为语言意愿的结果存在,而非是作为语言意愿本身的全部存在。因此,语言意愿在其"想干什么"的意义上保持着自身应有的地位,而且,语言意愿及其行为能力即使可以按照"言语行为理论"的三个方面①("想什么"、"说什么"和"期待什么")来进行说明。关于语言意愿能力说明的三个方面也只是描述了这种意愿存在的可能行为和关联领域,至于说语言意愿是否可以在三个方面或更多的方面完整地展示自己的能力地位和要求则要取决于这种意愿的现实发生程度。简言之,在语言意愿出现并拥有实现其自身要求的能力时并非总是要对等地带来关于这种能力和要求的全部实现,语言意愿及其能力的"拥有"只能是语言行为者的"拥有",只能是理性的语言意志下的"结果",尽管语言意愿仍然属于了我们心理经验的内容存在和能力存在。

在语言现象经验的世界中,语言意愿就是关于语言行为欲望的"想干

---

① 〔英〕奥斯汀:《如何用语词做事》,牛津大学出版社1962年版,第100—101页。

什么",它可以对应于具体语言经验行动的三个方面而分别体现为心理经验的欲望、外在表现的欲望和结果期待的欲望。在通常情况下,语言意愿所体现的"想干什么"并不可能同语言行为者在当下的欲望产生及其动机存在分离开去,因为任何经验的欲望都要联系于言说主体的自身需要和当下现实,并必然地伴随着经验现实与需要缺失的情形,其作为结果的状态就是语言行为者所遭遇的困惑和不满意。这样的状态总是会出现于语言现象经验的现实世界中,总是会同语言现象经验过程的不理想和不完美情形联系起来,即与语言意愿的不完全实现相关,其中包含两个层面的展示。第一个层面展示在语言现象经验的心理过程,即在形成关于语言现象心理经验的"表象语言"和"概念语言"时,我们所经验的心理语言现象总是要处在一种限制的状态下存在,总是要作为一种有限理性主体条件下的经验结果而存在,语言意愿存在的世界无疑属于语言现象经验的心理世界。在语言行为者的有限性存在中,心理语言现象或语言意愿内容与理性的纯粹语言形式存在之间始终存在着无法跨越的距离,于是,尽管我们可以不断地凭借自己的语言意愿能力来形成关于语言现象经验的"概念语言"和"表象语言",但我们总是行进在通向应该状态的纯粹语言形式的存在之路上,理性世界中纯粹语言概念或形式存在总是要远离我们的经验现实,总是要作为一种缺失语言现象经验的纯粹存在。只要我们不能从心理经验的层面来展示理性的语言先验形式存在,先验语言形式的世界对于我们而言就不可避免地成为一种缺失经验可能的世界。这样的缺失指向语言存在的非经验性形式的存在,指向语言存在的纯粹性理性原因世界。于是,一种企图以消除这种缺失状态为目标的心理欲望自然地存在于语言行为者的经验过程之中,一种企图将理性之纯粹形式或纯粹语言意志要求的可能性都加以心理语言现象呈现的欲望就自然地出现在语言现象的经验内容之中。不仅如此,一旦这样的欲望转化为明确的"概念语言"内容,它也就自然地成为我们所讨论的语言意愿存在。语言现象经验的心理意愿以达到心灵的满足和快乐为目的,它也是以呈现自然过程的"概念语言"再现为目的,语言意愿的存在和作用发生决定着两种语言现象形式(心理形式和自然形式)之间相互联系的实现。其结果不仅会导致语言现象经验内容的巩固,而且会导致那些作为理性基础的语言意志要求的"现实化"转变,尽管它们只是作为积极存在意义上的转变。于是,语言行为者的语言意愿总会在不断的进程中展示实现的内容并使得语言现象的世界更加丰富精彩。语言意愿的实现进程总会凭借着经验的内容存在而体现着一种希望纯粹语言意志要求得以实现的无限期待,语言现象经验中不断产生的语言意愿就是指向这种期待目标的心理经验基础。第二个层面出现在语言现象的外在经验过程之中,即出现在语言意愿的要求与自然语言现象的经验实现之间,两者之间同样存在实现程度的差异问题。如果说第一个层面所表明的属于语言现象经验中的理性基础与语言意愿及其心理经验内容的关系。那第二个层面所表明的就是内在的语言意愿与外在经验的自然语言现象之间的关系,于是,从第一个层面到第二个层面所联系的过程应该是一个由语言存在的纯粹理性形式到心理经验的语言意愿再到自然过程中的外在符号系统的过程。如果说语言现象经验的世界包括了所有的自然语言现象内容、所有的"概念"形式形成、所有的概念形式表达,以及所有的语言现象的意义体系存在(经验这样的世界对于人类社会的每一个言说个体而言无疑只能是一种可能和期待),那言说个体作为赋予语言存在"本性"的"有机生命体"[①] 所经验的语言现象内容就只能是"可能与无限"中的一个部分、一个片段或一个方面。因此,从语言现象经验的无限内容到语言行为者的现实经验过程就是一个从语言现象经验的完善的整体性存在走向不断具有语言行为者个体经验属性的部分存在,特别是作为自然语言现象的外在经验部分。

如果说第一个层面的发生只是关于语言现象经验的理性基础或语言意志对于语言意愿世界的某种缺失,那第二个层面的发生则是心理经验的语

[①] A. Flitner 和 K. Giel 合编:《洪堡特选集》(五卷本),第 3 卷《语言哲学文集》,达姆斯达特:科学书屋 1963 年版,第 2—3 页。

言意愿对于外在自然语言现象的部分缺失,即自然语言现象中的缺失是关于理性的语言意志缺失的缺失。相对于语言现象经验的心理"概念语言"或语言意愿内容而言,自然语言现象的存在形式更远地离开了语言存在的纯粹理性理念(即先验语言形式)。于是,语言现象世界的自然对象形式,就如柏拉图笔下的艺术形式或语词形式只是被视为"理念"的摹本的摹本一样①,同其纯粹理性形式之间还有心理形式的语言意愿。自然语言现象的存在对于理性的先验语言形式规定或语言意志的要求并非作为一种直接发生的结果,它必须借助于心理语言现象或语言意愿的存在过程,自然语言现象的存在实现直接地表现为语言行为者语言意愿的实现。当然,语言意愿的实现或心理语言现象的自然对象化总是要表现为一个不断进行和不断完整的过程,语言意愿的要求并非总是同步于自然语言现象的存在。在日常的自然语言现象经验中,我们总是会遭遇到一些自然语言现象的缺失和不在场。或者说,我们总是会发现自己远没有将心理经验的"概念语言"内容或"表象语言"内容彻底地加以外在形式的对象化,自然语言现象相对于心理世界而"有限",其结果就自然产生了心理语言现象无法有效地得以表达的情形存在。如我们的语音形式中"言不由衷"、语词形式中的"言不由衷",以及其他语言现象形式的"言不由衷";这样的"言不由衷"反映了语言现象经验过程的某些外在形式的缺失和不在场,同时,它也直接导致寻回或创造那些缺失的表达形式的欲望,一种意图将全部心理经验的语言现象形式都加以表达出来的欲望。当然,这样的欲望还是属于语言现象经验中的"想干什么",即语言意愿的存在要求。

5. 语言意愿的实现状态及其原因

在语言现象经验的自然过程中,不论是作为语言行为者的个体存在,还是作为语言行为者的整体性存在,我们都会在自然语言现象的经验中不

---

① 朱光潜:《西方美学史》,人民文学出版社 1963 年版,第 16 页。

第六章 作为心理形式和行为能力的语言意愿

断地创造和丰富自身口头表达的语音系统、书面表达的文字的系统，以及那些非语音、非书面的表达系统。这种自然语言现象内容的创造和丰富所遵循的一定是关于语言意愿的要求，一定是出于改变那些外在经验中的"缺失"、"不在场"和"有限"所造成的"不满意"的"做什么"。当然，由语言现象经验的外在表达形式的"缺失"、"不在场"和"有限"到内在语言现象经验中的"不满意"出现，再到"想干什么"的语言意愿的出现，所有的过程环节及其关联分析都不可能离开理性主体存在下的语言行为的经验发生过程。或者说，它们都可以被展示为语言行为者的经验性对象。对于语言行为者的存在而言，任何语言现象经验的自然形式的"缺失"不可能是一种完全的自然本身的缺失，它只能是因为理性主体的存在事实而必然地出现的关于自然语言现象存在状态的判定与体验，其伴随的心理过程必然地要出现因"缺失"而产生的"不满意"，产生克服这种"不满意"的期待与欲望，即我们基于理性语言意志而必然地要在自身的心灵世界中产生实现期待的语言意愿。这种产生于心理经验的语言意愿要求同样属于语言现象经验内容的范畴，即作为语言行为者的经验对象存在，而且是能够规定外在语言现象经验的对象存在。因此，我们尽管不可断言语言意愿本身"做了什么"，但我们却可以说语言意愿决定了"做什么"。这样的"决定"情形充满于全部的语言现象经验的自然过程中，即我们因为这样的语言意愿而说，因为这样的语言意愿而写，因为这样的语言意愿而听，因为这样的语言意愿而思，或者我们因为这样的语言意愿而在各个语言现象的经验领域有目的地行动。总之，只要语言现象经验的"缺失"、"有限"和"不满意"成为不可否认的现实结果，相关的"期待"和"语言意愿"原因就一定不容否认，相关语言意愿决定的语言行为发生就不可否定。在日常的语言现象经验中，语言意愿的规定内容总是关于其内在心理表现形式的概念形式和意象形式存在，它在语言行为者那里就是将语言现象经验的心理过程转换为外在自然过程的实现条件和能力。于是，我们说出的每一句话，表达的每一种语义，无不联系于语言意愿的

169

使然，无不产生于自然语言现象经验中的"缺失"状态的内在原因使然。如果说我们将语言意愿作为起始于理性主体之语言意志的心理经验的概念成果形式，并且将它设定为一个语言现象经验的起点，在这样的限制状态中就可以相对地确定一种经验过程的因果关系存在，即语言意愿的出现—语言行为的产生—"缺失"状态的自然语言现象。当然，自然语言现象的"缺失"可以成为经验过程中的语言意愿的产生原因，但这样的原因结果的形成基础只能在于理性的存在，在于语言意志和先验语言形式的存在。在语言意愿与自然语言现象的关系联系中，自然（外在）语言现象经验的行为一定要以语言意愿作为自己的原因环节，这样的原因环节也是作为经验结果的存在环节，而非作为某种纯粹的起始于理性自身的先验语言形式存在。在语言现象经验实践中，我们作为拥有语言现象的理性存在过程就是拥有语言意志原则而产生语言意愿和语言经验行为的过程，语言意愿的规定或指导发生就是一种语言现象经验的现实，就是一种实现语言行为者自身需要的生活现实。

如果我们作为语言行为者在语言现象的经验中并未拥有纯粹语言意志原则和经验的语言意愿之间的不一致，以及语言意愿要求和自然语言表现形式之间的差异状态，那我们就可以在所有的时空状态中拥有着语言现象经验的绝对完美状态，以至于"可以不受思想和感觉限制地自由运动"[1]。在"绝对完美"的语言现象经验中，语言意愿的世界不仅属于"概念语言"的心理形式，而且毫无例外地属于自然语言现象经验的形式。于是，我们的语言现象经验过程就不会出现语言意愿困于自然表达形式"缺失"和"有限"的情形。不仅如此，每一个心灵中的概念形式都可以等同于其理念存在的状态，每一个外在的自然语言现象表达形式都可以视为其概念形式的完全表达。一旦这样的语言现象经验的完美状态成为人类存在过程的现实，语言现象经验就不再是现象世界的活动，我们自身作为语言现象

---

[1] 姚小平：《洪堡特——人文研究和语言研究》，外语教学与研究出版社1995年版，第111页。

经验的现实就会被转换成一种无所不思、无所不说、无所不表的、无所不能的语言经验现实，即我们作为当下的有限语言行为者完全取得了无限的语言行为者的地位，语言意志与语言意愿、语言存在的先验形式与经验形式的划分将从此变得没有意义。语言现象经验的完美状态对应的主体应该就是无限语言行为者，这样的完美状态一旦成为现实，它就会在纯粹语言形式方面、"概念语言"方面、语言言说方面，以及所有语言现象的表达形式方面产生前所未有的同一和统一，从整个世界中全部对象（包括自然语言对象）的经验到全部心理语言现象形式的产生，从全部心理语言现象形式到所有外在自然语言现象形式的产生，以及从全部外在语言现象表达形式到所有意义的表达，没有一个过程存在着不相等同和不相融贯的情形。如果说它们之间的关系对于有限的语言行为者而言属于完美大于现实的关系，即语言意志的事实 > 语言意愿的事实 > 自然语言现象的事实，那么，它们在万能语言行为者的世界里就是一种等同关系，即语言意志的事实 = 语言意愿的事实 = 自然语言现象的事实。如果后者的情形能够成为我们经验语言现象的实际发生，语言意愿就自然成为一种不必要的心理经验对象和能力存在，因为我们在语言现象经验的问题上根本就不会缺失什么，也不会出现任何纯粹语言形式与经验语言形式、心理语言现象与自然语言现象之间的不一致或矛盾，理性之先验世界的语言意志原则自然会完全地在语言现象经验的过程中加以实现。总之，我们在作为完全理性的万能语言行为者存在时，就不会再面对关于任何语言意志命令、语言意愿、自然语言现象缺失的问题，语言现象经验的现实就是全部语言意志要求的现实，就是所有语言意愿自然化实现的现实。如此的"现实"只能是关于理念世界实现的设想，只能企图消解语言意愿存在的设想，当然，如此"设想"的万能语言行为者并不属于我们人类的存在。

我们渴望语言意愿要求的完全实现，更渴望语言意志原则的完全实现。我们虽然不可改变自身的"有限"却还要不懈地坚守这样的梦想，还要不懈地将我们的纯粹语言世界的意志规定呈现为语言意愿的要求，还要不懈地将语言意愿要求呈现为完全的自然语言现象表达形式，还要不懈地将自然语言现象的表达形式赋予完全的理性意义传递。就如莱布尼茨一样，我们渴望建立这样的一种语言现象系统的表达体系①，可以凭借它来解决语言现象经验中所有问题。就像我们利用数学中计算来获得答案的情形一样，只是数学的方法仍然是一种有限的经验归纳。如果说莱布尼茨的想法涉及关于语言现象经验的"理想"状态，那我们就可以将后来的弗雷格、罗素、蒯因等语言哲学家视为探索这种"理想"实现的思想实践者。只是这些实践者并未严格地遵循莱布尼茨的"理想"之意，更不具有康德哲学的理性探寻之路。他们所实践的"理想"在于语言现象的世界，在于具有科学性与知识对象性地位的"形式化语言"或数理逻辑体系。这些思想实践者坚守了语言现象研究的逻辑经验主义之路，并且将语言现象经验的"理想"视为一种形式化的语义逻辑的建立，一种具有客观性地位的对象体系的建立，只要我们将人类使用的自然语言形式或自然语言现象还原为他们眼里的"形式语言"，我们就可以将语言现象推向其"理想"状态的存在，一种绝对地表达正确意义的语言现象存在。当然，这些语言哲学家的工作远远没有到达"理想"目的，有的甚至因为繁琐的语言现象分析而陷入"非理想"的结局，理想的语言现象体系建立仍然还是一种"理想"。于是，在我们从语言现象建构的理想状态中离开之时，看见了自己作为有限的语言行为者的现实，一种必然地发生着语言现象经验并不断地产生着语言现象经验的自然形式结果，以及对应着这种自然形式的心理"欲望"或"语言意愿"。如果我们从语言意愿的实践视角来看待语言哲学家们的"科学语言现象的思考和分析"，那他们的形式化语言或语义逻辑建构也是一种企图将"概念语言"的理想状态变成自然语言现象的活动。"科学语言现象的思考和分析"活动在其本身出现的事实上就是关于语言现象经验主体存在的有限理性存在的事实，一切涉及这种"事实"的

---

① 陈乐民编：《莱布尼茨读本》，江苏人民出版社2006年版，第89页。

语言现象经验不容置疑，任何关于这种"事实"的质疑就是对于所有语言现象经验发生的理性基础的置疑。这就等于将我们自身的语言存在根据置于一种理性之外的存在之中，而理性之外的"存在"除了作为臆想的虚无之外不能为我们带来任何有益的有限超越，即使那些以"经验论"和"自然神论"建立为使命的思想家们同样也不能绕过语言现象经验的理性主体存在。柏拉图有他的"摹本"或"摹本的摹本"的缔造者，康德有他的先验理性形式下的现象世界的表象者，以及"直观中的心灵的变化"和"心灵的规定"。① 作为理性主体的语言行为者，因为自身的纯粹语言意志而无限，又因为自身的语言现象经验而有限。

在语言现象经验的过程里，我们对于自身作为有限理性存在的语言原因确定或解释总是要依赖于经验的环节，总是可以借助于发生、正在发生和将要发生的语言现象经验。有限语言行为者的先验语言形式原因及其语言意志原则总是可以在"经验实在"的语言现象世界中获得体现和说明。倘若这样的体现和说明联系到纯粹语言原因本身的对象性确立，我们则可以将它暂时搁置起来。对于有限理性存在的语言行为者而言，先验语言形式说明的起点在于语言现象经验的现实结果，而非离开现实结果的纯粹语言世界。作为语言现象的经验结果只能是理性主体的语言行为结果，只能是决定于语言意志的结果，理性主体之外无语言行为者。否则，在我们面对语言存在的过程中，就有可能自然地将语言现象经验中一次次的收获结果或一次次实实在在的收获知识联系到一种作为他者存在的主体作用。于是，一种可以超越语言行为者个体之有限性的神性之在往往会被加以设定，而且，这样的设定主体在宗教世界的语言行为者那里会慢慢地变得理所当然，并成为他们眼中的所有语言现象经验中未知原因的缘起者。神性论者会在一种习惯中将语言现象经验的"缺失"之"不满意"和"缺失"之"欲望"归因于神性之在的安排，作为无限理性的和自然对象化特征出

---

① 上卷康德：《纯粹理性批判》，李秋零译，中国人民大学出版社2004年版，第69页。

现的万能语言行为者的存在使然。结果，我们就可以在自身语言现象经验的过程中为已知的情形和未知的情形找到一种"设定"的客观存在的语言原因。显然，不论这样的"设定"是否可以在语言行为者的经验中得以真正地实现，也不论这样的"设定"是否具有说明理性之先验语言原因的想象，万能的语言主体"设定"所依据的语言现象经验事实却是实实在在的，作为结果存在的语言现象在语言行为者的经验中总是确定的和具体的。当然，语言现象结果的确定性和具体性只能是在一种开放意义上的存在特征，即在理性主体的存在中，语言现象经验的内容永远是一个不断到来和不断消失的变化对象，即使是语言现象经验的心理过程也莫不如此。当然，"万能语言行为者"的设定也并非完全荒唐，至少说，它可以成为我们超越自身有限地位存在而实现无限世界的写照，即渴望成为无限语言行为者的写照。我们可以在有限理性的进程中去想象理性的语言意志在语言现象经验中彻底实现的情形，却没有能力去经验纯粹语言形式的世界。我们所能经验的对象只能是语言现象及发生的事实，我们所能做的就是承认这样的事实，即承认语言现象经验的"缺失"、"不满意"、"欲望"和"做什么"等。它们或者出现在语言现象存在的原因环节，或者出现在语言现象的结果环节，或者出现在语言现象的行为环节。这些环节必然地作为理性主体存在的语言现象展示。只要我们作为理性主体的地位决定着语言现象经验的现实结果，那些因科学性和知识性而暂时"搁置"起来的理性语言原因（纯粹语言意志原因）就会自然地回到语言存在问题的揭示过程。理性的纯粹语言意志、心理过程的语言意愿及其伴随的各种状态不仅属于语言现象经验过程的发生条件或结果，而且属于语言行为者自身存在标示的必然方面和结果。语言意志及其纯粹的语言感性形式和知性形式可以不被我们所经验和意识，但它对于语言行为者的存在和作用却无法否认，同时，语言意志下语言意愿一刻也不会消失地伴随着我们的心理过程，尽管我们并不总是要将这样的语言意愿带入清晰的意识之中，就以我们口头表达的言说经验行为来看，我们可以在言说过程中并非总是要用自然语言的形式描述相关的语言意愿,语言意愿在自然语言现象的表现方面处于被"忽略"的情形,但这样的忽略并不能真正地代表语言意愿的"不在场"。或者说,语言意愿及其相关状态的存在体现在所有的语言现象经验过程的情形一直存在。只要语言现象经验的过程必然地表现在理性主体的生理和心理过程,这样的过程就无需被想象为某种非理性主体存在的过程,语言存在的原因也无需"万能语言行为者"的创造。从语言现象的经验过程来看,语言意愿及其相关的状态就是一种理性主体的语言现象经验欲望和现象,就是一种会出现在生命过程中的语言现象应用欲望和现象。而且,这样的欲望和现象既保证了语言现象过程的自然经验性特征,又保证了语言现象存在和经验的理性主体特征。于是,语言意愿存在于语言行为者的生命过程,一种将语言现象统一于自身的理性存在过程,这样的理性存在过程包含了语言意愿形成的全部原因、内容和指导行为,也包含了贯彻语言意愿的全部语言现象的经验环节,或者为经验原因的环节,或者为经验结果的环节,或者为心理的环节,或者为自然的环节,以及关于语言现象存在的所有关系基础。

总之,在我们如此将语言意愿及其决定结果展示为一种语言现象经验的对象时,也将语言意愿的存在放置在经验世界的范围之内,就如我们在饥渴中必然要产生吃饭喝水的欲望一样,"饥渴"与"欲望"只能是关于理性主体的存在现象。我们不能说这样的现象属于水或米饭自身的属性和特征。倘若饥渴的存在决定了我们生命维持的正常需要和提醒,这样的结果也只有在理性主体那里才是可能的,任何缺失理性主体的"饥渴"与"欲望"都是不现实的、不可想象的。因此,任何关于自然语言现象决定了心理"概念语言"或语言意愿的经验论断言都应该是凭借理性的前提而成为可能或现实。因此,语言意愿的存在源于理性存在的需要,源于理性存在的语言意志规定,只有基于如此的前提,我们才可将语言现象经验的欲望与意愿展示为语言存在过程的必然性发生。我们无需对语言现象经验中的欲望或意愿存疑,否则,就是在对如此存在的生命存疑,就是在对如此经验的语言现象存疑。

6. 语言意愿的表现形式和"有限"特征

对于有限理性存在的人类而言，只要我们面对并从事语言存在的现象经验，任何涉及这种经验的行为与成果就要秉承我们自身的理性原因规定，即理性的纯粹语言意志原则及作为心理表现的语言意愿准则就一定要存在或产生于我们之内，并决定语言现象经验的全部过程和内容；语言意愿作为语言意志在心理层面的实现，以及语言意愿要求的外在经验实现都将在"有限"状态中展开。语言意愿既是关于语言经验者的心理意识对象，又是关于语言经验者的语言行为能力；语言意愿应该在最为直接的经验意义上贯彻并实践着理性原因世界的纯粹语言意志原则。

在我们将生命的"欲望"和"困惑"展示为语言现象经验中的发生之时，会将这样的状态视为语言意愿或语言现象经验的"有限"使然，即归于语言意愿在心理实现过程的"有限"和语言意愿在自然实现过程的"有限"。如果说语言意愿的理想更多的是基于纯粹语言意志的"应该"状态，那它的"有限"则是更多地基于语言现象经验的实现状态。作为有限理性主体[①]的语言行为者，我们所拥有的只能是语言意愿"有限"经验的现实，当然，这样的有限经验现实具有完美理性世界的语言意志根据，并且体现为一种心理经验过程的意愿存在，一种语言经验中的行为准则或行为能力存在。语言意愿及其能力尽管存在于语言现象经验的过程中，但这样的过程毕竟还是一种内在的心理经验过程，其内容也还是一种合符心理经验要求的语言意愿形式。语言意愿在自然语言现象中的完全实现是可能的，但不一定是现实的。语言行为者作为有限理性存在的地位在最为直接的意义上展示为语言意愿实现的有限性特征。

在现实的语言现象经验中，我们的语言意愿总是在一种相对实现的状

---

① 〔德〕康德：《纯粹理性批判》，邓晓芒译，人民出版社 2004 年版，第 1 页。

>>> 第六章 作为心理形式和行为能力的语言意愿

态中前行,我们没有理由相信自己的语言意愿已经完全秉承了语言意志要求而彻底地加以实现,更没有理由去认为语言意愿下的语言现象经验完全实现了语言意志的要求而完美。语言意愿必然地具备自身存在的理性基础,即语言存在的纯粹理性意志基础。并且,语言意愿总是要作为语言现象经验的内容而存在,否则,理性语言意志或先验语言形式原则对于语言意愿的决定作用就不可能加以确立。即使这样的"决定"存在,它也不会是具备我们的语言现象经验而存在,除非我们对于纯粹理性世界的语言图景的向往真正地产生于理性的必然,除非语言意愿真正地体现为语言现象经验的现实过程。在有限理性的语言意愿世界里,语言存在的纯粹理性意志要求并不可能完全成为我们语言意愿的内容。如果我们对于这样的先验语言意志没有遵循与应用,如果我们缺失遵循的能力与原则要求,源于我们自身的决定与语言现象的被决定关系就无法加以确立,更不用说这种决定作用的自然形式创造了。所以,在语言现象的经验中,任何关于先验语言意志决定语言意愿的确立都是关于"语言意志"的确立和"语言能力"的确立,都是关于语言现象经验中"有限"与"标准"判定的理性原因的确立。当然,这样的"确立"不仅仅是针对理性的先验语言意志,而且也是针对语言现象经验过程的具体对象。如果说前者代表了遥远的语言存在之家,那后者的经验过程就是通向"家"的现实之路。当然,语言存在之家的呈现可能只能实现于有限语言意愿的经验之中。具体而言,在语言现象的经验中,我们可以将"家"的呈现联系于经验过程中实际情况发生,如:知道语言词汇数量的丰富代表着心理语言现象("概念语言"和"表象语言"形式①)的自然表现形式的丰富,或者使用四川话和北京话两种自然语言现象比单独使用其中一种更有助于表现言者的心理言说意愿,或者学习外语有助于接近不同自然语言现象的行为者所具有的共同心理语言现象,等等。这些语言现象经验的过程导向的目的地绝非作为现象

---

① 相对于自然符号系统的心理语言现象形式。

177

存在的语言形式,而是具有普遍性、纯粹性、绝对性和自由性的语言存在的理性原因,即"先验语言形式"①。就自然语言现象的经验而言,如果我们安于现状,只是满足于已有的语词数量、满足于已有的四川话使用,以及只是满足于中文的交流,更多、更复杂的自然语言现象经验情形就不会被我们所拥有。我们也不会在语言现象经验进程中获得一种更为宽广的语言意愿的实现视野,贫乏的语言现象经验情形就会呈现为一种"遮蔽"情形下的语言意愿的实现过程,其心理存在内容就可能以一种低程度的形式出现,并相应地导致语言存在对于语言行为者个体体现的贫乏。于是,语言意愿存在情形的"有限"与"遮蔽"只能消解于不断丰富的语言现象经验过程,其结果就是不断地扩大语言意愿的心理世界,以及不断地获取更加理想的语言意愿及其表现途径,并最终实现语言意志的规定。

对于语言意愿下的语言现象经验而言,"有限"与"遮蔽"的情形或状态必然存在;语言意愿要求的内在心理呈现和外在自然对象化都要在"有限"实现的情形中展开。如果说理性主体拥有自身存在的先验语言意志的完整性,那这种"拥有"并非就一定等同于心理经验的语言意愿存在的完整性。它也更不可能等同于自然语言现象存在的完整性,语言现象经验的过程总是一个基于先验语言意志存在而发生的不断丰富过程。这样的情形在处于语言现象学习期的儿童那里会表现得尤其明显,语言现象经验的各个方面内容在儿童那里都会因为语言现象经验的初始时期而呈现"贫乏"的特征,种种具有经验性特征的语言意愿及相关语言现象的丰富过程不可避免,尽管这种初始时期的实现成果还可能不是那么发达和清晰。在心理语言意愿与其在自然过程的"有限"实现关系上,我们所经验的情形就是:只要语言意愿产生,自然语言现象表现的"有限"状态就是可能存在的,不论是言说的"有限",还是文字表达的"有限",以及其他自然语言形式展示的"有限",也不论语言意愿的目标如何承载理性的纯粹语

---

① 肖福平:《语言实践的"此在"与先验语言形式的"事实"》,载《重庆师范大学学报》,2014年第4期。

言意志的完美形式，它都要在自身的实现过程遭遇"有限"和"缺失"的发生。它要么发生在心理语言现象的经验过程，要么发生在自然语言现象的经验过程，并总是伴随着语言现象认知过程的"困惑"与"创造"环节。困惑与创造的现实状态决定于语言意愿的实现要求，以及处于这种意愿之下所有语言现象经验的行为能力发挥。不管我们处在语言现象经验过程的任何时候，只有我们的语言意愿方可决定语言现象经验的现实存在，除此之外，我们不可能在自然语言现象的对象内容上去获得其存在的决定，所有自然语言现象的存在决定只能通过语言意愿的环节而回到语言行为者自身。

对于有限理性存在的语言行为者而言，语言现象经验的真实过程就是体现为"有限"与"克服"的过程，并直接地表现为经验过程的"困惑"与"满意"，或者为心理经验中的情形，或者为生理表达行为中的情形，或者为行为结果存在中的情形，以及其他相关于语言现象经验的情形。不论语言意愿的实现状态出现在哪一个方面，我们的语言现象经验现实总是要对应于语言意愿要求的一种未实现，一种克服"不足"的愉悦。这样的经验现状出现本身源于语言意愿的存在现实，尽管"未实现"的自然结果方面似乎也可以是一种决定的原因存在，即自然语言现象经验似乎决定了语言意愿的存在，但这样的决定只能是承载了语言行为者决定的决定。语言意愿的"未实现"或许为"概念语言"经验时的发生情形，或许为我们在言说表达时的发生情形，或许为我们在选词表意时的发生情形。总之，语言行为者总是不能避免在语言现象的经验中遭遇自己所需要内容的部分缺失，语言行为者所经验语言现象的结果状态总是显得与语言意愿要求的完全状态存在差异。语言意愿作为心理世界经验的完整形式在"概念再现"和"自然再现"的过程中总是不能取得完全的实现，关于"概念语言"和"自然语言"的再现总是基于原初完整语言意愿的相对成果。因此，在我们将"有限"和"相对"特征归于语言意愿所带来的结果世界时，实际上是在将语言现象经验的整个情形区分为实际发生和未曾发生的部分。尽管说"实际发生"体现了语言意愿要求的最为直接的现实,那"未曾发生"的存在情形也不能简单地从这样的"现实"中加以排除,至少,它也是作为心理意识层面的经验"现实"。而且,我们从"有限"与"相对"的情形中也不能排除"未曾发生"的发生可能,一种走向语言意愿完全实现的可能。同时,在我们将语言意愿限制并确立为语言现象经验范围之内的原因根据时,实现语言意愿的要求就是不断克服外在"有限"表现状态的限制,一旦"有限"的情形不再存在于自然语言现象的经验之域,语言意愿要求就处在一种理想的实现状态。当然,语言意愿的实现结果只能是一种相对意义上的存在状态。作为理性语言意志体现结果的语言意愿,它自身的存在地位并非具有语言意志的纯粹性。相对于纯粹语言意志而论,语言意愿的存在地位只会是"有限"的和"相对"的。因此,语言意愿的完全现实对于有限理性主体而言就是一种处于期待中的可能理想(如果这样的理想存在于语言现象经验的现实中)。语言意愿虽然是关于语言现象经验的心理规定和要求,但它却一定要奠基于理性主体的纯粹语言意志,一定要实现于语言现象经验的过程,实现于那些经验中所发生的"相对"和"有限"历程之中,实现于那些语言现象经验的实际的和当下的需要之中。

7. 语言意愿的"在场"与理性地位

不管我们将语言现象世界赋予多么完美的经验形式和多么理想的经验状态,以及多么丰富的经验内容,它只能是作为语言意愿经验的使然。理性主体的"在场"作为所有经验的基础不会改变,并将语言存在"带入那自为的、持立的、保存一切的显露之中"①。不论是作为原因环节的语言意愿作用,还是作为结果环节的语言现象存在,语言现象经验的现实就是"有限"存在的现实,即不完全语言现象的"在场"现实。这里的"在

---

① 〔德〕海德格尔:《赫尔德林诗的阐释》,孙周兴译,商务印书馆2000年版,第198页。

场"既是关于"未曾发生"的在场,又是现实发生的在场,它明白地将语言现象经验的过程呈现为两种状态的发生,将语言意愿的结果区分为现实与潜在部分的共存。一旦我们在语言现象的经验中遭遇了"有限"的状态,我们就是遭遇了关于某种语言现象"在场"的"有限"。具体而言,我们或者遭遇了心理语言现象呈现的某种遮蔽,或者遭遇了言说表达的"言非所意",或者遭遇了符号标记使用的贫乏无力,等等。只要是"在场"的情形,我们的语言意愿实现就具有了一条自然化和对象化的经验之路,即具有了在自然过程中存在的标记,一种于当下存在的语言现象标记。正是在这样的情形之下,我们的"有限"才成为语言现象经验最终走向完善和理性的必要环节。作为理性存在的语言行为者,我们或许并不满足于经验范围的限制而要将语言意愿要求延伸到那些非现实的情形,即那些可能发生的情形,并断言有一种"可能情形"下的"完美"。对于这种非现实的"完美"只能是语言行为者无限经验下的可能,只能是语言意志目标世界中的存在情形。语言意愿一旦以纯粹理性世界的语言意志为目标,那这样的语言意愿就不会再作为可以被我们所意识或心理经验的对象内容,这样的语言意愿除了作为某种先验语言形式的存在之外并不具有任何现实的经验特征。如前所言,语言意愿只能是语言现象经验过程的心理意愿或目标要求,它在留下心理经验的意识内容的同时也要留下自然过程的符号内容。这样的内容会自然地通过"在场"与"不在场"的交替过程存在呈现于我们的语言现象世界。对于具体的语言行为者个体而言,语言现象的呈现总是相对的、有限的和不完全的,其结果直接地表现为语言意愿要求的实现状态,从而导致心理语言现象中的评判体验状态的出现,所以,对语言现象经验的"有限"及其表现形式的"有限"是基于语言意愿的彻底实现而言,是一种基于全部语言意愿实现要求下的现实状态。语言行为者的自身存在地位决定了"有限性"与"相对性"的必然产生。总之,只有语言现象经验的"有限性"与"相对性"确确实实地存在,语言行为者作为有限理性主体的存在才是真实的,语言意愿的实现才是必要的，语言现象的经验过程才是现实的。当然，"有限"与"相对"的语言现象经验及其对象内容只能是它们不完全"在场"的情形发生，一旦语言现象经验的"在场"不可确立，其结果也是关于语言意愿及其原因的不可确立，更不用说产生了如此语言意愿的纯粹理性原因的确立。这样的"不可确立"除了将语言现象存在归入神秘未知的"物自体"世界或非理性主体的世界之外，我们不可能获得任何有效的语言现象存在的原因根据。没有"在场"的语言现象经验结果，语言意愿的要求说明就会变得缥缈不定，也会变得难以具有经验实在性，所有语言意愿的蓝图及其实现的过程结果就不再属于当下。

语言现象经验过程所反映的就是我们人类自身所思、所言的过程，不论这样的过程涉及自然语言化的符号形式和语音形式，还是涉及心理语言现象的"表象""概念"形式，它们都是要作为语言行为者经验的对象而存在。并且，通过语言现象经验中的实现状态区分，语言行为者自身的语言现象经验也是一个"澄明着"与"遮蔽着"[①] 的相互交织过程，它所体现的是关于经验过程和经验主体之间相统一条件下的语言意愿的实现情形，而这种统一的基础就是理性存在。语言意愿在被展示为一种具体的心理经验过程并体现为具有具体概念内容和要求的心灵内容时，语言意愿也就成了我们所明确的语言现象经验的心理原因条件。同人类存在的其他意愿一样，语言意愿作为理性主体的现实既要归属于理性存在中的心理结果，又要归属于理性存在中的自然结果，不论是作为心理结果的环节还是作为自然结果的环节，它们都不曾超越语言现象经验的过程，即我们的语言意愿只能作为经验的原因和经验的结果而存在。当然，这样的语言意愿只是在其存在的属性特征上获得了描述，即经验属性的描述。如果我们从语言意愿的作用地位来看，心理结果和自然结果的提出有可能将语言意愿自身归到两个不同的方面，但这样的归置并非对于语言意愿存在统一的否

---

① 〔德〕海德格尔：《路标》，商务印书馆2001年版，第383页。

定,而是关于语言意愿存在过程的内容解读和行为能力解读。对于那些作为心理内容的语言意愿,以及那些源于语言意愿的语言行为,语言意愿无疑处在原因环节的地位上。而对于那些承载了理性语言意志原则作用并使之体现于心理过程的语言意愿而言,语言意愿无疑又作为一种结果的存在。如果说理性的语言意志原则指向语言存在的纯粹理性原因、绝对理性根据和原初本能决定,那语言意愿就是基于语言意志的经验再现。它以一种心理语言现象的形式而存在,表现为一种具有主观性质的语言现象经验的根据。只要这样的语言意愿被我们呈现为清晰的心理经验过程和清晰的概念要求,语言意愿就以"目标规定"的存在地位出现在我们的语言现象经验中,并同时展示执行"目标规定"的语言意愿能力。所以,在我们探讨语言现象经验行为的原因环节时,对于语言意愿地位的确立其实也是对于语言经验能力存在的确立。

在理性的语言现象世界里,我们现实地拥有这样的因果关系:语言意愿(语言意愿能力)→语言现象的经验发生及内容。语言现象的发生过程及内容在语言行为者那里的展示并非单一形式的存在,它总是以语言意愿的要求作为自己展开的原因根据,尽管这样的"根据"并未脱离经验的限制。从语言意愿根据的现实到贯彻这种意愿的结果现实,我们所经验的过程是关于语言意愿凭借"有限"与"相对"过程而实现于"在场"的状态之中,也是关于心理语言意愿在其经验实现中遭遇无限"不在场"的过程。它或者为部分遗忘的意愿,或者为误解与歪曲的意愿,或者为彰显的意愿,或者为失语而沉默的意愿,等等。如果语言现象经验结果的"有限"在于"概念语言"部分的不清晰,那么,语言意愿就必然地包含了实现清晰"概念语言"的要求,一种要将它加以清晰定义的要求。要将语言意愿要求同"概念语言"等心理语言现象区分开来将是一件非常困难的事情,我们只是说心理的语言意愿和依据意愿而产生的心理语言现象;同样,如果语言现象经验的"有限"在于自然语言现象的过程,那语言意愿也就包含了克服这种"有限"的部分,或曰关于完美自然语言的语言意愿。语言行为者的语言意愿经验就在于消除"有限"的困难和对于"不在场"的克服,从而使得语言现象经验过程可以恰当而有效地体现语言意愿的目标要求。不管这样的目标要求是否可以拥有完全经验的实现结果,语言意愿的心理存在和作用对于所有的语言行为者而言都是实实在在的。它们的经验特征和存在地位说明于语言现象的经验过程,尽管它们的存在原因还在于理性的世界。语言现象经验的"有限"与其说是经验对象与经验能力的"不在场",不如说是语言行为者纯粹语言形式于经验过程中的"不在场"。"有限"与"在场"的体验现实一定是发生于语言现象经验过程的结果,而且一定是涉及语言现象经验的心理体验状态。一切语言现象及经验过程的心理"体验"除了表明我们自己所经验的"有限"与"相对"的现实状态之外,还要表明这种状态存在的理性主体地位。对于有限地位的语言行为者唯有凭借这样的过程才拥有了语言现象经验的当下结果。因此,"有限"在语言行为者那里只能是经验发生和对象隐藏的"有限",只能是语言意愿实现的"不完全",只能是语言意志下的经验羁绊发生。在语言现象经验的"有限性"展示中,我们作为语言行为者的所思、所言、所写等行为的发生根据或原因可以被加以选择或搁置,却不能被否认。这样的根据或原因对于语言行为者而言总是归属于理性存在的意志原则和意愿准则,总是要体现为语言现象经验过程的"在场"与"隐藏"的情形出现。就语言现象存在的根据或原因而言,我们或许容易将"隐藏"的对象视为决定意志的存在,即将语言现象的经验内容视为理性主体的意志决定,但这样的情形只能是一种因为语言意愿与语言意志混同而产生的幻想,"仍是理性——知性的立法运用,有了这种立法运用,'经验'才成其为'经验'"①。不论是自然过程的语言现象,还是心理过程的语言现象,都是作为理性存在条件下的现象结果,语言(现象)借助理性向前发展。②语言现象存在的结果状况及其体验的"有限"状态可以被视为互

---

① 叶秀山:《康德之先验逻辑与知识论》,载《广西社会科学》,2003年第4期。
② 〔德〕赫尔德:《论语言的起源》,姚小平译,商务印书馆1999年版,第69页。

>>> 第六章 作为心理形式和行为能力的语言意愿

为因果的作用关系，但这样的因果关系却不得不最后决定于理性主体的语言感性和语言知性形式存在，不得不最后决定于纯粹语言意志的存在，尽管这样的"存在"无法通过语言现象的形式而经验。

语言现象存在决定于理性的语言意志及其语言意愿规定才是唯一的语言行为者存在的真实，任何因为语言现象经验的凸显而虚无理性存在的意志原因与决定终将会导致语言存在地位的经验性遮蔽，语言存在的本质是"存在本身的又澄明又隐蔽着的到来"①，我们作为语言行为者的理性原因决定就会因为语言现象的经验决定而让位于自然的"他者"。对于这样的"他者"，我们所失去的就是关于语言现象经验的自我理性基础。

因此，在我们重新回到自身语言现象经验的真实世界中时，仍然不得不承认：基于有限理性的存在，只要面对语言现象的经验过程，这种经验过程所秉承的理性语言意志原则及经验过程的语言意愿准则就不可否认，语言意愿对于语言意志的实现，以及语言意愿自身的实现都将在"有限"状态中存在。因此，一旦语言意志及经验过程的语言意愿实现的"有限"被确立为语言行为者存在的发生事实，我们在语言现象及其行为的原因分析方面就要遵循理性存在的先验之路和经验之路，并且一定要展示为理性统一中的先验语言形式存在和具有具体特征的、纷繁复杂的语言现象存在。语言现象存在对于语言行为者的个体而言就是语言之思的概念显现或概念关系，就是那些同处于语言意愿作用下而产生的声音现象和符号现象，以及符号意义的赋予关系，就是那些出现在语言行为者视野中并成为具体表达形式的自然语言现象。当然，作为语言行为者经验的语言现象内容在其存在的独立性和原因性方面只能具有相对意义上的特征，既非绝对的"因"，也非绝对的"果"，它只是针对一定的时空和状态关系而产生的现象结果。同时，语言行为者经验的语言现象内容也绝非一种孤立的自然对象或结果。关联于这种对象或结果的还有经验者的经验行为、经验状

---

① Heidegger, Pathkarks [C], Ed. By William McNeill. Cambridge, UK: Cambridge University Press, 1998. P249.

态、经验意愿和纯粹理性意志根据。它们不仅属于语言行为者个体的语言现象经验内容及理性根据，而且属于理性的整个人类存在的语言现象经验内容及其理性根据。所以，当语言现象内容作为语言行为者的存在现实时，它也作为理性世界的存在现实。语言存在的理性之路就是一条语言行为者作为理性存在之在的语言原因和结果世界的揭示之路。不论是基于纯粹语言意志的视角，还是基于经验语言意愿的视角，只要语言行为者的有限理性地位存在，语言现象经验的内容和状态存在都要伴随"有限"或"相对"的情形，都要伴随不断完善的过程。而且，只要我们面对这样的"有限性"或"相对性"，就面对了语言意愿与语言现实之间的差异，也就面对了纯粹语言形式世界与语言现象世界的区分。这种"面对"就是我们作为语言行为者的必然发生，一种作为有限性理性存在的语言主体的真实。于是，在理性的语言存在世界里，所有语言现象经验的过去、现在和将来都是朝向语言意愿完全实现的进程，都是语言意愿朝向纯粹语言意志的进程；如果这样的进程中存在着一个决定语言现象经验的初始理性原因，那这样的初始原因就绝非可以作为语言现象经验的确立对象，关于它的答案也绝非我们能力所及，所有实现它的过程都是"有限"的或"相对"的。总之，在语言存在的经验进程中，不论我们经验的语言现象内容多么丰富，也不论我们对于语言现象经验的成果多么满意，它都只能是"相对"意义上的语言意愿实现，比较于纯粹语言意志的"实现"，语言意愿的实现无疑属于语言现象世界的发生和结果。

第七章

语言存在思考的先验哲学论

在经验论者看来,"概念语言"和"表象语言"的形成无须理性思辨进程的纯粹性原则,也无需设定并应用这样的原则,结果,"语言知性"就自然地被限制为一种完全经验过程的知性,语言知性的问题也就自然地脱离于形而上学的本体论思考而回到经验的过程中来加以展示说明。而且,这样的"说明"被经验论者强调为语言存在的唯一展示之路。英国哲学家洛克作为经验论者的杰出代表,他的语言观里没有为心理语言现象的形成确立任何纯粹理性的原因或根据。在洛克的眼里,一切心理的语言现象形式分析只有经验之路可行而无需去询问语言行为者自身的形成基础,更不用说那种与生俱来的先验语言形式的存在与决定。洛克在语言存在决定的纯粹心灵原则或纯粹理性思辨原则的判定上做出了与康德哲学相反的回答,于是,语言存在的问题也就被视为语言现象问题。无疑,这样的语言现象经验之路开启并明确了现代语言学研究的对象与范围、方法与知识地位。然而,这样的经验论成就只能是作为理性主体存在条件下的现象结果,而且只能是一种具有相对意义上的现象结果,即一种由语言现象取代语言存在的所谓客观结果。那么,语言现象的经验之路又该如何成为通达语言存在的显示之路呢?依据康德的先验哲学思想,以及自然世界认知和自然语言现象认知的现实,理性存在的知性对于语言现象经验而言就应该体现为一种语言知性。语言知性首先要作为纯粹形式而存在,这种纯粹的语言知性所体现的就是理性存在的纯粹语言意志原则,即理性的先验语言形式原则。只有基于先验语言形式原则的存在，我们才有统一于这些纯粹原则中的纯粹语言概念形式，即一切"概念语言"形成的先验基础。正是具备了这样的先验语言基础，我们的心灵才能在体现自身的先验特征存在之时体现心灵之外的对象，才能在直观的心理过程中拥有关于一切外在之物的"表象语言"和"概念语言"。于是，在语言现象知识的形成方面，不论它是涉及自然语言现象的知识还是涉及心理语言现象的知识，我们所依赖的基础就只有那种属于我们自身的语言能力（语言知性和语言感性能力）。这样的"语言能力"拥有纯粹的自身源泉，这样的"语言能力"必然地体现于理性主体的语言经验过程。不论语言现象的经验过程是否完美地体现了它，它就是要那样伴随着每一个语言行为者的全部过程。唯有在这样的"语言能力"下，我们才有关于语言现象认知的结果，才有语言知识体系中的普遍性特征。这样的"语言能力"因为语言现象知识的事实而必然存在，同时，它又无需任何语言现象过程中的对象依靠或决定。

根据康德理性的先验论，所有自然世界或自然语言现象世界里的对象存在或关系存在都不能作为"概念语言"或"表象语言"形成的普遍性基础。这样的基础除了作为理性存在的纯粹语言原则或先验语言形式之外就不会再有其他的基础了，语言现象经验中的原因条件或因果关系只能是相对的和被规定的。例如，我们通过拥有认识语言现象的语言能力（语言感性和语言知性能力）可以拥有关于语词的心理经验，即拥有心理"概念语言"和"表象语言"的成果；只有基于理性主体的先验语言形式及其语言能力的实践应用，语言行为者方可以通过眼、耳、口等感官从自然世界或自然语言现象世界的直观中取得关于它们的心理语言现象成果，任何将语词的"表象"或"概念"成果视为某种外在对象的使然都会变得毫无根据，语言存在的纯粹理性原则就会因为经验决定论而变得虚无。这里的"虚无"就是一种要将理性主体的纯粹语言原则从自我存在中剥离开去的状态，其结果就是将语言存在的理性之源异化为外在的自然之源或神性之源，殊不知，异化的自然之源或神性之源却要牢牢地植根于理性主体存在的前提。同样，任何试图以经验的自然能力来代替"纯粹语言原则能力"的行为都不能为我们的知识辨明提供一种统一而普遍有效的基础；我们的语言感性和知性就是一种能力，一种必然地应用于语言现象经验中的能力。一旦缺失了这样的能力，所有关于语言现象或自然现象的经验或认知就会成为不可能，所有关于语言现象认知的知识存在就会显得荒唐。因此，当我们在先验论的道路去寻找语言能力或语言感性与知性的"居所"时，它并非存在于理性主体的世界之外，也并非要隔离于语言现象经验的世界之外，它就在语言行为者自身之内，就在语言行为者自身的语言经验过程之中。只要我们坚守这样的"本源"，只要我们坚守了"人作为了自然的尺度"，就一定拥有一切关于语言现象经验的知识成果，就可以将心理语言现象以及描述这种现象的自然语言现象加以确定。

1. 语言存在问题的理念论与先验观

从20世纪语言哲学家们所讨论的语言存在之"真"的思想里，我们可以发现，他们关于语言之"真"的最终确立都在事实与经验的"实证"上进行聚焦。在某种意义上，他们都遵循了洛克语言哲学的经验之道，或者说，语言认知过程的习惯或常识无疑成为一种标准，一种无需同纯粹理性原则加以联系和依靠的标准。20世纪语言哲学研究的经验论源头及其发展不仅是作为康德先验理性思想的修正和对立，而且也是作为传统理念论思想的修正和对立。尽管这样的"修正和对立"在一定意义上得到了语言现象研究的新哲学思路，以及提供给语言学研究的现象分析之路，但语言现象的分析之路并未在普遍性意义上带来语言存在之"真"的最后确立，语言现象的意义总是依靠着经验世界的对象确立。洛克的"修正和对立"主要体现于语言现象经验与观念形成问题的思考，而关于这种问题的先验哲学研究就一定离不开康德哲学思想中的"先验理性形式"或"纯粹理性原则"。基于先验哲学的理性观，语言现象的世界同自然现象的世界一样，它既是理性思辨的联系世界，又是实践的对象世界。语言现象得以形成和呈现的原则根据不是因为它的自然经验属性，而是因为它的理性原因属性。当然，理性的先验语言形式更多地改进了西方哲学传统中的"理念论"。

在西方哲学的理性传统里，真正具有形而上学特征的系统的理念体系的建立应该归于柏拉图哲学的深刻见解。他在《费多》篇提出了"哲学就是练习死亡"的命题。所谓哲学就是"爱智慧"，就是对智慧的追求。那追求智慧的过程怎么会成为死亡练习呢？"死亡"的意义所针对的主要就是对欲望世界的遗忘，在柏拉图（苏格拉底）那里，追求智慧的过程远远超越了对自然对象的感知，其目的就在于获得只有思想才可领悟到的超验对象知识。这种超验的对象就是柏拉图所说的永恒的、绝对的、纯粹的"理念"存在。它们构成柏拉图眼里的纯粹而神性的世界，即作为灵魂之所的自由世界。爱智慧的最终目的就是引导人们进入这一理念的世界，同绝对的神性世界一道存在（一种完全理性存在的世界）。在柏拉图看来，只要哲学能够引领人们获得这个理念的世界，哲学帮助人们灵魂摆脱感性世界困惑的目标就可得以实现。

哲学的爱智慧所要追求的知识完全不同于那些能用定义进行说明的知识，因为在我们获得对某物的定义之前，必须获得把此物定义为该物的原因根据。同样，从柏拉图的观点来看语言，作为现象的语言存在应该是变化不定的，但使语言现象成为该现象的绝对标准却永远是它不变的自身。因此，这种不变的根据就是那永恒的、绝对的语言理念。语言理念的知识就是关于绝对语言存在的知识，即一种完全理性存在所应该拥有的知识。在柏拉图那里，关于理念世界的构成也应该被看成一种知识对象，一种关于不可见的理念存在的知识对象，一种不能定义的知识对象；同样，作为语言理念世界的知识体系应该是一种独立的纯粹自在；不管我们是否能洞见它，它的有效性都是存在的。或者说，语言理念世界在柏拉图式的解读中是超越概念定义的真理，是不受任何语言现象经验限制的真理，因此构建了纯粹知识体系的语言理念也应该是自在的，而无需借助语言现象世界的概念体系或经验对象。按照柏拉图的理念论,作为语言现象界的表达体系与语言理念本身存在的体系就处在一种对立的关系中,相互之间也不会存在任何通达的途径。如果存在这样的"途径",我们也是无法知晓的,因为这样的理念形式决定并非实现于人类自身的经验过程。为了获得两个世界的联系和统一,柏拉图使用了灵魂这一理念形式来进行想象似的划分,并以此凸显现象世界与理念世界的关系。尽管柏拉图以后的哲学发展,特别是中世纪神学的繁荣对理念世界的基础进行了不懈的建构,并且不可避免地进行了同各种经验实在论相结合的尝试,近代也遭遇洛克等人的经验论的质疑和改造,但它作为传统形而上学的理念观和人类自身追求智慧、超越与完美的必然过程永远地伴随着人类生命的存在过程。一切消解"理念"的行为可以确立认知的对象和范围,却无法完全确立认知主体存在的决定性地位,就如我们离开了太阳来看待白昼的光照一样,有限对象的知识还需联系于无限的进程之中,这是语言现象认知的需要,更是理性存在的需要。即使到了科学知识高度发达的今天,理性存在的过程仍然不会缺失"理念"世界的那片纯粹而自由的天空。两个多世纪以前,康德通过指出理性理念同知性概念的关系,第一次将理念世界"知识"的神秘面纱掀掉,揭示了作为知性概念的理念转变过程,指出了超越经验直观范围应用的无效性(知识的判断标准),并与传统的形而上学的"知识"形成分离,从而迎来知识世界的重新确立。

如果人类的存在总是表现为理性目标与知性认识的统一,如果理念的世界因为语言现象认知事实而无法排除语言理念(一种关于语言存在的自由形式)的存在,那语言理念的存在也一定同人类的语言知性紧密相关。到了康德哲学那里,语言理念就成了一种作为纯粹形式存在的先验语言概念。只有在先验语言形式存有(当然,这里的存有仍然是一种没有任何经验语言内容的状态,但它肯定地朝向这样的内容)的基础之上,理性的"理念"制造作用才会发挥出来。或者说,将纯粹知性阶段的语言概念推向背离经验应用的层面,使之脱离经验应用的限制,其结果就会带来语言存在的理念形式。由此观之，纯粹形式的语言概念在理性的作用下总可能失去经验应用的有效性，成为一种失去经验可能性的、先天的纯形式存在，即理念的语言形式存在。语言理念在纯粹语言形式世界的应用所形成的判断都是关于纯粹语言形式自身的分析命题，其谓词是完全缺乏可证实性的语言"幻想"（这里的"幻想"结论是针对语言的知识体系而言）。如果语言知性的纯粹语言概念应用转向理性存在者的语言本质要求，这样的要求就是寻找关于语言现象世界的绝对总体性存在的原因，为语言现象世界发现一个没有条件的起点，即绝对的语言原因性存在——一种作为语言现象整体性与其先验语言根据之间的如此因果关系存在。依据康德的先验论，语言现象的呈现永远不能满足于理性在语言存在问题上的绝对性要求，语言知性的纯粹语言概念对于经验应用领域的逃逸就是不可避免的，即只有在语言知性的概念形式被用作语言理念的描述说明时，理性的目标要求才得以"标示"，理性存在的本质才会因为突破"有限"的语言现象经验而获得所谓的"显现"。这种关于理性要求目标"显现"只是关于语言理念世界的纯粹对象的经验类比说明，而与经验的语言现象是否存有和是否等同没有关系，其结果也只能是纯粹理性思辨的实现。理性通过语言知性概念描述所要说明的是一种绝对的理性认知对象世界的存在，即语言理念的存在。为此，作为应用于语言现象的语言知性概念与应用于语言理念世界的语言知性概念便成为具有不同存在作用的语言存在形式，它形成了语言知性的概念和语言理性的理念。当然，两者的区分应该立足于知性和理性的不同应用。在语言知性概念的分析和综合里，作为纯粹形式的语言知性概念都会将直观中的杂多语言现象引导到与其理念形式或先验语言形式要求合乎一致的自身规定上去，即使我们对语言现象形成的先验理性基础的来源无从认知。语言知性概念的纯粹形式本身就是作为先验语言形式存在的范畴，其立身之处永远不可能在经验直观的语言现象之中。因为理性所要求目标对象的一定要体现为语言现象存在的绝对总和，这样的绝对总和是根本不可能经验的。尽管我们对语言理念的状态及语言理念世界的构建无从获得可经验性的认知,但我们具有将纯粹语言概念应用于直观经验的语言现象认知过程;在理性的要求下,一种模仿语言知性概念的经验应用过程会被移植到语言理念世界的思辨之中,不管其结果是多么的徒劳无益,也不管这样的模仿结果是否就是真实的知识对象确立。从康德知识论看,一切作为人类真理和知识的概念在理念世界中都会变得虚无缥缈,除了符合经验过程的推理,并不具备任何与感性直观对象的符合。

既然语言知性的概念同理性的语言理念具有形成方面的某种类比,那我们是否可以必然地推断每一个概念都处于这种关系里呢?"但毕竟不是所有的范畴都适合这样做,适合于这样做的只是这样一些范畴,在其中综合构成了一个系列、确切地说构成了对于一个有条件者的那些一个从属于一个的(而不是并列的)条件的系列。"① 就理性存在对于绝对语言现象的要求而言,一个从给予的语言现象到绝对的语言现象原因的上升系列是绝对必要的。依据康德理性的思辨进程,唯有这样的"上升"系列,语言知性的概念才能够真正实现与语言理念形式的联系;任何缺少了这种"上升"系列的语言现象结果都不可能导向语言理念(纯粹语言形式)的可能出现(如果这样的结果是可以实现的)。

2. 语言现象知识的经验之路与纯粹语言原则的统摄

在我们面对柏拉图的理念世界和现象世界,以及康德的先验世界和知识世界的划分时,不论它是关涉这个现象世界认识的需要,还是关涉现象之理念根据辨析的需要,也不论它是满足自然对象认知的需要,还是满足先验理性形式思辨的需要,我们所获得的启示就在于:人类应该接受一种理性世界与经验世界共存并必然统一的思想,应该接受一种理性世界存在的现象原因与理性原则的划分和统一。依据这样的理念论或先验论思想,我们只有遵循这些纯粹理性世界的原则规定,才会找到认知自然、认知语

---

① 〔德〕康德:《纯粹理性批判》,邓晓芒译,人民出版社2004年版,第349页。

言现象的正确道路。在先验哲学的视野里,语言理念世界无须离开理性主体的存在,一切关于语言理念的存在都是关于先验语言形式的"他者异化",一种将先验语言形式存在对象化和自然化的结果,一种无效地被赋予了经验对象地位的所谓"他者"。总之,不管是柏拉图的"理念世界",还是康德的"先验世界",它所要奠定的就是关于全部知识形成的纯粹理性基础或原则。我们所拥有的经验现实或可能必然地源自这样的理性基础,所有"普遍性存在"和"绝对性知识"的问题都不得不联系到这样的纯粹理性原则。不论我们处在语言现象经验的哪一个领域,也不论我们立足于哪一个具体的语言现象,都可以取得共同的语言现象认知结果。而关于这种结果的形成原因揭示并非只是完成于自然世界的因果关系展示中,它必须借助于理性的纯粹语言形式原则,任何关于语言现象知识的"普遍性"和"绝对性"特征地位并非源于现象本身,只有作为经验主体的语言行为者自身才能赋予语言现象知识形成的纯粹原则与规定。在语言现象经验的进程里,特别是在普通语言学研究的对象世界里,我们通常要涉及语音的对象、语词的对象、语句篇章的对象,以及其他关涉自然语言现象内容的对象,我们可以依据经验性的准则或标准取得关于各种具体领域之内的知识成果,从而回答语言现象内容的是什么。这样的知识定义或成果并非脱离于语言现象知识形成的"普遍性语言原则"或"先验语言形式原则",而且,语言现象知识的经验取得一旦脱离了理性主体自身的纯粹性原则,这样的知识也就失去了存在的可能,我们也无法进行任何相关成果的分析与综合。因此,任何企图将语言现象经验中的普遍性认同结果归因于外在世界规定的想法和努力都将是无效的。它所导致的直接后果就是将语言行为者无效地置于一种被动的存在地位,被动地被万能的神性之在所规定和映入,同时被映入的还有关于相关映入内容的知晓能力。至于说人类为何成为这种"被映入"的对象,那就只有到神性之在的世界去取得了。显然,这样的世界并不为我们所敞开和知晓,除非我们不再作为有限理性存在的现实。事实上,我们不管在多大的范围之内来讨论语言现象的认知和知识成果，也不管在多大范围之内获得具有普遍性特征的经验准则，所有语言现象经验的行为和所有知识性成果的形成都是基于我们自身的纯粹理性原则存在，即基于我们自身的先验语言形式存在，全部的语言现象经验行为和全部的语言现象知识都只能在我们自身存在的先验形式规定下才是现实的、可能的。的确，我们习惯于忘掉或怀疑我们自身的主体性基础，但这样的情形只能是暂时的和搁置的，语言现象的知识性探究和追问永远立于理性主体的先验语言原则之上，永远发生在先验语言形式存在的基础之上。即使我们无法认知这样的"原则"和"基础"，我们也不会去宣称它的虚幻与无效，更不会去否认它的存在；语言现象经验过程与其说是自然世界对于我们的展示，不如说是我们自身的纯粹语言世界对于自然世界的展示，我们赋予语言现象展示的所有先验形式。

在语言现象的经验中，如果我们暂时抛开语言现象的自然表现与心理表现的区别，以及同自然物认知的区别，就可以发现所有经验对象的存在认知与普遍性特征显现并非决定于对象世界的本质属性。比如，我们在语言现象的经验层面必须在读音、结构和表意等方面承认在所有语言行为者那里可以表现共同性的特征，即具有相同的语言感知过程和语言知识成果，语言行为者个体的语言现象经验情形也是其他成员的经验情形。于是，在我们都以相同的方式经验语言现象时，能够说自身不具备如此共同性成果所产生的先验形式根据吗？对于语言现象认知成果的普遍性特征，我们只能说它在人们经验时被赋予相同的理性主体存在的特征，而这样的特征对于所有的语言行为者都是有效的，或者，所有的语言行为者拥有相同的语言感性形式和语言知性形式，任何企图从自然物或语言现象那里去寻觅这种普遍性特征的形成原因都是没有结果的。当然，我们拥有语言现象存在的普遍性知识一定不会缺少经验过程的说明。只有在我们真正地拥有了关于语言现象的认知经验时，才可能说取得了关于它的先验形式原则的实践过程，以及关于"普遍性特征"的知识性成果展示。如果语言存在作为理性之在仅仅展示为经验的对象，那它就是属于"在"与"不在"

的对象。前者是作为知识性对象的表现形式,特别是那些以自然形式出现的语言现象,如我们所发出的语音、语词、语句,以及其他自然形式,它们都是作为经验直观下表象展示。既然它们作为"表象"的内容,经验过程中语言现象之"在"就一定具有自身的表象基础。这样的表象基础就是作为理性主体存在所拥有的先验语言形式世界中的纯粹语言直观形式,它在语言行为者的经验世界里是"不在"的。所以,对于有限理性存在的人类而言,语言存在总是要体现为"既在又不在"的过程;只有在我们达到关于语言存在的全部认知,包括它的先验理性形式和纯粹语言意志规定等,才可以说语言存在完全成为我们的知识性对象,以及语言存在对于人类而言不再出现"既在又不在"的情形。当然,这样的情形对于我们人类自身的存在而言毕竟是一种遥远而不可及的期望。

如果我们将语言现象的认知同人类思想的形成过程联系起来,语言存在的揭示之路其实就是人类自身思想存在的揭示之路。一旦这样"揭示之路"被加以康德纯粹理性批判的方法论确立,语言现象知识形成的自然观和理性观便可以获得清晰的界定和区分。在康德将知识对象排除于纯粹理性世界的范围时,他所坚持确立的就是关于知识取得的先验理性基础存在,就是关于语言现象知识形成的理性原因存在。在康德的理性观面前,我们都得面临一种语言现象经验的理性主体原因的规定,即没有人可以缺失自身存在的纯粹语言意志和先验语言形式规定而成功地拥有关于语言现象的经验过程和内容,语言存在的展示也不会成为我们人类所必须面临的经验事实和理性形式决定的事实。在语言存在的现象展示中,作为知识成果的部分可以随着语言现象经验的程度而不断地发生变化,"表象语言"和"概念语言"的内容及其量的多少可以表现为差别性和阶段性的特征,就如成人经验语言现象的情形一样,我们拥有语言现象的世界和知识,这样的情形显然不同于我们在婴儿期所发生的情形。作为婴儿期的语言现象经验只能是一个知识形成的开端,语言现象的知识存在只能是作为经验过程的结果。就此而言,它所遵循的应该是经验主义的方法论;如果语言存在只是关于其现象世界的存在，那语言现象的经验之路就是没有必要置疑的。只要承认并坚持了"经验论"，任何关于语言存在的普遍性原则或先验形式都会在语言现象的经验中获得"认知"。然而，语言存在的问题并非等同于语言现象的问题，语言现象世界及其内容的呈现只是作为语言存在的经验表象和经验化塑造，其表象和经验化的根据还在于语言存在的理性原因，即语言行为者自身的先验语言形式规定。我们可以说，语言行为者的不同阶段具有不同的语言现象经验情形，以及不同的语言现象知识，但这样的"不同"并非一种针对语言存在的先验形式原则的"不同"。婴儿期可以被视为语言现象经验的起点，甚至被视为语言现象知识的"零成果期"，但这样的"起点"并非意味着理性的纯粹语言形式的起点。语言存在的纯粹理性形式或先验语言形式在人类生命的存在过程中应该是自明的，这样的"自明"存在并非决定于语言现象经验的情形，尽管"经验的情形"一定要发生。如果我们一定要追问那种一直要伴随我们生命进程而又无法说明的先验语言形式基础，那就是在质疑我们自身为何成为有限理性的存在，就是在质疑我们为何作为言说活动的理性主体存在。语言存在的"既在又不在"只能是关于人类自身存在的真实，任何经验主义的解读都不会获得问题的全面解析，我们所面对的语言现象的经验之在就不会具有相关的理性主体规定和作用。总之，依据康德的先验哲学之思，语言现象经验不可缺失理性的纯粹形式存在和作用，即不可缺失纯粹的先验语言形式的存在和规定。在语言现象的认识进程中，经验主义的方法论可以为我们提供一种"科学的""可靠的"语言现象认知路径。它在语言现象的世界里具有经验的有效性和确定性，但经验认知的结果却是相对意义上的成果。理性存在也不会满足于这样的成果，即使这样的成果可以不断地得以丰富，并不断地从贫乏走向完美。于是，语言现象的存在与经验具有一种自明的先验理性基础。凭借这样的基础，语言现象的"知"与"非知"才会显示得非常清晰明确；只有在这样的基础上，我们才会说关于语言现象中的"表象语言"和"概念语言"存在是因为理性主体具有了纯粹的语言直观形式并表象了自然物的世界和自然语言现象的世界。纯粹的语言直观形式的经验应用所贯彻的是关于纯粹心灵世界的先验语言形式原则；如果我们抛弃了关于语言现象存在的理性原因或先验语言形式原则，就不会说关于语言现象的"知"与"未知"，因为这样的时刻和状态不可能为我们所呈现。只要我们在语言存在的"既在又不在"思想中做出其形成原因的区分和统一，就可以取得语言现象的"在"与先验语言形式的"不在"之别，以及理性存在下的两者统一。当然，我们的语言现象经验包括了自然过程和心理过程的经验，而所有经验的发生和成果体现都要基于理性的先验语言形式原则和纯粹语言意志的存在。不论是关于"表象语言"和"概念语言"的形成，还是关于自然语言现象的创造，贯彻先验语言形式原则或语言意志的语言能力总是要应用到语言现象的经验之中（理性的存在必然贯彻自身的实践使命），所以，语言现象的存在是因为我们具备了理性存在的先验语言形式及其纯粹形式的实践能力。

在此，我们有必要区别一下语言能力和经验对象的关系。就语言现象经验的发生而言，我们所涉及的就是作为认知主体的语言能力和作为认知对象的语言现象存在。首先，我们可以在语言能力的存在上将它视为我们自身拥有的一种纯粹语言意志能力和语言现象经验能力，并且统一于理性存在的过程中。正是因为人类自身拥有了这样的语言能力存在，我们在语言现象世界之内的经验才可能如此发生，对于语言现象世界及其相关领域的观察认知才得以如此进行。不管我们如何强调语言现象经验的能力发挥，这种经验的语言能力在表现为自然过程和心理过程的作用时可以具有自然能力的属性，但绝不仅仅是一种自然能力的存在。这种能力的存在始终要秉承理性主体的语言意志规定，始终要体现为理性的纯粹语言形式的实践能力作用，即语言现象经验的能力必然是作为理性存在的纯粹语言能力的实践发生，必然是作为纯粹语言知性能力和语言感性能力的经验应用。语言能力一旦在理性存在的过程中得以强调，它就应该与理性主体的先验语言形式的实践能力联系起来，并形成语言能力作用下所有语言现象结果。如自然过程中的文字符号、语音标记,心理过程中的"表象语言"和"概念语言"等等。不论是语言能力,还是语言现象,它们在自身存在的理性原因世界里都要保持着先验形式的纯粹性和实践性,都要保持着语言行为者自身的主体规定性。于是,语言现象的展示始终是作为语言能力作用下的经验过程展示,它可以形成并显现于我们的心理经验世界,也可以显现为外在的自然对象化的文字符号。所有的语言现象在形成于经验的世界时,它所凭借的语言能力作用就必然地发生。不仅如此,即使语言现象的经验不曾发生,我们也不可能排除语言能力的存在,否则,我们就是对语言能力存在进行了经验应用的限制。因此,我们在语言能力方面所表现出来的应该是纯粹语言意志能力与语言现象经验的自然能力相统一的语言行为者的能力。只有在这样的能力之下,心理过程方可出现直观的"表象"成果,以至于获得关于这种"表象"的心理语言现象,一种基于先验语言形式的、形成于我们自身之内的心理语言现象。

如果我们可以将语言能力划分为语言感性、语言知性和语言理性,那语言现象知识的获取就主要地涉及语言感性和语言知性能力,特别是语言知性能力。我们对于语言知性能力的最为直接的经验就是关于语言现象认知的发生,以及关于语言现象规律的认同和理解,或者视认同的语言现象规律为知识,或者为语言现象存在的准则。如果缺少了作为知性能力的存在,语言现象世界的认知就是不可能发生的,更不用说语言现象规律的发现与认同;一旦语言知性能力的关注对象从纯粹的理性世界转向语言现象世界,这种能力存在就会取得语言现象经验的展示之路,就会取得语言现象作为知识成果的展示之路。在语言存在的理性观下,对于任何语言现象的认知统一和普遍性成果,在于我们的语言能力贯彻了理性存在的先验语言形式原则,在于我们的语言知性能力将纯粹形式的语言知性概念加以经验成果的呈现。于是,一旦缺失了语言能力应用中的先验形式规定,所有关于语言现象的经验就不会产生具有统一性和普遍性特征的知识成果体系。显然,语言现象的存在规律及经验认知并不会因为语言现象本身而产生，它同语言能力的存在和应用不可分割地联系在一起，而语言能力总是要作为理性的语言行为者的能力，它的存在及应用过程总要体现为理性的特征和自然的特征。语言现象认知的规律发现既是经验的成果，又是先验语言形式规定的成果。只有基于先验语言形式的规定，语言现象经验的知识性成果才会真正地具备统一性和普遍性的存在地位。当然，从知识性对象的经验标准来看，先验语言形式或纯粹语言意志原则并非一种认知的有效对象，对此，我们可以想象纯粹语言形式的"知识"的情形，却无法获得这样的"知识"，尽管我们可以借助语言现象的经验过程而进行一些联想似的类比说明。语言存在的先验语言形式原则并非总是要体现为经验世界的现象存在。或者说，相对于语言现象或语言的知识形式，语言存在的先验语言形式并非一定要作为具有语言现象内容的存在，先验语言形式及其原则规定在语言知性的经验应用中可以现实地成为我们所认知的语言现象存在的理性根据，一种具有经验对象或成果的纯粹理性原因存在。在经验论者看来，语言存在的纯粹理性原因原本就是一种想象，语言现象的呈现及其知识体系的存在原本就是一种自然经验的过程与结果。但经验论者却无法回避语言行为者作为有限理性存在的事实，即所有语言现象的呈现或知识形成都是因为理性主体的存在而存在，所有语言现象的经验都是依据理性主体规定的语言实践活动，我们可以设定理性存在世界的语言现象的多样性和复杂性，却无法想象没有理性主体的语言现象及其知识成果的存在。即使非理性主体的世界存在着这样的语言现象，它的所属世界也绝非存在于我们的语言存在世界之中。因此，不论是关于自然物的经验，还是关于自然语言现象的经验，以及关于心理语言现象的经验，只要这样的"经验"确确实实地发生了，它就是基于我们自身存在基础的发生，它就是承载了理性的先验语言形式规定的发生，任何因为语言现象的经验属性或客观对象性地位而否认其理性根据的做法只能导致语言存在问题思考的自然主义和经验主义。语言存在的先验原因或属性也会因为语言现象经验的直观、具体、变化、新颖和趣味而搁置。然而，这样的"搁置"除了避开纯粹先验语言形式的难以经验的困难外并不能消解或否定它的存在。同时,"搁置"行为本身也出于理性主体的存在和决定,也出于语言行为者的有限理性地位决定。作为有限理性存在的语言行为者总是凭借自身的先验语言形式基础来取得经验过程的语言现象存在。语言现象与其说是客观的认知对象,不如说是基于语言行为者自身纯粹语言形式规定的"表象"对象。由此出发,我们也就不难理解为何语言现象及其意义体系对于人类自身而言总是可以产生的和可以理解的。不仅如此,语言现象的"产生"和"理解"总是要表现出跨越时间和空间的普遍性存在。

如果理性的语言存在都是可以成为经验的现象世界,如果我们的经验过程实现了全部的先验语言形式要求,就会在语言现象经验的世界中成功地见证纯粹语言世界的存在,包括理性的纯粹语言意志规定和纯粹的语言能力及其作用过程。显然,这样的无限状态只能是语言行为者存在的一种奢望。关于纯粹理性的先验语言形式对于经验的语言现象而言,并没有一条可以通达的现实之路可行,我们也不可能在两者之间画出一条明显的分界线来表明不同语言形式的存在,至少在我们人类存在的进程中无法实现这样的期盼。如果说这样的期盼包含了"不可言说"世界的"言说"实现,"语言批判"[①] 的问题也就不会是哲学问题的代名词了。先验语言形式的世界就不会因为"不可言说"而逃离语言现象经验过程的苦苦寻觅,或者理性的纯粹语言形式就会通过语言现象的描述来到我们面前。然而,这样的期盼除了反映理性存在对于纯粹先验语言形式世界的追求之外,并不能为我们的语言现象经验的现实添加任何相关先验形式的东西,语言存在的理性根据永远遮蔽于经验的语言现象世界,所有关于这种"根据"的肯定说明都只能借助于经验过程的现象事实。我们通过语言现象的经验事

---

① 〔荷兰〕C. A. 范坡伊森:《维特根斯坦哲学导论》,刘东等译,四川人民出版社 1988 年版,第 31 页。

实来"显示"① 而不是描述纯粹语言"根据"的存在。当然，这里的"显示"并非现象对象的显示，而是指向一种不可言说而又神秘地存在的先验语言形式原因。

在我们遵循先验哲学之路而思考语言存在的问题时，语言存在形式的两个世界的划界，以及两种形式的联系和通达应该实现于理性的统一和作用。理性的统一带来了语言存在的先验根据和经验现象的相容和谐，理性的作用带来了语言能力的经验展示；如果语言能力在没有任何语言现象经验过程和内容的情形下依然是可以存在的，那这样的语言能力就要体现为一种纯粹的能力存在，即体现为一种纯粹理性的能力存在。当然，纯粹理性的能力对于语言行为者而言必然体现为拥有语言现象内容的经验能力，这是基于纯粹理性所具有的实践特性所决定的。所以，语言能力首先应该体现为理性的能力，它凭借语言现象经验过程而展示为经验的能力并贯彻理性自身的语言规定，即先验语言形式的规定。总之，在拥有语言存在的世界里，不管我们是否在语言能力的应用中和语言现象的认知中意识到某种被我们所共同或普遍接受的先验语言形式原则，我们在经验语言现象的过程里都不能离开自身作为经验基础的地位存在，更不能离开自身所固有的先验语言形式存在。在此问题上，我们所要避免的就是用语言现象的经验标准来说明语言存在的先验根据问题，以及将语言现象的经验能力等同于理性的纯粹语言能力，否则，相关的"说明"和"等同"都会成为无效的判断。于是，我们在这里必须避开"经验主义"关于语言现象经验可以解决所有语言现象存在的普遍性规律和绝对性原因的问题，从而坚守语言现象存在的理性基础，即先验语言形式存在的前提。在我们的语言现象经验中，自然语言现象的经验发生总是要同心理语言现象的经验发生联系在一起，而且是必然性地联系在一起。没有外在经验的心理语言现象是空想，没有内在经验的自然语言现象是空白。从对自然世界或自然语言现象

---

① Ludwig Wittgenstein. *Philosophical investigations* [M]. trans. By G. E. M. Anscombe. 3rd edition. 1986. P522.

的表象到"表象语言"和"概念语言"的分析综合,我们可以取得规律性和知识性的结果,当然,这样的结果一定是基于先验语言形式存在下的经验结果,或者说,理性的纯粹世界提供了所有语言经验可能的先验形式。在"表象"和"概念"形成中,以及在自然语言现象的经验创造中,我们可以避开理性的先验语言形式问题而只是关注于语言现象的存在,并力争获得关于语言现象存在的知识成果和准则。然而,这样的知识性成果和准则毕竟不是它在世界的反映,我们所"避开"的东西始终是存在的,除非我们能够证明语言现象世界不是因为我们而存在。显然,这里的"避开"同前文的"搁置"意义是一样的,它并非在于要将语言现象经验直观的发生原因和图式概念的先验形式基础外在化为自然对象的存在,"避开"的发生只是囿于语言行为者的有限性地位存在而缺少了关于纯粹理性世界的直观发生;同时,"避开"在于停止言说不清楚的世界而聚焦于可见的世界,从可见的世界之中获得语言能力下的现实结果,以及被赋予语言现象内容的纯粹概念形式的现实结果。面对这样的"现实结果",我们仍需表明产生这种结果的原初根据还在于理性主体的自身存在的原因。在先验哲学的视野里,作为语言现象存在的普遍性规律一定要表现为适合纯粹语言意志规定的经验体现,并不断地趋近理性主体的纯粹语言意志要求。如此而言,语言行为者的存在过程其实就是一个语言能力得以应用并不断地展示为经验中的语言感性能力和语言知性能力的过程,也是一个关于心理语言现象和自然现象认知的知识成果从无到有、从简单到复杂、从具体到一般的变化过程。这样的"过程"必然地要具备理性存在的先验语言形式基础。因此,作为语言行为者的存在过程,我们可以宣称拥有关于语言现象的概念,宣称拥有关于语言现象世界的知识和规律发现。不仅如此,我们还可以凭借语言现象的经验实际来展示这样的知识和规律。语言现象的经验为我们提供了具有自然属性和心理属性的认知世界,语言现象的经验现实应该成为我们守望自身纯粹世界及其先验语言形式的现实,任何借助于语言现象经验的知识性展示都不可离开理性主体的存在,一种容所有语言现象于自身的理性主体存在。因此，语言现象经验的发生及其知识性成果的形成无法离开理性主体的语言能力和先验语言形式存在。

语言存在的纯粹形式世界同语言现象世界的生成和变化紧密相连，先验的语言形式同经验的概念成果紧密相连，语言现象经验中的"概念"绝非是自然的独立之作。一般而言，在我们认知自然世界或语言现象对象的个体时，既有关于自身所表象的自然世界或自然语言现象世界的外在部分，又有关于"外在部分"的心理"表象"和"概念"。于是，我们在语言现象存在的自然形式之外还要表现为一种关于它的心理形式的存在，即"表象语言"和"概念语言"的存在形式；不管我们是否可以像认知自然语言现象那样认知心理语言现象，它都是作为理性存在过程的经验发生事实，都是作为语言存在的心理表象事实。心理语言现象作为一种语言现象经验的内在化形式，它总是要成为语言现象知识"拥有"和主体性归属的主要标志，同时，它提供着寻觅并确定理性之先验语言形式的正确方向，一种从自然经验形式和心理经验形式结果到理性原因根据存在的方向。依据这样的"方向"，不论是自然化的语言现象，还是心理化的语言现象，它们作为语言行为者经验的结果世界总会取得其形成的理性主体根据，而不是任何幻想的外在原因决定；只有我们将语言现象形成的原因根据建立于理性主体的纯粹形式世界之中，才可以说语言现象的世界真正地属于我们自身，一切表象的和概念的对象才会在真正的意义上取得认知对象的存在地位。在习惯性思维的定势中，语言现象被视为具有认知对象地位的存在。不仅如此，还被视为具有表象决定性和"概念语言"决定性的对象存在，即语言现象被视为独立于理性主体的自在。但是，习惯思维的定势却无法说明语言现象决定如何作用于语言行为者的选择，更无法说明非理性主体决定在理性主体世界中实现途径。于是，在一种习惯性思考的定势下，我们就有可能认为自己并不拥有语言存在的内在形式规定，也不会认为语言现象的呈现和存在原因源于我们自身的存在。结果，语言存在之"真"就被限制为了语言现象的经验之"真"。事实上，不管是作为自然语言现象产生,还是作为心理语言现象的产生,它在被视为非理性原因的作用时只能是出自一种语言现象认知过程的错觉,一种将现象过程的因果关系的确立视为了因果关系本身的存在基础。这是一种典型的语言现象存在的"真理观",从这样的"真理观"中,我们除了取得纷繁复杂的现象对象的所谓定义之外并不能获得人类语言现象经验的普遍性、共同性基础,尽管这样的普遍性基础一定展示在经验的无限过程。可以说,我们关于自然语言现象的"表象语言"和"概念语言"形式存在于经验过程,却不能说关于它们形成的纯粹理性原因也要存在于经验的过程;语言现象经验过程的概念形式是具有经验直观内容的存在,如果我们要追问这种概念形式的理性基础,就是在追问"概念语言"形成的先验语言形式基础。关于语言现象世界"概念语言",包括各个部分与各个层面的概念形式,它因为处在经验的过程而被认知,它因为先验语言形式的规定而具有理性存在的家园。标示经验成果的"概念语言"所展示的是关于语言现象经验的实现和纯粹语言形式之实践作用的实现。对于现象的存在而言,它是一个从无到有的过程;对于纯粹理性原因而言,它是一个从先验形式规定到现象成果的过程。不仅如此,语言意志或语言能力的主体存在性就是我们自身的理性主体存在性,语言现象经验的现实与其说是关于自然过程的存在,不如说是关于理性主体之先验语言形式的存在。于是,在我们获得关于语言现象的知识时,非常清楚这样的知识不是由语言现象自身形成的,也不是由语言现象自觉地传输于我们之内而形成的,所有的发生和形成都是因为我们自身具有了语言存在的理性主体基础,以及我们自身作为语言现象经验的真正主体。语言行为者作为语言现象经验的真正主体,其形成相关知识的概念形式或直观表象形式的纯粹理性基础也要存在于我们自身之内。从理性的先验语言形式到"概念语言"再到自然世界的过程,就是源于我们自身存在而向外敞开的过程。如果说语言存在的纯粹理性原因世界可以被视为有限条件下的遮蔽世界,那语言存在的现象存在则可以被视为解蔽的世界,一种可以加以经验直观的现象世界。显然,我们一旦将语言存在独立或并列于理性存在，或者将语言现象完全地归属于自然的外在过程，就无法取得关于语言现象对象之间的联系，更不可能取得关于直观的自然对象与心理"概念语言"之间的联系，至于说先验语言形式在语言现象过程的作用就更加不可捉摸。因此，出于语言现象经验的发生事实和语言行为者经验语言现象的事实，任何要将语言存在视为独立于理性世界的企图都只能是一种主观臆想的结果，都只能是出于普通理性对于经验直观现象的偏爱。在语言存在的现象世界里，我们拥有语言现象的存在结果是因为我们拥有接受自然世界的直观形式。它在经验的道路上体现为语言现象的存在，而在纯粹形式的道路上则体现为理性世界的语言存在基础。因此，所有自然世界和所有语言现象世界的存在都应该是适合了先验形式规定的存在；或者，任何超越直观可能的存在都不可真正地成为现象的世界或语言现象的世界。即使这样的非直观对象存在，它对于语言行为者而言也是神秘的和不可知晓的。在"科学"与"客观"标准的经验论转向中，我们对于语言现象世界的偏爱无可厚非，因为这样的语言现象毕竟是出于我们自身的直观形式的东西，体现在这种"偏爱"中的真实必定包括了对于理性主体的直观形式的肯定，必定包含了对于语言存在的理性根据存在的意识，或者为经验对象似的意识，或者为超验的纯粹形式的意识。当然，"偏爱"也是伴随语言行为者"搁置"和"避开"的发生过程，语言现象直观的纯粹形式或理性基础在语言行为者的意识里被视为一种"理所当然"的存在而"搁置"；在作为有限理性存在的语言行为者这里，"偏爱"过程的"搁置"既是体现我们自身的自然属性和有限特征的需要，又是体现我们为自己留存一个理想世界的需要。我们具有语言现象的经验直观能力，其纯粹形式就是作为理性主体存在的先验形式，语言行为者的直观是关于语言现象的直观，而非关于先验形式的直观，有限理性存在的语言行为者不具备这样的"智性直观"。[①]"偏爱"与"搁置"只能是

---

① 〔德〕康德：《纯粹理性批判》，邓晓芒译，人民出版社2004年版，第50页。

代表了习惯性过程的趋向性行为结果,它的产生并不等同于语言存在的真实。再者,在我们认知语言现象世界和成就关于这一世界的知识体系时,我们的语言现象知识就是关于那些"搁置"存在的经验应用与创造,并不断地展示为语言现象世界的共同性准则存在。如此语言现象的共同性准则并不总是出现在个别的和具体的语言现象上,它们总是要基于这样的语言现象对象而走向聚合、联系、提升和抽象的层面。语言现象世界的规律性存在由于其产生的理性主体的根据而"内在化"为心理形式的知识内容。实际上,关于语言存在的普遍性规律和语言准则形成的"内在根据"并非某种远离理性世界的"他者",它就因为我们的存在而存在,就像具体的语言现象对于我们的存在一样。因此,不论我们将语言现象的存在如何定位、如何提升,它都要依据时空里的经验认知而存在,而这种时空里的经验认知永远要依靠理性主体的直观发生过程和理性主体所拥有的先验语言形式存在。

3. 理性语言的"普遍性"原则与语言现象的"共识性"认同

对于自然语言现象存在系列中的任何一种确定的对象而言,如普通语言学研究的英语、汉语、俄语等,我们或许会因为这种语言现象的知识存在形式在所有使用者面前所表现出的高度一致性而惊叹不已,或许会因为这种语言现象的知识存在形式里具有许许多多无法回避的共同性准则而困惑不断,并以之作为探寻其存在原因的起点,或者为自然的原因,或者为主体的原因。当然,任何一种单一的原因存在揭示都不能展示其存在地位的真实情形。在理性的语言行为者和语言现象的经验之间,我们总是可以在"理性"之主导下将"高度统一"和"共同性准则"归于语言行为者自身的接受性和认同性基础。这样的"基础"就是语言行为者作为理性存在的先验形式,它对于语言现象存在而言就是一种先验语言形式的存在。于是,语言现象经验中的"高度统一"和"共同性准则"并非它自身的真实属性,它应该是源自于共同性理性基础的现象呈现属性,同其先验语言形式原则的普遍性和绝对性地位对照，语言现象经验过程中的"统一"和"准则"只能是具体的、相对的和现实的，只能体现为经验过程中的知识性成果的表现形式。这种表现形式的存在尽管被视为出自语言现象世界的发现，但产生它的源泉还在于理性的纯粹形式世界，还在于我们自身的纯粹性心灵原则。我们对于自然语言现象或对于自然语言现象的命题认识都可以取得相同认知结果，即获得相同的心理语言现象经验过程和成果，而且是在这样的自然语言现象一出现时就能产生这样的"共识"，如相同的发音及其方式、相同形位及其构成、相同的文字符号及其意义连接方式，等等，我们在一种"不约而同"的情形里完成了关于语言现象的认识。不可否认，这是我们经验自然和经验自然语言现象中的发生事实，而且，这样的发生只有在我们拥有先验语言形式的基础之上才是可能的和现实的，否则，语言现象将不会成为"共识性"认知结果而出现，也不会成为语言现象世界的有效交流载体而被使用。所以，关于语言现象出现时的"共识性"认同应该被视为对于理性语言的先验形式的普遍性认同，即使在语言现象知识的范围之内，"共识性"意义上思考也不可能是纯粹自然意义上揭示。它在经验过程中所肯定的既是关于知识性成果的确立，也是关于知识性成果确立之理性基础的确立；语言行为者的"确立"情形一定要这样发生并存在下去。不仅如此，这样的发生和存在不仅为我们展示关于语言现象的"共识性"知识成果，而且为我们宣示语言现象知识如此展示的先验语言形式存在。

在我们将语言现象的范围认定为自然过程与心理过程时，就可以在"共识性"的认同与认同产生的自然语言对象之间构成一种对应关系，一种存在于心理过程与自然过程的语言现象之间的对应关系，就可以就自然语言现象中的任何一种形式的语言对象来谈论"共识性"认同的存在，如中文里的文字形式对象——"人之所以为人者，言也"[①]，它作为符号形

[①] 顾馨、徐明校点：《春秋谷梁传·僖公二十二年》，辽宁教育出版社1997年版，第48页。

式的自然语言现象内容既是关联句子单位的情形，又是根据心理语言现象自然化形成要求而存在的人造自然形式或"第二自然"形式。如果我们设定一种符合一般汉语认知者的期待视野（一种在"汉语知识世界里都能达到的认知水平层面）存在，对于这个作为自然语言现象形式的句子内容就会取得方方面面的"共识性"认同。这样的"共识"认同结果既可以体现为自然经验形式的存在。又可以体现为心理经验形式的存在，前者总是以被制造结果的自然化标记形式存在，如关于中文的读音标记（拼音）、关于中文的语音词汇标记、关于中文的句子、篇章等的标记，以及表达于言说之口的中文形式、出现于记载资料的中文形式，出现于历史之中的中文形式，等等，它们都应该归于语言现象世界中的自然形式存在。当然，它必须是打上人类经验烙印的自然形式。后者总是以心理经验发生的过程和内容存在于语言行为者之内，即它们总是对应于自然形式的字、词、句等中文现象的心理语言现象存在，它们总是关于我们"共识性"认同的"表象语言"和"概念语言"对象。这里的心理语言现象不再是作为自然形式的字词句存在，而是作为外在语言现象经验结果的心理经验内容存在，语言现象的概念形式和自然化形式存在奠基于理性世界的纯粹性基础。如果我们只是在自然形式的层面上来加以分析，"人之所以为人者，言也"就是基于句子形式的语言现象。它在自然语言现象的意义世界里所充当的角色就是关于命题判断的描述形式，这样的命题描述形式在其概念的形成和内容方面又会得以广泛性的认同，即作为"概念语言"的对象在中文认知者那里具有一样的存在形式。于是，关于"人之所以为人者，言也"的现象形式和命题意义无疑在认知者的世界里能够取得一样的结果，一样的关于句子的语言知识，一样的关于句子的心理内容，以及一样的关于句子的"共识性"意义赋予。当然，这里的"一样"与"共识"并非要说明产生这种结果的主体在于语言现象，而是在于说明语言现象的认知中一定会获得这样的结果，"共识性"的真正基础在于理性的纯粹语言形式存在。

如果我们在"人之所以为人者，言也"的认知上具有"共识"，或许会认定语言现象的存在可以提供这种"共识"产生的自然基础或原则，然而，这样的认定却会让人难以接受。如果语言现象认知所产生的"共识性"原则存在于认知主体之外，那这样的原则就不会因为语言行为者的存在而存在。不论"人之所以为人者，言也"是否出现，关于其"共识性"认知的原则对于认知者而言都是不具备的。在此条件之下，既然我们本身不具有关于语言现象存在的所谓"普遍性原则"，这样的现象世界原则就不可能凭借句子的形式来完成对于非现象世界存在的规定和作用。即"共识性"成果只能属于语言现象的世界，它对于理性主体只能体现为一种未知世界的存在。这样的情形无异于是在拷问我们自身是否作为语言现象经验主体的存在，或者是将我们自身的"共识性"基础存在认定为自然语言现象世界之中的存在。显然，我们没有根据去接受这样的"认定"，只要我们无法否认"共识性"结果只能是关于理性主体存在的结果，只能是在作为理性存在的语言行为者那里必然要出现的结果。通过"人之所以为人者，言也"在期待视野中的"共识性"成果，我们对于句子层面的自然语言现象存在及其意义产生的共同性基础有了一种清晰而明白的理解。尽管它只有在句子被经验时才可以现实的，但自然语言现象经验的发生并不改变"共识性"成果产生的理性主体地位。语言现象认知的"共识"在于理性主体的先验语言基础和原则，以及贯彻这种绝对性语言原则的纯粹语言意志能力。在语言现象的经验中，人们总是通过自己的语言能力应用来实现认知上的"共识性"认同。对于这种认同的语言现象知识，它在体现语言存在的纯粹形式基础或原则时总是可以留下清晰可知的形成轨迹，即我们在无法言说其纯粹形式的理性基础时，却可以言说经验中"共识"成果，可以赋予一条经验性的说明之路。不管我们如何言说自然语言现象认知的"共识性"或"普遍性认同"成果，它终究还是一种经验结果，一种"学"与"授"的经验结果，一种基于语言现象认知可能的先验语言形式存在的经验结果。在句子"人之所以为人者，言也"以及其他语言现象的认知中，我们一旦认知了它，一旦取得了关于这个语言对象的"共识"，关于它的经验过程就一定存在发生了，即它成为我们所知对象的"学"与"授"的经验确切地发生了。在"学"与"授"的经验里，我们对于语言现象的认知"共识"总是首先地开始于语音与字词句的确立与应用，然后才是关于它的意义目标的确立与联想。至于说我们为何可以创造和接受这样的语言现象，便涉及我们自身存在的理性基础。不可否认，所有经验的可能和现实都应该出于人类存在的绝对的共同性语言基础，即出于纯粹的先验语言形式存在。只有出于这样的绝对性语言存在基础，所有的语言现象经验情形及其形成过程才会真正成为理性主体的语言现实展示。自然语言与心理语言现象经验中的"差异"并非一种先验语言形式存在的差异，而是经验中的一种"已知"与"未知"的差异，一种经验与尚未经验的差异。语言现象经验现实所涉及的方方面面就是"共识性"成果获取的经验，它的发生总是一个承载着"已知"与"未知"的过程，总是一个因"学"与"授"而不断地由"差异"趋向"共识"的语言现象认知过程。即使拥有这种"学"与"授"之经验过程的语言行为者不知道"人之所以为人者，言也"等语言现象是什么，甚至不知道作为语言符号之外的任何知识，它只能是语言现象经验过程的"未知"和相关知识成果的缺失，这样的"未知"与"缺失"无关于语言现象存在的理性形式基础，即先验语言形式始终存在。这样的情形可以在我们第一次面对一种陌生的语言文字材料时可以清楚地感知到，我们不能因为现象的"未知"就去否认语言现象认知的纯粹理性基础。显然，我们在"未知"的时刻不可能去说自己具有关于这些陌生语言符号的"共识性"知识，也不可能去说我们无需经验的过程就具有了"共识性"知识，无可置疑的就是我们具有取得"共识性"语言现象知识的理性基础。在此，我们所涉及问题的关键就是：语言现象存在的纯粹理性原则或先验语言形式成为我们经验语言现象的绝对性原因。所有关于"人之所以为人者，言也"等语言现象的知识，不论是作为自然语言层面的，还是作为心理语言现象层面的，它们都在语言行为者的经验中被"授予"和"形成",只有"共识性"知识出于语言行为者的先验语言形式规定,关于语言现象知识的"共识性"谈论才是有效的。因此,语言现象知识的取得,以及取得经验性"共识"的"学"与"授"都要建立在理性主体的先验语言形式存在之上。或者说,经验世界中的语言现象因为理性的语言行为者而出现和变化,缺失理性主体的共同性认知基础的语言现象认知的"共识性"成果就会无法形成。

同样,我们对于语言现象认知的心理"表象语言"和"概念语言"的获得也一定是基于自身的产生基础,这样的基础只有先验语言形式方可担当;作为人类所拥有的先验语言形式或纯粹理性的语言原因对于语言行为者而言绝非个别的、特殊的、差别的和经验的,任何关于某个特定语言现象的"共识性"心理认同一旦出现,那就意味着关于这个语言现象的"学"与"授"所依据的纯粹理性的语言原因拥有了心理经验过程的成果。总之,不论我们如何强调语言现象经验的完成与"共识性"知识的出现,依然没有为之开启一个经验世界的语言认知源头。同样是"人之所以为人者,言也"的情形,关于它在我们这里所形成的心理"图式语言"和"概念语言"成果并非一直存在着,也并非作为语言现象经验的普遍性心理原则存在。为此,我们可以再次设想一下作为一名婴儿的语言现象经验情形。成人尽管可以去推定婴儿的"思想"或心理语言现象,或者关于语言现象认知的能力存在,却无法推定婴儿的"思想"和"语言能力"形成的非理性基础;在成人的眼里,婴儿或许可以通过某种语音或动作来表达"我要吃奶"的语言之意,但这样的语言现象和意义表达并非具有自然对象的本源性,尽管它的形成总要在一种涉及生理饥渴刺激、奶品出现、饥渴消除等自然方面的发生后才可得以形成。因此,婴儿的"我要吃奶"只要能够被视为可接受的语言现象形式,它就一定具备了形成如此语言现象的自我基础,一种作为理性存在的先验语言形式基础。建立在这样的"基础"上,我们方可理解语言现象经验发生在生命初期的"图式语言"和"概念语言"情形,以及成人对于婴儿期心理语言现象的有效性推定。

如果说"人之所以为人者，言也"贯彻了某种语言现象的存在规律，它一定是生成于经验中的准则，而非等同于那个婴儿所固有的先验语言形式原则。先验语言形式原则只是作为纯粹语言世界的原则而存在，只是作为所有语言现象产生的理性基础而存在。此外，我们也可以通过"人之所以为人者，言也"对于婴儿的意谓差异来看语言现象经验准则的问题。我们设想在婴儿接触任何语言现象之前，就第一次将"人之所以为人者，言也"这一语言现象展示给他。在婴儿初次接触到这样的句子时没有成人那样的经验反应，也不能同成人那样知晓关于这一语言现象经验的意义相关项或内容，即婴儿不可能具有成人一样的、在听说读写等方面所拥有的语言现象知识。但是，这样的"零知识"或"白板"① 状态并非关于理性存在之语言能力和语言现象出现之先验形式基础的缺失，婴儿必然地作为认知"人之所以为人者，言也"等语言现象的理性主体并具备了所有可能语言现象知识形成的先验性基础。于是，在语言现象的呈现和知识体系的形成过程中，婴儿获取语言现象知识就是一个从"无"到"有"的过程。其"无"乃语言经验于理性存在中的语言知识起点。因此，我们应该设定在婴儿的心灵中确实存在着某种关于语言现象认知的纯粹先验语言形式原则。凭借这样的原则，人类社会的所有成员才具有了认知语言的现实和绝对的统一性、共同性基础。当然，先验语言形式的绝对性基础不存在于我们的知识对象世界，否则，婴儿就一定要与成人一样使用语言现象了，即婴儿在面对这一语言现象就能立即出现一种相同于成人的认知"共识"，显然，这样的结果过于荒唐。同样，语言现象"人之所以为人者，言也"不但在婴儿那里具有形成成人那样的"共识性"知识的可能，而且也具有其存在的必然性理性基础的联系。

不可否认，立于语言现象存在基础的先验论，我们所取得的是关于语言现象存在统一的理性原则决定论，我们所坚守的是关于语言存在的先验

---

① 这里的"白板"不仅是物质意义上的，更是一种纯粹形式存在的理性主体基础。

语言形式原则的决定论；在理性的语言存在进程中，无论如何认知自然世界，也无论如何认知语言现象，我们都无法否认这种认知发生所必须依靠的纯粹理性原则。这样的原则总是伴随语言意志或语言能力作用而被加以贯彻；作为语言经验得以可能的纯粹理性原则条件，它自身无需语言现象的影响和决定。于是，在先验哲学的视野下，语言现象认知或呈现所遵循的绝对普遍性原则就应该是理性的先验语言形式原则，而且，由于这样的原则总是作为理性自在的原则存在，它不同于经验过程的语言现象存在，尤其是作为心理经验过程的语言现象存在，即先验语言形式原则的存在与我们是否经验了语言现象的存在是不一样的。于是，先验语言形式不在于我们是否认知了它，也不在于我们是否意识到了它。同时，先验语言形式作为语言存在的理性世界的纯粹语言形式也是实践的语言形式，这样的纯粹语言形式总会作用于语言现象的世界，总会因为理性要求的使然而引导我们不断地从有限的语言现象见证我们自身的无限世界。正是因为语言行为者存在的有限性地位，语言现象经验过程的结果并非作为先验语言形式存在和作用的完全体现，它会因为我们在习惯差异、学习程度差异存在的状态下而具有不同的语言现象经验结果。如果语言存在的经验论或自然论是可以接受的，如果我们的有限性地位存在是因为自然语言现象世界的规定和限制，那么，我们又是否可以在语言现象认知方面取得纯粹理性存在的根据呢？如果语言现象认知的有限性结果源于语言现象世界的规定、源自后天学习过程所遭遇的自然发生，那我们是否又可以拥有一种产生这种结果的先验理性根据呢？答案当然是肯定的。如果我们拥有这种纯粹理性的先验语言形式根据，并现实地享有语言存在的理性原因世界，就不会将它等同于那些幻想虚拟的世界，就可以回到那种没有语言现象经验发生的婴儿状态中去，即回到一种先验语言形式可以得以理解的状态中去。当然，在我们面对这种婴儿的状态时，不知道自己是否还有信心去回归自身所拥有那种状态，因为我们的状态已经接受了语言现象存在的标签，语言存在的先验基础已经遮蔽了语言现象的世界；我们在经验直观的语言现象里无法寻觅其存在的先验语言形式踪迹，除非可以将这样的理性目标置于臆想的对象，除非可以超越时空的限制而趋于理性的无限与自由。因此，在我们将语言存在的原因根据最终确定于自身之内的纯粹理性世界时，我们就是要将这样的原因根据区别于语言现象经验的对象世界。同时，语言存在的纯粹理性形式与"白板"状态并非等于直观的对象。我们所能直观的只能是产生于这样的纯粹理性形式之上的语言现象，即因为拥有先验语言形式存在而直观我们的语言对象、读出我们的语言对象、绘出我们语言对象，等等。

总之，一方面，离开了语言现象的存在与经验过程，我们无法说明先验语言形式及其原则规定；另一方面，离开了语言存在的纯粹理性形式基础，我们无法取得语言现象世界的显现与根据，更不用说拥有关于语言现象的知识体系。语言存在因为语言行为者的理性地位而存在，它既是关于语言现象存在的事实，又是关于先验语言形式存在的"事实"，两者统一于理性主体的存在。

参考文献

1. A. Flitner 和 K. Giel 合编：《洪堡特选集》（五卷本），第 3 卷《语言哲学文集》，达姆斯达特：科学书屋 1963 年版。

2. 〔英〕奥斯汀：《如何用语词做事》，牛津大学出版社 1962 年版。

3. 北大西哲史教研室编：《西方哲学原著选读》，商务印书馆 1981 年版。

4. 北京大学西方哲学教研室编：《西方哲学原著选读》（下册），商务印书馆 1982 年版。

5. 〔荷兰〕C. A. 范坡伊森．维特根斯坦：《哲学导论》，刘东等译，四川人民出版社 1988 年版。

6. 陈乐民编：《莱布尼茨读本》，江苏人民出版社 2006 年版。

7. 《弗雷格哲学论著选集》，王路译，商务印书馆 2006 年版。

8. 顾馨、徐明校点：《春秋谷梁传·僖公二十二年》，辽宁教育出版社 1997 年版。

9. 海德格尔：《存在与时间》，陈嘉映、王庆节译，三联书店 1987 年版。

10. 海德格尔：《赫尔德林诗的阐释》，孙周兴译，商务印书馆 2000 年版。

11. 海德格尔：《路标》，商务印书馆 2001 年版。

12. 韩林合：《逻辑哲学论研究》，商务印书馆 2000 年版。

13. 康德：《未来形而上学导论》，庞景仁译，商务印书馆 1978 年版。

14. 康德：《纯粹理性批判》，李秋零译，中国人民大学出版社 2004 年版。

15. 康德：《纯粹理性批判》，邓晓芒译，人民出版社 2004 年版。

16. 康德：《道德形而上学原理》，苗力田译，上海人民出版社 1986 年版。

17. 列维-布留尔：《原始思维》，丁由译，商务印书馆 1997 年版。

18. 罗素：《逻辑与知识》，苑莉均译，商务印书馆 2005 年版。

19. 尼古拉斯·布宁、余纪元编：《西方哲学英汉对照辞典》，人民出版社 2001 年版。

20. 倪梁康：《胡塞尔现象学概念通释》，三联书店 1999 年版。

21. 让雅克·卢梭：《社会契约论》，杨国政译，陕西人民出版社 2004 年版。

22. 施太格缪勒：《当代哲学主流》（上卷），王炳文等译，商务印书馆 1986 年版。

23. 叔本华：《作为意志和表象的世界》，商务印书馆 1987 年版。

24. 王路：《逻辑与哲学》，人民出版社 2007 年版。

25. 肖福平：《康德自由理念的理性基础》，四川大学出版社 2014 年版。

26. 肖福平：《走进语言哲学》，新华出版社 2015 年版。

27. 休谟：《人类理性研究》，商务印书馆 1957 年版。

28. 杨文极等：《德国古典哲学教程》，中国人民大学出版社 1988 年版。

29. 姚小平：《洪堡特——人文研究和语言研究》，外语教学与研究出版社 1995 年版。

30. 赵敦华：《西方哲学简史》，北京大学出版社 2001 年版。

31. 张弓长等：《创造思维心理机能的哲学阐释》，吉林人民出版社1993年版。

32. 朱光潜：《西方美学史》，人民文学出版社1963年版。

33. 温纯如：《康德图式论》，《哲学研究》，1997年第7期。

34. 叶秀山：《康德之先验逻辑与知识论》，《广西社会科学》，2003年第4期。

35. Frege, Nachgelassene Schriften, Felix Meiner Verlag, Hamburg, 1969.

36. Heidegger, The Essence of Human Freedom ［M］, trans. Ted Sadler, London: MPG Books Ltd, 2002.

37. Kant: Critique of Pure Reason, tans. Norman Kemp Smith, London: Macmillan, 1933.

38. Kant. Critique of Pure Reason. trans. By F. M. Mūller. Macmillan, 1924.

39. Kant. Kants Gesammelte Schriften, KöniglichenPreuβischenAkademieder Wissenschaften, 29vols., Berlin, 1902—1983.

40. Ludwig Wittgenstein. Philosophical investigations ［M］. trans. By G. E. M. Anscombe. 3rd edition. 1986.

41. Donald R. Dunbar, "The Transcendental Object", in Idealistic Studies, vol. 5, 1975.